本书为"湖南湘江新区容错纠错机制研究"项目结题成果

本丛书为中南大学地方治理研究院"地方治理研究"系列丛书之一

国家级新区容错纠错机制研究丛书

国家级新区
容错纠错机制发展报告

赵书松　文山虎　陈明应◎著

中南大学出版社
www.csupress.com.cn
·长沙·

内容提要

本报告以当前 19 个国家级新区出台的容错纠错制度文本和实践情况为研究对象，对国家级新区当前容错纠错机制的理论基础、政策现状、现实案例进行了系统研究。首先，回顾了国家级新区的战略定位和发展历程，并分析了容错纠错机制在新区试行发展的理论逻辑和现实逻辑；其次，在政策文本和实践调研的基础上呈现当前容错纠错机制的政策现状与六个案例；再次，从理论分析和实践执行层面，整合当前国家级新区容错纠错机制的实施思路，横向对比分析不同新区容错纠错机制建设情况，总结新区容错纠错机制建设的成效和经验；最后，针对政策与机制建设不足提出对策建议，探讨新时代国家级新区干部容错纠错问题的科学化方案。

国家级新区容错纠错机制研究丛书
组 委 会

学 术 顾 问(以姓氏笔画为序)

丁　煌　田　凯　朱旭峰　贠　杰　李军鹏　李瑞昌

吴　戈　周志忍　倪　星　徐晓林　韩志明　薛　澜

主　　　　任　文山虎

执 行 主 任　彭忠益

副 　主　 任　孟谏君　朱　希

组委会成员(以姓氏笔画为序)

王　涛　邓　辉　伍如昕　刘　文　刘　媛　刘旭洲

孙立明　李　硕　李虞林　张　飘　张桂蓉　陈明应

赵书松　胡春艳　聂　娴　徐　靖　蒋　凯　戴娇迪

代序

改革攻坚期的容错纠错机制建设

李军鹏

改革开放是当代中国最鲜明的特色，是我们党在新的历史时期最鲜明的旗帜。1978 年 12 月 18 日—22 日召开的党的十一届三中全会开启了我国改革开放的历史新征程。40 多年来，我国的国民经济和社会发展在改革开放的牵引下取得了光辉的历史性成就，我国国内生产总值位居世界第二位，人均国内生产总值达到 1 万美元，2020 年国内生产总值总量达到 100 万亿元人民币。

党的十九大做出了我国进入中国特色社会主义新时代的战略判断。进入中国特色社会主义新时代，我国的改革又到了一个新的历史关头，改革已经进入了攻坚期、"深水区"和"无人区"。党的十九届五中全会提出了我国到 2035 年基本实现社会主义现代化的远景目标，并对"十四五"时期我国经济社会发展做出了战略部署，提出要"坚定不移推进改革，坚定不移扩大开放，加强国家治理体系和治理能力现代化建设，破除制约高质量发展、高品质生活的体制机制障碍，强化有利于提高资源配置效率、有利于调动全社会积极性的重大改革开放举措，持续增强发展动力和活力"。

在整个基本实现社会主义现代化阶段，我国都将处于改革攻坚期，改

1

革具有复杂性、系统性、集成性与多目标性。一是从改革进入"深水区""无人区"来看，改革具有复杂性。中国特色社会主义新时代，我国的改革是满足人民美好生活需要、克服发展不协调不均衡的改革，是决胜全面建成小康社会、开启基本实现现代化新征程的改革，是涉及经济体制改革、政治体制与行政体制改革、文化体制改革、社会治理体制改革、公共服务体制改革、生态管理体制改革、安全管理体制改革的全方位的改革，是深入要素市场化、产权保护、自主创新、营商环境建设等深层次问题的改革，是刀刃向内、触及灵魂、触动利益奶酪的改革，是前无古人、突入创新开拓的"深水区""无人区"的改革，新时代改革具有的探索性、前沿性和复杂性前所未有。二是从全面深化改革的内容与覆盖面来看，改革具有系统性。习近平总书记指出："全面深化改革，全面者，就是要统筹推进各领域改革"，"这项工程极为宏大，零敲碎打调整不行，碎片化修补也不行，必须是全面的系统的改革和改进，是各领域改革和改进的联动和集成"。三是从改革涉及的重要领域和关键环节来看，改革具有集成性。新时代的改革系统集成的特征日益突出，改革日益深入国资国企改革、民营经济发展、商事制度改革、社会信用体系建设、人才体制改革、城市管理精细化、民生保障体系建设等重要领域和关键环节，改革具有集成性、关键性和综合性。四是从改革面临的复杂环境来看，改革具有多目标性。在中国特色社会主义新时代，改革越往前推进，面临的环境和形势越复杂，"两难""多难"现象不断增多。例如，深化财税金融体制改革需要减税降费、降低税收占企业所得的总比重，但减轻税费在短期内又会导致政府财政收入减少，从而导致民生保障经费缺乏充足保障。因而，改革具有两难性、多难性和多目标性。

基于改革攻坚期集成改革的复杂性、系统性、集成性与多目标性，迫切需要完善改革试验示范机制与容错纠错机制。

我国的改革之所以能够避免俄罗斯"休克疗法"的类似失误，取得了许多举世瞩目的伟大成就，其中一个重要的经验，就是推进渐进式的改革，通过改革试验示范机制不断探索和积累改革的经验，然后推进全局性的、整体性的、突破性的改革，使社会主义市场经济体制得以成功建立、社会生产力发展的体制机制障碍得以不断根除。我国的改革试验示范机制主要包括如下内容：一是尊重群众和基层首创精神。群众中蕴藏着极大的积极性和创造精神，有很多经验和办法。改革开放中许许多多的东西，都是群众的发明创造，是由群众在实践中提出来的。邓小平指出："改革开放中许许多多的东西，都是群众在实践中提出来的"，"绝不是一个人脑筋就可以钻出什么新东西来"，"这是群众的智慧，集体的智慧"。例如，《海南自由贸易港博鳌乐城国际医疗旅游先行区制度集成创新改革方案》（2020年9月1日颁布）就对标国际先进标准，提出了一些具有"首创"意义的改革措施，在全面推行"极简审批"改革、特许药械贸易自由便利、投资自由便利、跨境资金流动便利和加强风险防范等方面推进制度集成创新改革，试行工程项目建设"零审批"制度。二是试点先行，形成可复制推广的经验。改革开放初期，我们采取了先试验试点、后总结提升、再复制推广的方法，从实践中不断获得关于改革规律的真知灼见。我国在全面深化改革开放过程中，在上海自由贸易区及其他自贸区、海南自由贸易港、深圳中国特色社会主义先行示范区进行了并正在进行着一系列创新探索与实践。我们要及时总结自贸区、自贸港、先行示范区建设中的好经验好做法，包括"放管服"改革的好经验好做法、营造国际化法治化便利化营商环境的好经验好做法、建设高质量发展高地与法治政府示范的好经验好做法、建成民生幸福标杆的好经验好做法，并将这些好经验好做法及时上升到制度层面加以推广。三是坚持引领示范，给予改革充分的探索空间。我国在改革的过程中，坚持问题导向、目标导向、结果导向，找准改革亟待解决的突出问题和重要问题，明确改革的目标与主要任务，从而给予改革充分的探索空间，使改革者能在遵循宪法和法律、行政法规基本原则的前提下，立足改革创新的实践需要，根据有权部门的相关授权开展相关试点试验和示范。四是坚持底线思维，有效防范和控制改革风险。在改革的过程中，注重分析社会的承受度和改革方案的风险评估，建立健全重大风险识别及系统性风险防范制度体系，实行改革风险分类分级管控机制，提前进行风险预判和风险评估，科学确定改革的过程、先后时序、节奏力度和方法步骤。五是强化法治保障，使改革既于法有据又推动法治进步。在推进集成改革的过程中，注重建立健全与改革示范试点相配套的法律法规、政策调整机制，全面统筹集成改革试点涉及的法律法规事项，加快相关立法工作步伐，对集成改革中行之有效的改革举措尽快纳入立法议程。

容错纠错机制是改革攻坚期推进集成改革的重要保障。容错纠错制度不完善，会严重影响改革者的积极性和干事创业的热情。例如，有一些领导怕犯错后的各种不良舆论影响，担心在当前社会媒体舆论环境较为开放的条件下，犯错会因为舆论传播放大效应而影响群众情绪；有的干部对敢于担当的干部存在偏见，采取不支持、不鼓励的观望心态；一些领导对干部特别是年轻干部求全责备，不允许失败，不允许出错；一些领导对创新、实干的干部缺少应有的关心；等等。这些情况如果长期持续下去，容易形成不担当不作为的局面，成为进一步推进全面深化改革的"中梗阻"，迟滞甚至破坏全面深化改革的推进。

容错纠错机制主要包括改革试错机制与"试错权"、容错减责机制、责任豁免程序机制、澄清机制、纠错总结机制等内容。完善容错纠错机制，必须从如下方面着力建设：一是要在完善改革试点示范机制的同时给予干部一定的"试错权"。改革试点示范机制是推进集成改革的重要方法，改革试点示范在一定程度上说就是一种"试错机制"，这也是在"深水区""无人区"进行改革探索的必然要求。这就要求我们建立健全容错机制，给予干部一定的"试错权"，允许干部"犯错"，但不允许不改革。容错的意义就在于给干部一定的推进改革创新的自由发挥空间，通过确定相关的容错边界使干部在相应边界可以卸下思想包袱、直面矛盾问题、勇于担当作为。当然，干部的"试错"必须建立在充分认真的调研和科学民主的决策基础上，要避免盲目探索、故意打"擦边球"、盲目决策而导致的大概率失误。二是要明确容错减责的界限与范围。要"把干部在推进改革中因缺乏经验、先行先试出现的失误和错误，同明知故犯的违纪违法行为区分开来；把上级尚无明确限制的探索性试验中的失误和错误，同上级明令禁止后依然我行我素的违纪违法行为区分开来；把为推动发展的无意过失，同为谋取私利的违纪违法行为区分开来"，对于勇于担当作为、勇于开拓创新、推进"放管服"改革过程中出现的先行先试、探索性试验中的失误和错误采取容错态度，该容的坚决容。同时，也要对明知故犯、屡禁不止、谋取私利的违纪违法行为进行坚决查处，避免把容错变纵容、减责变庇护。三是要完善责任豁免程序。对于可以予以容错的情况，要完善责任豁免的相关程序。出台相关的容错规定，明确规定申请、受理、启动、调查核查、认定、决定、申诉和备案的程序，对于认定为容错的干部免予问责或减轻责任。四是要建立干部失实检举控告澄清机制。各级纪检监察机关在调查检举控告工作中，不能被舆论绑架，要实事求是得出调查结论。如果查清属于诬告的，对想干事、能干事的被诬告的干部，要及时通过适当的方式予以澄清和正名、消除负面影响，从而敢于为担当者担当、为负责者负责。对于造谣诽谤诬告他人的干部，要给予严肃的处理并进行通报。五是要完善纠错总结机制。对于容错之后的干部，应该及时总结分析错误失误产生的原因，及时采取有效措施纠正失误，避免失误扩大化；同时，要对错误全面评估，在错误失误中积累经验、总结经验，不断降低改革总体的失误成本。

序

国家级新区是引领和推动经济社会发展的新型区域治理单元，是国家治理体系的重要组成部分。当前，中国正处于改革开放和发展转型新的历史时期，许多重大理论和实践问题亟待有效破解。国家级新区作为"高质量发展引领区"、"区域重要增长极"和"改革开放的新高点"，如何立足新发展阶段，贯彻新发展理念，构建新发展格局，在国家治理现代化进程中发挥先行者和示范标杆作用，为更大范围内的改革创新，特别是在激励干部担当作为、提升治理效能方面探索和积累经验，需要进行深入系统的研究和具有前瞻性的思考。"国家级新区容错纠错机制研究丛书"的出版，为我国理论界与实务界深化国家治理现代化背景下的容错纠错机制研究拓展了新视野、开辟了新领域，是凝聚各方智慧的一套学术力作。为此，"国家级新区容错纠错机制研究丛书"的如期付梓值得热烈祝贺！

这套丛书的出版有着鲜明的时代特征，是贯彻落实习近平总书记"三个区分开来"指导思想和中央相关文件精神要义的学术探索的重要体现。习近平总书记在 2016 年省部级主要干部学习贯彻党的十八届五中全会精神专题研讨班上的讲话中明确指出，"要把干部在推进改革中因缺乏经验、先行先试出现的失误和错误，同明知故犯的违纪违法行为区分开来；把上级尚无明确限制的探索性试验中的失误和错误，同上级明令禁止后依然我行我素的违纪违法行为区分开来；把为推动发展的无意过失，同为谋取私利的违纪违法行为区分开来"。在这一重要精神指引下，容错纠错机制建设得以全面推进。随着容错纠错政策在全国各地逐步得到贯彻执行，容错纠错机制本身经历了从制度性探索到实质性执行的重要转变；与此同时，国内各界对容错纠错机制的认识与实践亦经历了重大变化。容错，即包容干部在工作中尤其是改革创新中的失误错误。纠错，即对苗头性、倾向性问题早发现早纠正，对失误错误及时采取补救措施，帮助干部吸取教训、改进提高，让他们放下包袱、轻装上阵。容错纠错机制强调"严管与厚爱结合""激励和约束并重"，其目的是为敢于担当的干部撑腰鼓劲，激发广大干部改革创新、干事创业的热情。在实现"两个一百年"奋斗目标的历史交汇期，包括容错纠错在内的治理机制建设是夺取新时代中国特色社会主义伟大胜利、实现中华民族伟大复兴的中国梦的重要支撑力量。从这个角度讲，率先开展容错纠错机制的实践研究，也体现了本套丛书作者独到的学术眼光和积极的学术担当。

国家级新区是由国务院批准设立的国家级综合功能区，主要承担着国家重大发展和改革的战略任务。作为国家改革创新的前沿阵地，国家级新区在面对没有先例的新情况、新问题时，更需要大胆探索，用好自主改革权和"先行先试"优势，鼓励干部积极作为、敢闯敢干，为干部营造干事创业的良好氛围。此外，国家级新区在推进自身快速发展的同时也起着为其他地区提供示范引领的作用。本套丛书即在对不同国家级新区间容错纠错机制横向和纵向比较基础上，立足湖南湘江新区，系统分析容错纠错机制建设中的体制程序性障碍、急难险重任务、突发事件应对、历史遗留问题处置、容缺受理等一系列重点难点问题，是研究国家级新区容错纠错机制建设的系统性、创新性研究成果，体现了较高的学术水平和研究能力。

这套丛书聚焦湖南湘江新区的改革经验，为更大范围的国家治理改革创新积累了宝贵经验。湖南湘江新区作为中部地区首个国家级新区，不仅是中部地区经济建设和社会发展的鲜明旗帜，而且是检验改革开放成效、引领新时代高质量发展的"试验田"。湖南湘江新区在推动中部地区崛起和长江经济带发展中发挥着重要作用，其对容错纠错机制的理论探索和实践创新也为我国其他国家级新区创新机制建设提供了可复制、可推广、具有针对性的实践经验，为容错纠错机制建设及相关领域研究提供了重要参照和有益借鉴，彰显了在服务国家发展大局中勇于担当、敢于创新的新区建设精神风貌。

中国共产党的容错纠错机制建设有着丰富的历史内涵，历经了从计划经济体制束缚到经济特区的创新性探索，从经济特区到国家级新区的历史性转变，实现了"团结—批评—团结""支持创新、宽容失误""建立容错纠错机制"的重要理论变革。进入21世纪以来，国家级新区承担着国家改革开放和经济社会发展转型的重大战略任务，是国家战略目标实施的重要平台；这一平台的搭建离不开一个勤政、廉洁、务实、高效以及充满创新活力的干部队伍。面对新时代的经济发展和社会政治形势，干部队伍建设面临着前所未有的机遇和挑战。如何最大限度地调动和激发干部队伍的积极性、主动性、创造性，保护和支持改革创新，在破解容错纠错的实践难题中锻炼并发展，是党和国家探索具有中国特色宽严相济的新型干部管理体制的必由之路，对实现国家治理体系和治理能力的增量改革具有重要意义。

"国家级新区容错纠错机制研究丛书"的出版，为加强和深化学术领域容错纠错机制的研究做出了重要贡献，是国内目前全面系统研究容错纠错机制的高质量研究成果。这套丛书分4册展示了国家级新区容错纠错机制建设的路径图景：《国家级新区容错纠错机制发展报告》以19个国家级新区的容错纠错制度文本和政策实践为研究对象，对当前国家级新区容错纠错机制的理论基础、政策现状、现实案例进行了系统性比较研究；《国家级新区容错纠错案例分析报告》从7个领域的典型案例入手，通过案例分析的形式呈现国家级新区容错纠错的工作实况，准确把握和总结了容错纠错机制建设的内在运行规律；《湖南湘江新区容错纠错机制建设：理论探索与实践创新》着重介绍了湖南湘江新区容错纠错机制建设的理论与实践，通过描述湖南湘江新区容错纠错案例，进行了有意义的经验总结；《国家级新区容错纠错机制建设研究论文集》收录了第五届全国"风险与治理"高端论坛暨第四届"地方政府与区域治理"研讨中"国家级新区容错纠错机制建设分论坛"与会专家学者的优秀论文。这套丛书的一个突出特点，就是从实践丰富的"第一手资料"提炼出具有明确问题导向的"真知灼见"，这对于整体研究还较为薄弱的中国容错纠错理论与实践探索大有裨益。有鉴于此，特向所有关心中国发展与改革建设的读者们推荐该套丛书！

可以预见，随着我国容错纠错机制研究的不断深化，以及与国家治理创新发展路径相对应的各种配套性制度的逐步建立，真正激励各级干部实干担当、奋发有为的国家治理体系和治理能力建设将取得新的丰硕成果。这必将助力国家级新区获得更高质量、更大效益的发展，有效激发广大干部的强大动力和活力，不断开创社会主义现代化建设新局面！

是为序，与理论界和实践界各位同仁共勉。

贠 杰

2021 年 1 月 6 日于北京

目录

第一章　绪　论

　　党的十九大报告指出，要建立激励机制和容错纠错机制，旗帜鲜明地为敢于担当、踏实做事、不谋私利的干部撑腰鼓劲。当前，中国特色社会主义已经进入新时代，面对新任务、新要求，只有创新思维和创新举措，方能开创各项事业的新局面。国家级新区是由国务院批准设立的承担国家重大发展和改革开放战略任务的综合功能区。国家级新区要在新的发展背景下，通过重新定位和资源整合，发挥潜在比较优势和竞争优势，尤其要为解决长期以来困扰中国经济的产业结构同构和产能过剩困局，进而优化产业布局、提升产业能级、提高经济发展质量和效益提供经验蓝本。因此，必须在"新区"实施"新举措"，突出高起点规划布局、高标准建设创造、高质量发展创新，通过体制机制创新激发国家级新区建设的"新"动能，努力使国家级新区成为高质量发展引领区、区域重要增长极、改革开放的新高地、城市建设新标杆。本报告聚焦于国家级新区容错纠错机制建设，以 19 个国家级新区的容错纠错制度文本和政策实践为研究对象，总结国家级新区容错纠错机制建设的背景及目的，在全面回顾容错纠错相关学术研究成果的基础上进一步深化"错"的定义与分类评价，探讨国家级新区容错纠错政策现状，横向比较和分析国家级新区容错纠错机制建设情况，归纳当前机制建设的不足之处，并提出未来建设建议。本报告试图通过对国家级新区容错纠错机制建设实践的系统性研究，为国家级新区稳步推进容错纠错各项工作提供可以借鉴的机制模式。

具体来说，本报告正文部分共有七章：第一章为绪论部分，主要介绍国家级新区容错纠错机制的建设背景、目的，给出总体研究设计，并对容错纠错理论进行综述；第二章主要对国家级新区进行探讨，介绍新区的总体情况、功能定位，面临的发展机遇与挑战，进而分析国家级新区容错纠错机制建设的必要性；第三章着眼于理论层面，对国家级新区容错纠错机制进行分析，对相关定义、内涵进行界定、讨论；第四章从实践层面出发，介绍地方以及各新区的容错纠错相关政策现状；第五章联系实际，重点对六个新区的实践经验进行深入分析和归纳总结；第六章通过总述国家级新区容错纠错实施思路，比较国家级新区容错纠错机制，总结国家级新区容错纠错八大经验、六项成效；第七章主要论述国家级新区容错纠错政策与机制运行中存在的不足及政策建议。

第一节　国家级新区容错纠错机制建设背景

国家级新区不仅扮演着国家新一轮开放改革的"先行者"角色，而且是深化体制改革的"试验田"，为国家更大范围的改革积累着各方面的经验。努力成为高质量发展引领区、区域重要增长极、改革开放的新高地、城市建设新标杆，应该是国家级新区建设的重要目标。但是，当前国家级新区的干部队伍中存在的一些突出问题又阻碍了新区各项事业的发展，亟须通过体制机制创新，最大限度地调动"人"这一关键要素的积极性，从而激发干部队伍的干事创业热情，促进国家级新区实现高质量、高水平发展。

一、国家级新区的基本情况及战略定位

国家级新区是由国务院批准设立的国家级综合功能区，主要在国家发展和改革方面承担重大战略任务。国家级新区的建设始于 20 世纪 90 年代，

1992 年 10 月上海浦东新区(以下简称"浦东新区")的成立标志着国家级新区的建设拉开了帷幕。在浦东新区设立之后一段时间内,国务院都未再批复设立新的国家级新区。2006 年,天津滨海新区(以下简称"滨海新区")升格为国家级新区,第二个国家级新区成立。此后,重庆两江新区(以下简称"两江新区")、浙江舟山群岛新区(以下简称"舟山群岛新区")、兰州新区、广州南沙新区(以下简称"南沙新区")、陕西西咸新区(以下简称"西咸新区")、贵州贵安新区(以下简称"贵安新区")、青岛西海岸新区(以下简称"西海岸新区")、大连金普新区(以下简称"金普新区")、四川天府新区(以下简称"天府新区")、湖南湘江新区(以下简称"湘江新区")、南京江北新区(以下简称"江北新区")、福州新区、云南滇中新区(以下简称"滇中新区")、哈尔滨新区、长春新区、江西赣江新区(以下简称"赣江新区")、河北雄安新区(以下简称"雄安新区")陆续成立。截至目前,国家级新区共计19 个,从区域分布来看,8 个分布在东部,2 个在中部,6 个在西部,3 个在东北。

国家级新区的发展定位、总体发展目标等均由国务院直接进行规划、审批,相关特殊优惠政策和权限也由国务院直接批复。辖区范围内,实行更加开放的优惠政策,国家鼓励新区对特定制度进行改革与创新,探索与积累经验。设立国家级新区,是新发展背景下的必然要求,目的是在进一步全方位整合资源的基础上,重新定位区域发展,发挥区域内的竞争优势,辐射周围城市群,从而解开中国经济产业结构同构和产能过剩的困局,进而优化产业布局,推动实现社会经济高质量发展。

国家级新区是承担改革开放战略任务的重要平台。根据《国务院办公厅关于支持国家级新区深化改革创新加快推动高质量发展的指导意见》(以下简称《意见》)的规划,国家级新区的建设应遵循四大原则。一是以"实体为本,持续增强竞争优势",即优先推动区域内制造业高质量发展,激发制造业活力,深化供给侧结构性改革,合理调整资源配置,加快消化过剩产能。二是"刀刃向内,加快完善体制机制",即促进新区内体制机制的自我革新，积累改革经验，推动制度优势转化为治理效能。三是"主动对标，全方位提升开放水平"，即支持新区带头学习改革开放成功地区的经验，与国际先进规则接轨，深度广泛参与全球内产业分工，推进全方位高水平开放，不断提升在国际市场上的影响力和竞争力。四是"尊重规律，合理调整开发节奏"，即保持耐心，把握大局，积极应对外部环境变化，依据地方特色准确定位新区发展方向、突出地域优势和发展特色，处理好区域内发展有所为与有所不为等方面的关系。

实现创新发展是国家级新区的灵魂所在。国家级新区从 20 世纪 90 年代成立伊始，就肩负着带动区域经济发展、辐射周围城市群、扩大开放协作、重塑经济格局、创新体制机制、改善民生等重要任务。每一个国家级新区的设立都以国家重大战略要求为准则、以地方实际需求为依托，具有极强的战略意义。创新是引领发展的第一动力，对于一个企业的生存如此，对于一个地区的发展也是如此。在新时代的历史发展背景下，国家级新区的"新"字要发挥出效能，关键是要把创新作为其发展的根本动力。

国家级新区的创新发展突出集中在五个方面。《意见》同时指出，规划建设新区要从五个方面着手，解决阻碍新区发展的各类瓶颈问题。一是在科技创新能力方面，重点提升关键领域科技创新能力。建设具有较强竞争力，在业内具有影响力的创新平台、技术孵化基地，以国际前沿技术为目标强化攻关，完善各类激励政策和成果专利保护机制，打造一批行业知名和拥有多项核心知识产权的优势企业。二是在实体经济发展方面，要适应外部环境的深刻变化，加快推动实体经济走向高质量发展。紧抓高新技术产业，引导新区将其主导产业做精、做强，在新区内培育好新业态，建设好新模式，在重大产业项目上采取精准引进措施，推动我国东、中、西部建立起精准的承接产业转移机制。三是在制度方面，要持续增强体制机制新优势。允许赋予新区在经济社会管理方面的相应权限，允许新区根据自身情况调整区域内体制机制，进而不断优化区域内管理运营机制。明确人才是区域发展的第一资源，着重完善选人、用人机制，确保留得住人才、用得好人才，在区域内深化"放管服"改革，激发产业企业生产活力，优化营商环境，促进财富涌流。四是在对外开放方面，促进新区多方位、高水平对外开放，不断增强国际上的竞争力，促进投资贸易往更加便利化的方向发展，认可新区复制推广其他试验区的成功改革经验，支持设立综合保税区，以更加积极的税收优惠政策促进新区内对外开放平台的再升级，构建国内国际双市场相互促进的新发展格局。五是在新区的建设管理方面，要以高标准为导向推进区域内的建设管理。加强新区的规划统领与规律约束，高质量地制定发展规划，严控开发强度，在新区的规划上尊重科学、着眼长远。同时要探索城市治理模式，优化新区内的功能布局，提高公共设施和基础设施的建设水平，完善城市配套功能，促进新区管理水平朝精细化方向进一步发展。

二、国家级新区容错纠错机制的政策背景

进入新时代以来，全面深化改革进入攻坚期、深水区。改革创新取得的成果都是在摸着石头过河、不断摸索的过程中发展和总结出来的，我们在这个过程中势必会走一些弯路、犯一些错误。国家级新区是创新发展试验场，领导干部难免在这个过程中因为实践不足、历练不够而犯错误。因此，在创新发展环境之下，要想推进国家治理体系和治理能力现代化发展、全面深化从严治党、推进国家级新区快速迭代升级，就必须贯彻落实新的发展理念，建立健全干部队伍容错纠错机制，宽容干部无心之失，纠正干部无意之错，保护干部干事创业的热情。

国家级新区实现创新发展尤其需要加强制度建设，以保护人的积极性。在党情、国情、世情不断变化的背景下，新情况、新问题逐渐显现，对干部的要求也将更严格，加强干部队伍建设就必须依法依规进行。但是，在现实环境下，相关法律法规的出台往往较慢，国家级新区的改革实践通常是在先行先试的情况下进行探索的。基于这样的现实，很多负责实践创新的干部出现了拿捏不准、心中没谱，战战兢兢、如履薄冰的情况。因此，积极

推进容错纠错机制建设，能够为敢于挑战、勇于探索的好干部提供制度保障，保护领导干部的工作积极性，更加积极有效地推动我国改革创新事业的发展，这也是全面从严治党的需要。

容错纠错政策逐渐得到贯彻执行。近年来，无论是中央政府还是地方政府，在容错纠错机制发展方面都经历了从制度性探索到实质性执行的重要转变。上海市人大在 2013 年就最先出台决定，如果干部负责的改革实践未能达到预期目标，但在改革过程中是依法依规且没有出现谋取私利的现象，那么，可免除负责干部的相关责任。2014 年，江苏省出台的《关于全面深化国有企业和国有资产管理体制改革的意见》中则首次提出了容错机制。但是政府在这一时期内出台的有关容错纠错的办法操作性不强，主要是原则性、倡导性的要求。2016 年 10 月 27 日，中国共产党第十八届中央委员会第六次全体会议通过的《关于新形势下党内政治生活的若干准则》(以下简称《准则》)对容错纠错进行了明确规定。《准则》在第八部分提出："建立容错纠错机制，宽容干部在工作中特别是改革创新中的失误。坚持惩前毖后、治病救人，正确对待犯错误的干部，帮助其认识和改正错误。不得混淆干部所犯错误性质或夸大错误程度对干部作出不适当的处理，不得利用干部所犯错误泄私愤、打击报复"[①]。明确对容错纠错机制建构的基本要求、工作原则、防范问题等进行系统规定的中央文件，是 2018 年 5 月中共中央办公厅印发的《关于进一步激励广大干部新时代新担当新作为的意见》。它明确要求要切实为敢于担当、勇于创业的干部撑腰鼓劲，建立健全容错纠错机制，宽容干部在改革创新中的失误和错误。自此，容错纠错机制逐渐发展完善起来，并在各地得到了贯彻执行。

三、国家级新区容错纠错机制的时代意义

党的十九届五中全会通过的《中共中央关于制定国民经济和社会发展

---

① 关于新形势下党内政治生活的若干准则[M].北京：人民出版社，2016.

第十四个五年规划和二〇三五年远景目标的建议》，对我国经济社会发展做出了新的战略部署，在经济发展、民生服务、创新驱动发展、生态保护等多方面提出了下一阶段的目标。它在谋划"十四五"时期发展路径时，把"创新"放在首位来强调。作为发展改革的内在原动力，与时俱进、创新发展是促进各项制度完善的内在逻辑和必然要求。

从目前及未来的发展环境来看，社会各领域都越来越重视"创新"二字。创新驱动发展的背后需要人才提供引擎保障的支持，需要我们的党员干部队伍敢于担当，党的干部必须坚持原则、认真负责，面对大是大非敢于亮剑，面对矛盾敢于迎难而上，面对危机敢于挺身而出，面对失误敢于承担责任，面对歪风邪气敢于坚决斗争。各大经济特区、国家级新区作为创新驱动发展的核心阵地，其中的广大党员干部更要坚定舍我其谁的信念、勇当尖兵的决心，保持爬坡过坎的压力感、奋勇向前的使命感、干事创业的责任感，积极培育崇尚实干的作风，务实求变、务实求新、务实求进。组织和制度要能够为实干者撑腰，为干事者鼓劲，推动改革不停顿、创新不止步；正确对待干部在工作中，特别是改革创新中的失误错误，旗帜鲜明地为敢于担当、踏实做事、不谋私利的干部撑腰鼓劲，积极营造鼓励创新创业创造、干事担当作为的良好氛围。唯有如此，新区才能够为创新驱动发展提供"撸起袖子加油干"的奋进土壤，为创新驱动提供人才支持和制度保障。

在改革创新的时代召唤中，我们的干部管理制度要能够为党员干部"撑腰打伞"，给敢干者开绿灯。改革越往前推进，越没有经验可借鉴，越需要能闯善干、勇往直前的干部。与此同时，面对新情况新任务，难免出现这样那样的问题。如果没有制度的保护，改革创新就难以为继，改革者就可能中途"刹车"。在创新驱动的发展要求下，展望"十四五"的系统有效发展，更要保证以制度的关怀调动干部的积极性，适应形势发展的需要。这就需要在落实的过程中，切实打好激励机制和容错纠错的配合战。比如，制定干部能力提升计划，涵养干事创业的精气神；制定完备的权责清单和负面清单，可容错的，通过学习教育等方式严加引导，在激励上"鼓劲"，在纠错上"严格"，从而促进干部争当改革促进派、实干家。

　　站在"两个一百年"奋斗目标的历史交汇点上，中国共产党第十九届中央委员会第五次全体会议，吹响了夺取全面建设社会主义现代化国家新胜利的号角。创新驱动是社会主义现代化建设的重要原动力，其背后需要大量改革先锋作为发展之翼，而我们的制度设计必须为在工作中创新奋进的党员干部提供后盾支撑，广大党员干部更要联系工作实际，在实践中寻创新，在创新中提高政治能力和专业化水平，坚持实事求是，依规依纪依法，忠诚干净担当履职尽责，在创新发展的道路上奋勇前行，在创新驱动的实践中一往无前。

第二节　国家级新区容错纠错机制建设目的

　　党的十八大以来，习近平总书记就干部队伍建设发表了一系列重要论述，为各地各部门的高素质、专业化干部队伍建设指明了方向。国家级新区容错纠错机制的建设，是对习近平总书记重要讲话精神的再部署、再落实，也是在深刻认识党情国情发展规律、着眼于当前国家级新区发展现实、充分把握当前干部队伍特征的基础上审慎提出的，其最终目的，还是通过实现国家级新区的高质量、高水平发展，探索出国家与社会创新发展的路径。

一、完善制度保障，让精神落到实处

　　2016年1月18日，习近平在省部级主要领导干部学习贯彻党的十八届五中全会精神专题研讨班上发表的重要讲话指出："要把干部在推进改革中因缺乏经验、先行先试出现的失误和错误，同明知故犯的违纪违法行为区分开来；把上级尚无明确限制的探索性试验中的失误和错误，同上级明令禁止后依然我行我素的违纪违法行为区分开来；把为推动发展的无意过失，同为谋取私利的违纪违法行为区分开来，保护那些作风正派又敢作敢

为、锐意进取的干部，最大限度调动广大干部的积极性、主动性、创造性，激励他们更好地带领群众干事创业，确保如期全面建成小康社会，不断开创社会主义现代化建设新局面。"

"三个区分开来"是在当前新历史环境下，党政部门把握用人导向的重要原则。在我们的干部队伍中，除了存在四种风险外，也出现了一些改革创新背景之下的新问题：一些领导干部大胆改革、积极创新，他们的新思想和新做法冲击到了传统的发展模式、思维方式，打破了某些人原有的利益格局，触动了某些人的既得利益。一旦改革者在实践中出现失误，犯了一些错误，某些别有用心的人就会大做文章，伺机抨击打压，对改革者不利。先行先试、没有经验，难免会出现一些失误，对这类错误要具体分析，按问题区别看待。有的领导干部为了维护人民利益而推出改革措施，但由于缺乏经验、缺乏历练而出现一些失误，如果组织能够针对这类情况进行容错免责，则能够保护他们敢干敢闯敢拼的积极性，促进其更好地担当作为。总而言之，"三个区分开来"是为负责的干部负责，让他们能够充分调动创造性、主动地扛起责任、全心全意地投入工作。

为贯彻习近平总书记的重要讲话精神，2016年2月23日，中央全面深化改革领导小组第二十一次会议在北京召开。会议指出，各级党委领导干部要树立与全面深化改革相适应的思想作风和担当精神，既鼓励创新、表扬先进，也允许试错、宽容失败。2018年5月，中共中央办公厅印发了《关于进一步激励广大干部新时代新担当新作为的意见》，提出了更明确的要求。容错纠错机制是党中央在新历史背景下审时度势做出的重要决策。从理论层面而言，健全容错纠错机制，让锐意进取、开拓创新的改革者可以放心大胆搞建设，使他们全心全意地投入改革攻坚浪潮中，是政治理念上的一种突破。这种鼓励探索、宽容失败的可贵精神，能极大激发党员干部的改革积极性和改革热情，促进所有党员干部解放思想、脚踏实地。

勇于探索的精神和"容错纠错"的理念已经得到了认可和提倡，还需通过具体的制度才能落地，让积极改革的党员干部得到激励和保护。因此，从制度层面去调动和促进各级领导干部抓改革、促改革的积极性，加快顶层设计，构建科学合理的容错纠错机制，是当下国家级新区推进体制机制改革创新的重要内容之一。

二、鼓励担当精神，营造干事创业氛围

新时代需要新作为，新时代呼唤勇担当，要把树立担当精神作为干部队伍发展进步的鲜明导向，确保永远保持干事创业的动力和活力。习近平总书记指出，全面从严治党的目的是更好地促进事业发展，激励干部增强干事创业的精气神。在全面深化改革的大背景下，领导干部作为创新发展的中坚力量，自当有勇挑重任的担当意识，有身先士卒的作为精神，既要敢作敢为，更要善作有为。要激励广大干部始怀初心、多增信心、勇担使命、增强斗志，坚决杜绝"不作为""慢作为"；通过讲担当、讲作为来引导干部，以真作为、真政绩考准考实干部队伍，在干部管理上督促建立不惧难事、敢担大任的责任意识，努力培养出干部攻坚克难、狠抓落实的工作能力，摒弃干部队伍中的不良风气，激发出广大干部创业改革的持久活力。

建立健全容错纠错机制是形成正确选人用人导向的内在要求。选人用人是重要的政治风向标，在全面从严治党形势下建立容错纠错机制，体现了我们党在干部队伍人事制度上既严格管理又关心爱护的管理导向，进而在更大范围内努力打造"既鼓励创新创业，也允许试错、宽容失败"的社会氛围。一个干部如果事业心强、责任感重，在工作上承担的任务自然也多些，工作中发生失误的概率也相应地会大一些。对于这样的干部，习近平总书记强调，"一定要全面评价、把握主流，既肯定成绩，又诚恳指出不足，帮助他们改进提高，促使他们在今后的工作中尽可能减少失误"[①]。如果干部同志一有失误就加以责难，这样会挫伤他们勤奋工作、勇于担当的积极性。因此，在选人用人工作中，要以"三个区分开来"为基本导向，既对不

---

① 2018年习近平总书记在全国组织工作会议上的讲话。

该容的干部坚决不容，又对该容的干部大胆宽容，避免干与不干一个样这类错误工作倾向的出现。

建立健全容错纠错机制，鼓励领导干部思创新之策，谋创新之局。严查严管不是对干部干事的禁锢，激励支持也不是对干部干事的纵容。大胆宽容干部在改革创新中的失误和错误的同时，也要严肃查处违纪违法、知法犯法的不端行为。在干部管理上"严"与"宽"之间的协调和把控，和能否调动广大干部干事创业的积极性、主动性和创造性息息相关。在容错纠错机制实践的过程中，要深入学习领会"三个区分开来"，正确区分该容之错与应纠之错。有了容错纠错机制对干部队伍的保驾护航，在先行先试、没有经验的国家级新区进行创业创新，在干部队伍中鼓励担当精神，抓好干部的行动力，做到在其位、谋其政、尽其责。鼓励领导干部钻研新区改革创新工作中的难点疑点，思考新区发展的创新举措，谋划新区发展的创新格局，把注意力放在新区改革发展问题的解决上。容错纠错并举，不断完善选人用人制度，让有为者有位，为担当者担当，营造干事创业的良好氛围。

三、增强创新驱动，建设好新时代国家级新区

党的十八大以来，以习近平同志为核心的党中央团结带领全国各族人民统筹推进"五位一体"总体布局、协调推进"四个全面"战略布局，解决了许多长期想解决而没有解决的难题，办成了许多过去想办而没有办成的大事。党和国家事业发生了历史性变革，各方面工作都陆续进入了新的发展阶段，国家级新区的建设亦不例外，如今它的创新发展是一个主动探索的、螺旋式的上升过程。在新区设立初期，针对新区的发展建设，国家主要采取的是自上而下"发帽子、定方向"的做法，现在则是自下而上的创新转型时期。中央层面给每一个国家级新区下达政策时都赋予了其先行先试功能，就是希望各新区主动探索并践行新的体制机制，主动改革破除不适应社会主义市场经济大环境的旧体制，主动在推动经济、政治、文化、社会、生态文明等体制建设创新、体制改革中发挥示范和带头作用，实现新区螺

旋式上升，并最终带动区域协同发展。

新时代国家级新区的发展，必须坚持创新驱动战略。引领中国经济走向高质量、高水平发展，必须激发科技这一生产力的巨大潜能，加快转变发展方式、转换增长动力。国家级新区是由国务院批准设立的国家级综合功能区，在国家发展和改革方面承担着重大战略任务，是改革创新的试验区，因此更要全方位增强创新驱动能力。

国家级新区容错纠错机制的建设和完善，有助于新区深入实施人才优先发展战略。科技创新需要有强大的人才队伍支撑，人才不仅是科技创新的第一资源，也是改革创新中最积极的因素。国家级新区想要实现创新发展，就必须按照高质量发展的要求，深入实施人才优先发展战略，深化人才发展体制机制改革。新区内"三个区分开来"与容错纠错机制双管齐下，能够保护、宽容、鼓励人才，为优秀人才施展才华提供广阔空间。如此一来，国家级新区才能更好地引进高素质、高质量、高技术人才，推进高新核心技术的研究探索，保护知识与专利产权，通过建立更加科学的组织人事机制，留住人才、用好人才。

国家级新区容错纠错机制的建设和完善，有助于优化新区创新营商环境。企业是技术创新的主体，也是创新发展的重要载体。近年来，虽然企业在创新中的主体地位有所加强，但同时也存在着动力不足、机制阻碍、资源缺乏等问题。人是环境的产物，产业发展、经济增长也离不开良好的创新环境。国家级新区容错纠错机制的建设，一定程度上解放了干部队伍的思想禁锢，在对区域内企业的管理发展上具有积极影响，有利于破除资金、土地以及人才等生产要素自由流动的机制阻碍，在区域内进一步深化"放管服"改革，激发各类企业的创新生产活力，营造更加优良的营商环境，促进各类资本充分涌流。国家级新区容错纠错机制的建立，还有助于打造宽松的干事创业氛围，有利于推动产学研深度融合，鼓励企业大胆创新，发挥创新型企业在区域内的引领带动作用，使其辐射周边地区和相关企业。

国家级新区容错纠错机制的建设和完善，有助于促进科技创新与实体经济的纵深融合。实体经济是一国经济的立身之本、财富之源，不论是过去还是将来，实体经济都是国际经济竞争中的关键一环。振兴实体经济是建设现代化经济体系、实现经济高质量发展的根本要求，实体经济发展得越好，国家抵御经济危机的能力就越强。只有加快科技成果的转化、加快核心技术的攻关、抓住数字产业的机遇，才能打造新区发展的新优势，建设好新时代国家级新区。推动区域内传统产业转型升级，促进新兴产业往多方向、多层次发展，加快新兴产业以新带旧的步伐，加速新兴产业与传统产业的融合，并最终提升实体经济水平和质量是当下新区发展的重要着手点。同时，在大数据、人工智能的背景下，加快信息技术和传统制造业的融合发展，探索出制造业转型升级的新道路，促进转型升级、经济高质量发展，进而推广到全国其他区域的制造业，做优实体经济。

第三节 国家级新区容错纠错机制研究设计

考虑到 19 个国家级新区容错纠错机制在建立时间、发展程度、机制成效上的差异，本发展报告主要采取扎根实践的调研走访形式考察各国家级新区容错纠错机制的发展现状，并运用 NVivo11 和 Office 等辅助软件对所有访谈资料、政策文本与已有文献进行整理分析。在此期间，项目组成员还多次开展头脑风暴进行学习交流，完善知识体系。经过调研、讨论、分析、整合、成稿、再讨论的多次循环，项目组最终完成了发展报告的撰写工作。受新型冠状病毒肺炎疫情影响，本次研究共对 15 个国家级新区完成了实地走访调研工作，上海浦东新区、大连金普新区、重庆两江新区和河北雄安新区除外。以下调研方案设计、资料收集情况和研究方法按实际调研情况撰写。

一、调研方案设计

本发展报告的研究对象是国家级新区容错纠错现状，因各国家级新区容错纠错工作的属地性与差异化,本研究采取实地调研为主、文献调查为辅的方式进行。实地调研旨在深切感知国家级新区容错纠错工作,以座谈会、主题沙龙等方式明确各国家级新区容错纠错机制实施现状、困难挑战与发展成效,进一步总结国家级新区典型做法与经验。

(一)调研目的

本次调研的主要目的在于了解 15 个国家级新区容错纠错机制的建设进程和发展现状,从政策设计和机制运行两个方面把握国家级新区容错纠错机制的建设全貌,总结国家级新区容错纠错机制建设的困难与不足、亮点与特色,形成推广性的经验,为解决庸政懒政、为官不为等问题,为激励广大干部敢闯敢干、勇于担当,为促进制度创新、科学发展提供有价值的指导。充分的实地调研有助于探索国家级新区容错纠错机制的改进空间,以求保护、激励改革先行者的干劲、闯劲、韧劲,促进容错纠错机制有效助力国家级新区成为新型城镇化的示范区和全国"两型"社会建设的引领区。

(二)调研对象

各国家级新区主要领导干部、各经济开发区(产业园)主要党政负责人、国家级新区容错纠错机制建设的负责人、新区内相关企业等。

(三)调研安排

2020 年 7 月 5 日至 7 月 31 日,研究团队分成五支调研队伍,将 15 个新区分为 5 条路线分别进行调研。7 月 5 日至 7 月 10 日,一支队伍从滇中新区开始,对天府新区、贵安新区三个新区进行走访调研;7 月 12 日至 7 月 17 日,一支队伍奔赴位于东北的长春新区和哈尔滨新区进行走访调研;另一支队伍奔赴舟山新区、福州新区和南沙新区进行调研;7 月 19 日至 7 月 24 日,一支队伍从滨海新区开始,一路向南,对赣江新区与江北新区共三个新区进行考察调研;最后一队于 7 月 26 日至 7 月 31 日对西海岸新区、西咸新区和兰州新区三个新区分别进行调研。每支调研队伍均包括一名湘江新区纪委监察委员会领导干部与 2 至 3 名纪委基层干部，以及至少一名中南大学公共管理学院教授与 2 至 3 名中南大学公共管理学院博士研究生和硕士研究生，共计由 8 至 10 人组成。（见表 1-1）

表 1-1　国家级新区实地调研安排一览

时间	路线	人员组成
07-05—07-10	滇中新区—天府新区—贵安新区	每队均由一名湘江新区纪委监察委员会领导干部与两至三名纪委基层干部，以及至少一名中南大学公共管理学院教授与两至三名中南大学公共管理学院研究生、博士生组成
07-12—07-17	长春新区—哈尔滨新区	
07-12—07-17	舟山新区—福州新区—南沙新区	
07-19—07-24	滨海新区—赣江新区—江北新区	
07-26—07-31	西海岸新区—西咸新区—兰州新区	

来源：作者自制

二、资料收集情况

在实地调研之前，每支调研队伍通过中国政府网、国家级新区官网等途径对各国家级新区容错纠错工作开展情况，尤其是相关政策文件进行梳理和分类，形成每个国家级新区实地调研所需要访谈的问题清单；并将所缺少的国家级新区容错纠错政策文本做成所需政策清单，确保在调研期间取得丰富与有效的材料。在调研期间，主要通过座谈会、主题沙龙的方式，与各国家级新区纪委监察委员会领导与基层干部进行会谈。在会议上，各国家级新区先对自身整体发展与容错纠错机制建设情况进行介绍，之后调研小组再以访谈的方式与各新区进行交流学习与心得互换。此外，调研小组还参观了国家级新区创新项目基地。在实地调研之后，各调研队伍运用 Excel、NVivo11 等软件将所收集到的资料与访谈内容进行分别汇总，形成各新区调研报告，作为进一步研究国家级新区容错纠错机制发展报告的重要依据。

根据实际调研情况，本次研究共收集了 35 份国家级新区未公开发行的容错纠错政策文本，撰写了 15 篇国家级新区容错纠错规范性调研报告，根据座谈会和主题沙龙形成的访谈字数达 235348 字。具体资料收集情况详见第四章。

三、研究方法

本报告旨在分析国家级新区容错纠错机制的发展情况，主要内容包括各国家级新区容错纠错机制建设情况究竟如何（what），在实际工作中，各国家级新区容错纠错机制究竟如何运行（how），以及为什么国家级新区发展成效会有显著差异（why）等问题。基于上述问题，研究团队采用分析已有政策文本、文献研究等质性研究方法进行研究。此外，在团队内部还举行了数次头脑风暴会议对问题进行深入探讨，这激发出了团队成员不少思辨性的观点与想法。在初步形成发展报告后，研究团队邀请了学界多位学者共同举行容错纠错机制专场研讨会议，听取了多位专家的宝贵意见，并对本发展报告进行了反复修改。

（一）政策分析法

经过对国家级新区公开颁布的容错纠错相关政策文件与实地调研访谈资料的整理，研究团队共收集到国家级新区与其所在省份容错纠错政策文本 57 份，利用辅助软件 NVivo11 对 57 份政策进行语句分解与归纳，形成了对不同层级容错纠错政策内容的整体把握，并提取出了国家级新区容错纠错政策中的相似点与不同点。

（二）文献研究法

由于学术界对国家级新区容错纠错机制建设的理论研究较少，在文献整理与阅读分析的同时，研究团队还广泛检索、收集与整理了国家层面、省市层面容错纠错机制文献，对已有学术成果进行研究与学习。最后，研究团队在对文献资料充分学习与消化的基础上，逐步形成了容错纠错理论观点，不断推进研究进程。

(三)头脑风暴法

头脑风暴法旨在创造一个独立思考、畅所欲言的氛围，产生更多关于容错纠错机制的建设性、创造性思维，从而对国家级新区容错纠错机制发展报告内容不断进行补充与完善。在对已有的政策与文献进行整理与分析后，研究团队内部每周三举行容错纠错头脑风暴专场会议。会议鼓励团队成员就国家级新区容错纠错机制进行独立思考，积极发言。

(四)专家会谈

完成发展报告初稿撰写工作后，团队邀请了中南大学法学院和公共管理学院的知名学者以及国家级新区领导干部对发展报告进行指导与完善。专家会议有助于交换意见，通过互相启发，可以弥补报告中的不足。而通过研究团队与国家级新区人员的交流与反馈，两者之间可以产生思维共振，且能在较短时间内得到富有成效的创造性成果，为后续发展报告的修改与完善提供了辅助性依据。

第四节 容错纠错理论研究进展与评述

党的十八届六中全会首次明确提出"建立容错纠错机制"，标志着全党在宽容干部工作中，特别是改革创新中的失误方面形成共识，其意在消除干部的畏惧心理，破解"敢于为担当者担当"难题，为作风正派、敢于做事的干部提供制度性兜底，最大限度地调动广大干部的积极性、主动性和创造性，弘扬敢想、敢干、敢担当的正能量，营造宽容、和谐的良好氛围。学者们针对容错纠错机制也展开了多方面研究，取得了可观的成果，通过回顾已有文献发现，目前国内相关研究主要集中在如下几个方面。

一、容错纠错机制的意义

在当前的时代背景下，建立健全容错纠错机制已迫在眉睫。学者们从理论价值、现实意义两个方面论证了容错纠错机制的必要性，以回答"为何容"的问题。

(一) 理论价值

容错纠错机制的建立具有理论必要性，学者们已从矛盾关系的变化，实践与认识的辩证关系，宽容、试错理念等多个角度为容错纠错机制提供了理论基础。

第一，矛盾关系的变化使错误出现具有客观可能性。牛振华等[①]从三个方面论述了此观点：首先，矛盾的暴露并非一次性的，而是在双方不断斗争的过程中逐渐显现的；其次，矛盾所具有的多样性与复杂性可能导致改革、创新失败；最后，矛盾关系是不断变化与发展的。在实践中，随着矛盾的不断解决与涌现，原本次要、非决定性的矛盾可能上升为主要矛盾，甚至成为决定成败的关键。因而矛盾关系和地位的变化使错误的出现具有客观可能性。

第二，实践与认识的辩证关系使错误不可避免。牛振华等[②]继承马克思主义基本原理，强调实践与认识紧密相关，实践是认识的来源，具有决定性作用，而认识有助于指导实践。认识的主体是人，客体是客观事物。人的主观条件与客观事物复杂、变化的属性皆会影响人对事物的认识，正确

[①] 牛振华，光照宇，干志平，等.国有企业改革发展容错纠错机制研究[C].中国企业改革发展优秀成果(首届)发布会暨《中国经济发展阶段性转换》专题报告会，2017：19.

[②] 牛振华，光照宇，干志平，等.国有企业改革发展容错纠错机制研究[C].中国企业改革发展优秀成果(首届)发布会暨《中国经济发展阶段性转换》专题报告会，2017：19.

认识往往要经过认识与实践的多次转化才能形成，因此错误的产生不可避免。陈鹏飞①也认为人对客观事物进行正确的认知与把握具有较大难度，在面对新兴事物时，更需要长年累月的经验积累与反复认识与实践。李蕊②提出客观事物的发展与人们对事物的认识过程皆是曲折的，只成功不失败的改革是不存在的。

第三，宽容、试错理念为容错提供价值印证。胡杰③认为，宽容实际包含个人、社会与政治三个维度，政治宽容将宽容纳入宪法秩序，用以确保自由共同体的发展与延续，为容错纠错机制建立提供了价值印证。容错纠错机制充分体现了宽容理念在政治生活中的应用与延伸，有助于保证各种秩序的协调与吻合。牛振华等④指出试错渐进与猜想反复交替是社会发展的必然过程。人们难以完全掌握社会变革的规律，唯有不断从错误中学习才能发展，因此社会建构将是一个不断探索和试错的过程，而这一过程十分需要建立容错纠错机制。

(二)现实意义

目前，学者们关于容错纠错机制建立意义的研究成果颇丰。在众多益处之中，学者们对于容错纠错的激发干部活力、促进改革创新、形成良好的用人导向等作用已基本达成共识。

第一，容错纠错机制有利于激发干部活力。郎佩娟⑤主张容错纠错机制可激励与保护干部干事创业的积极性，既让改革与创新拥有持久的原动力，又能消除干部的后顾之忧。毕金玲⑥也认为，容错纠错机制为改革创新

---

① 陈鹏飞.容错纠错的法哲学分析[J].河南司法警官职业学院学报，2019，17(2)：54-59.
② 李蕊.容错机制的建构及完善——基于政策文本的分析[J].社会主义研究，2017(2)：89-96.
③ 胡杰.容错纠错机制的法理意蕴[J].法学，2017(03)：165-172.
④ 牛振华，光照宇，于志平，等.国有企业改革发展容错纠错机制研究[C].中国企业改革发展优秀成果(首届)发布会暨《中国经济发展阶段性转换》专题报告会，2017：19.
⑤ 郎佩娟.容错机制法治化要立法先行[J].中国党政干部论坛，2016(8)：17-19.
⑥ 毕金玲.浅谈全面从严治党背景下昆明市建立健全容错纠错机制的现实意义及路径[J].实践与跨越，2017(2)：84-90.

而建立，目的在于鼓励干部创新、宽容干部失误，为有为者撑腰，使无为者让位，充分调动干部干事创业积极性，营造鼓励干事、宽容失败、有错则改的良好氛围。薛瑞汉[1]则指出容错纠错机制的建立与健全，对培育干部的担当精神、营造宽松的作为空间均有所裨益，可以帮助干部做到"在其位、谋其政"，将工作重心放在"想干事"上，摒弃"不敢为、不想为、不能为"的错误心态，有效保护干部积极性，消除"为官不为"现象。

第二，容错纠错机制有利于促进改革创新。何璐[2]从两个方面阐述了在全面深化改革的新形势下，改革需要全面发力、多点突破、纵深推进，增加创新活力。在探索创新的过程中，错误和过失有时是不可避免的，需要容错纠错机制保驾护航，从而允许并鼓励创新的进行。薛瑞汉[3]提出由于改革创新的具备风险，与其他人相比，改革创新者的思维模式和行为方式更容易出现失误，如果没有容错纠错，改革创新将失去原动力。容错纠错机制的建立健全能够为改革创新者降低风险压力，既能保护改革创新者，也能鼓励改革创新行为。邓晓辉[4]则认为在推进"五位一体"总体布局和"四个全面"战略布局的基础上，建立健全容错纠错机制，有助于破解党风廉政建设之中的难题与困境，既对改革事业的发展起到促进作用，也对廉洁政府建设起到推动作用。

第三，容错纠错机制有利于形成良好的用人导向。朱明等[5]提出建立健全容错纠错机制能为想干事者提供机会、为能干事者提供舞台、为干成事者提供地位，并且能从根本上保护和关爱干部，为推进改革创新打造一支素质过硬的干部队伍。王金柱[6]认为建立容错纠错机制能发挥在选人用人上的导向作用，向干部释放鼓励干部"敢于担当、勇于创新、积极履职"

① 薛瑞汉.建立健全干部改革创新工作中的容错纠错机制[J].中州学刊,2017(2):13-17.
② 何璐.容错纠错机制的创设及构建[J].太原城市职业技术学院学报,2018(4):168-170.
③ 薛瑞汉.建立健全干部改革创新工作中的容错纠错机制[J].中州学刊,2017(2):13-17.
④ 邓晓辉.容错纠错需划清"可容"与"不可容"界限[J].人民论坛,2017(13):40-41.
⑤ 朱明,梁伯雍,徐晓凯.构建科学的容错纠错机制[J].政工导刊,2017(4):7-8.
⑥ 王金柱.容错纠错机制决非权宜之计[J].人民论坛,2017(26):50-51.

的用人信号。闫辰[1]主张建立容错纠错机制的目标在于推动确立"倡导敢于担当、勇于改革"的用人导向，形成宽容、和谐的良好氛围，尤其包容干部在改革创新中的"探索性失误"，避免"一棍子打死"，使干部真切感受到组织的"撑腰"作用。

二、容错纠错机制的内容

目前，学者们对容错纠错机制的具体内容分析主要集中于对核心概念的界定和对组成结构的辨析上。本研究通过梳理两方面的现有成果，以加深对"容什么"的理解。

(一)核心概念界定

"错"的概念界定是容错纠错机制建立的首要步骤。当前，学者已从多个角度对"错"进行了辨析。戴立兴[2]认为容错纠错机制中的"错"不是一般性的违法乱纪，而是在改革创新探索性实践中出现的非主观性错误，是在政策、法律法规允许的范围内的错误。所谓可容之"错"，是在落实重大任务时集体承担的失误和个人在工作中产生的探索性错误。郑舒婷和董海涛[3]从构成要素角度，对错误进行了准确界定。林占发和许艳明[4]通过对错误与瑕疵、刑事错误与行政错误、实体错误与程序错误等进行辨析，明确了可容之"错"的范围。杜黎明[5]则依据损失后果及成因将错误分为程序及规范类错误、创新及探索类错误、抢抓机遇及应对突发事件类错误。除此之

① 闫辰.全面从严治党视域下党员领导干部正向激励与容错纠错机制建设:逻辑与路径[J].中共珠海市委党校珠海市行政学院学报,2018(3):29-37.
② 戴立兴."错"与"非错"的标准如何厘清[J].人民论坛,2017(26):37.
③ 郑舒婷,董海涛.基于法治与制度视域的容错与纠错探析[J].党政干部学刊,2018(10):21-27.
④ 林占发,许艳明.容错纠错制度的法律分析——以"容错"之剖析为切入点[J].理论观察,2018(10):114-116.
⑤ 杜黎明.容错的正面清单与纠错的对策清单[J].人民论坛,2017(26):40-41.

外，学者也对容错与纠错进行了概念区分。毕金玲①则将容错定义为允许在试错的过程中出现一定的经济社会风险之后，启动相应的程序，将这种经济社会风险控制在合理的范围，对相应的责任人实施豁免。纠错则是在风险发生之后，能够有一种机制和程序自动启动，对产生风险的源头、过程及后果进行科学评估，找出原因，修正体制机制设计，及时引导创新方向，消除路径依赖，防止出现棘轮效应。

(二) 整体性分析

容错纠错机制应包含众多组成部分，学者们利用多种方法，从多个层次加以识别，提出了许多建设性意见。李荣梅②通过对当时已出台制度文本的分析得出，针对领导干部所设立的容错免责机制应当大体包含四部分，即容错免责机制的实施目的和依据，被免责行为的具体情形，容错免责认定时期的主体、程序和结果运用，以及最后对容错免责结果的保障措施。其中，对具体被免责行为的规定，是整个机制的核心组成部分。叶中华③从抽象层面的宏观理论辨识、实践层面的中观系统结构和微观层面的运行过程三个方面探讨了容错纠错机制在政治实践中的作用机理和在创新驱动发展战略中的实现路径。毕宏音④则认为容错机制分为主体、客体、渠道和保障四大要素，其中主体为国家中高层管理者，客体指代广大干部群众，渠道包括党政渠道、社会团体渠道和传媒渠道，保障涉及法律规范、道德风俗、文化心理和社会舆论监督等。容错机制的运行过程主要包括了顶层设计、基层(试点)探索、反馈评估、完善推广等相互配合与交叉联动的环节。

---

① 毕金玲.浅谈全面从严治党背景下昆明市建立健全容错纠错机制的现实意义及路径[J].实践与跨越,2017(2):84-90.
② 李荣梅.党员干部干事创业容错免责机制研究[J].山东行政学院学报,2017(1):27-30,19.
③ 叶中华.容错纠错机制的运行机理[J].人民论坛,2017(26):42-44.
④ 毕宏音.从各地试水看"容错纠错机制"的系统建构[J].人民论坛,2016(11):15-17.

三、容错纠错机制的难点

如何确保容错纠错机制落到实处一直是学者们的研究兴趣所在。然而在容错纠错机制落地过程中，不可否认地存在着众多阻碍因素，面临着风险与挑战。学者们现已识别出容错纠错机制的关键难点与实施风险，试图解决"如何容"的难题。

(一) 关键难点

学者们通过总结现有实际情况，得出以下关键难点。崔晓雷[①]认为容错机制目前存在着三个方面的缺陷，即纠错保障举措不够到位、容错纠错的方式不够具体、纠错程度把握不够精准。李荣梅[②]提出，容错纠错的操作难点在于容错条件规定相对笼统、容错的评判主体过于单一、容错机制公信力亟待释放。段斌[③]则认为建立容错机制，现有困难主要涵盖以下几个方面：首先是容错纠错机制相关条款难以细化，体现为规定笼统而难以实施，然而各地情况不同又难以细化；其次，容错纠错机制程序难以生效，对部分案例适用情况有限；最后，容错纠错机制风险较高，需承担法律风险。毕金玲[④]则认为容错纠错的困境在于对改革创新失误的宽容度有待提高、对容错边界和尺度的把握有待清晰、对容错纠错潜在风险的认识有待深入。胡燕等[⑤]将现存障碍分为制度规划障碍、操作实施障碍和舆论氛围障碍三个方面，具体包括顶层设计与配套制度可能失衡、统一尺度与适用差异可能失序；容错范围与原则底线可能失度、容错机制与纠错机制可能失调；外

---

① 崔晓雷.在国有企业干部管理中建立容错纠错机制的思考[J].现代营销(创富信息版)，2018(8)：75.
② 李荣梅.党员干部干事创业容错免责机制研究[J].山东行政学院学报，2017(1)：27-30，19.
③ 段斌.法治视野下构建容错纠错机制的思考[J].长春师范大学学报，2018，37(1)：26-28.
④ 毕金玲.浅谈全面从严治党背景下昆明市建立健全容错纠错机制的现实意义及路径[J].实践与跨越，2017(2)：84-90.
⑤ 胡燕，董伟，杜艳莉，等.容错纠错机制的潜在实施障碍及对策——以《关于进一步激励广大干部新时代新担当新作为的意见》为视角[J].晋中学院学报，2018，35(4)：9-12.

部舆论的固有偏见、内部氛围的僵化思维。邸晓星[①]通过对容错纠错机制的梳理与评价，得出了目前容错纠错机制的实施特点、现实困境，并提出了建议。其首先对容错机制的建设历程进行了总结，得出以下特点，即中央倡导与地方探索相结合，不同地区的相关容错文件性质和效力、起草和出台部门都有不同，大部分地方都是将容错机制和干部问责机制或者重点工作问责机制、干部能上能下机制等配合使用。该研究在肯定实践成效的基础上，也发现了容错机制建构中存在的问题，包括机制规划问题、机制运行问题，即容错的标准还需要进一步明确，对容错过程中的风险尚缺乏合理判断与规避，以及制度性保障和舆论环境保障等问题，最后总结四点建议，希望有助于改善容错机制的构建。

(二) 实施风险

容错纠错机制所带来的风险也不容小觑。郎佩娟[②]提出这些风险有两方面：一是过错自身存在的风险，即过错本身就隐藏着政治、经济或道德风险，比如经济风险可能会给当地的经济稳定性、企业发展和个人财产带来威胁，或是由于改革创新而导致社会群体事件的发生；二是容错纠错机制的适用风险，即同时处理好容许决策失误和实行决策追责制的关系，让应该被追责的得到严厉问责，应该被免责的顺利维护好自己的工作和声誉。所以，其在文中也同时介绍了进行风险管控的手段，包括重大决策失误不能容错，不经过法定程序做出的决策不能容错，为可能具有风险的社会问题决策进行决策评估，或进行小范围的试点操作等，降低失误可能出现的概率，并以决策后的评估制度来实现整体容错的闭环，提升容错机制的科学性。胡杰[③]则认为容错纠错机制的风险包括缺乏统一的容错纠错规范性法律文件的立法层面风险、容错纠错机制与行政问责制之间关系难以协调

① 邸晓星.在求实创新中推进干部容错机制建构[J].理论探索，2017(6)：22-26，32.

② 郎佩娟.容错纠错机制的可能风险与管控路径[J].人民论坛，2016(11)：21-23.

③ 胡杰.容错纠错机制的法理意蕴[J].法学，2017(3)：165-172.

的关系层面风险、容错纠错机制有可能成为地方政府规避规范性法律文件的保护伞的实践层面风险等。因此，其提出完善容错纠错立法、统一认定和适用标准、强化法律监督等法制化战略，以确保机制运行合理。

四、容错纠错机制的多视角分析

目前，学者们已采用多种方法、从多个视角研究容错纠错机制，呈现出百家争鸣的局面。我们通过梳理将其归纳为政策文本分析、地方经验分析与跨学科分析三个大类。

(一) 政策文本分析

容错纠错机制的建立离不开政策文本的支持。分析、了解容错纠错相关政策文本对健全容错纠错机制至关重要。目前，已有学者在此方面做出努力，但相对其他方面而言，容错纠错机制的政策文本分析所取得的成果较少。李蕊①通过梳理发现，容错纠错政策呈现出地市一级出台文件最多、县一级较少以及既有自下而上的"下试上行"路径，又有自上而下的"上行下效"路径的特点。并且，目前学界已对"为何容错""容什么错""怎么容错""容错后如何"等方面得出了基本共识。现存分歧主要集中于宽严尺度把握、法理侧重程度和粗细表述方式等方面。邓锐和储著斌②总结现有政策文件，得出政策出台呈现出东部多、中西部少的特点，党委和政府是政策制定的主体，制定主体的层次以地市级和区县级为主的结论。闫义夫和徐成芳③则针对内蒙古自治区的容错纠错政策文本进行分析，梳理了容错纠错的重要功能和建构模式，并以地方性的视角给予完善建议，从乌兰察布

---

① 李蕊. 容错机制的建构及完善——基于政策文本的分析[J]. 社会主义研究, 2017(2): 89-96.
② 邓锐, 储著斌. 新时期我国领导干部容错免责政策文本分析和机制构建[J]. 领导科学, 2018(5): 39-41.
③ 义夫, 徐成芳. 容错纠错机制在改革创新中的功能、建构及其完善——以内蒙古地区政策文本为例[J]. 沈阳大学学报(社会科学版), 2018, 20(5): 570-574.

市与呼和浩特市政策文本中出现的可操作性难题入手，健全当地的容错纠错机制。

(二)地方性经验分析

现阶段，已有多地先后建立健全容错纠错机制，对此拥有宝贵经验。部分学者聚焦于特定地区的容错纠错机制建设，探索更具现实性的实施问题以及更具操作性的解决方案。罗燕[①]根据黔西南州在建立干部容错机制中的经验，总结出了其工作创新做法，包括建立干部召回管理制度、建立"四位一体"干部管理机制、推动干部能上能下，也发现了其现存的问题，包括硬性的摊派指标、末位淘汰制成为弄虚作假的形式主义、官员召回标准执行难度大、对于犯错的官员的政治环境仍不够友好、缺乏干部澄清机制、没有进行风险评估、容错纠错判定主体单一等，其希望黔西南州未来可以在深入调研的基础上，明晰容错纠错的具体情形，针对不同的行业领域进行细分，增强容错纠错制度的实用操作性。邱旺根[②]针对福建省三明市清流县的情况，提出该地容错纠错机制目前有着存在庸政懒政怠政现象、包容容错的氛围尚未形成、出台的容错纠错机制尚需细化的问题，并进一步提出相关改进措施，如提升容错纠错机制的科学性、推进容错纠错机制的规范化、实现容错纠错机制的制度化。杨垠红、陈小康[③]则更为详细地针对福建省目前的经济社会发展情况，总结福建省各市县的容错纠错现状，发现目前福建省存在重容错轻纠错、制度未体系化、欠缺详细的立法规范设计、配套机制不健全、缺乏容错氛围的支撑等问题。在健全福建省的容错纠错实体机制上，创新性地提出了申辩救济机制，即公职人员在被处罚

---

① 罗燕.建立干部改革创新的容错纠错机制——以黔西南州为例[J].中共太原市委党校学报，2018(2)：27-32.
② 邱旺根.对完善干部容错纠错机制的思考——以福建省三明市清流县的探索为例[J].世纪桥，2018(9)：35-37.
③ 杨垠红，陈小康.健全福建省容错纠错机制的对策建议[J].发展研究，2018(5)：95-99.

之前，通过主动申请申辩救济为自己预先做出免责声明和解释，减轻或免除可能遭受的处罚的一种救济制度。同时提出一种设想，即在国家监察委员会已经成立的背景下，考虑由国家监察委员会行使监督职能，因为其是新设机构，所以更有利于保证监督的公正性。

(三) 跨学科分析

容错纠错机制在改革创新的浪潮中占据至关重要的地位。除了公共管理方向的研究外，容错纠错机制存在法学视角的研究。胡杰[①]主张在法治国家的环境下对容错纠错进行法学解析有着特殊意义，其从理性认知的价值局限、宽容理念的价值印证和权力理性的实践导向三个方面论证了容错纠错机制的正当性，并提出容错纠错机制需要法制化的战略予以重构与规范。陈朋发[②]在对何为容错纠错机制的概念进行讨论的基础上，针对改革创新过程中的容错机制构建，从明确化容错的范围，规范化容错认定，公开化容错判定和执行过程，对容错澄清保护机制进行全程跟进等方面提出了建议。此外，万庄[③]基于干部行为策略选择的分析，为干部作为建立了计算公式，并提出可通过提升奖励力度、提升容错概率、降低积极作为而被问责的惩罚力度、提高不作为的查处概率、加大对不作为的惩罚等方式增强干部作为的意愿。

五、评述

目前，关于容错纠错机制的研究成果颇丰，不仅有从理论研究视角出发，对建立健全容错纠错机制的背景、价值、制度构建等展开的学术研究，而且有的研究从实践视角出发，对部分地区、不同人群所实施的容错纠错机制进行实践性评价，提升容错纠错在实践过程中的可操作性。然而不可否

① 胡杰.容错纠错机制的法理意蕴[J].法学，2017(3)：165-172.
② 陈朋发.试论改革创新中容错纠错机制的构建[J].行政与法，2017(3)：7-13.
③ 万庄.关于完善干部激励约束和容错纠错机制的几点探讨[J].中国行政管理，2018(10)：86-89.

认，学者们关于容错纠错的研究仍处于起步阶段，还存在以下问题亟待解决：

第一，对错误的界定多从实践角度出发，缺乏整体性分析框架。虽然学者们对容错纠错机制中"错误"的概念已达成共识，即在落实重大任务时集体承担的失误和个人在工作中产生的探索性错误，但对于错误的边界如何界定、错误又有哪些具体的表现形式，目前学者们仍知之甚少。此外，当前对错误的界定与分析多来源于各级政策文件，未来是否可寻找值得参考的经典理论补充分析也是问题。最后，现有文献对错误的评价多依赖于《关于进一步激励广大干部新时代新担当新作为的意见》中的"三个区分开来"原则，学者们是否可在其基础上，结合经典理论，搭建更具理论指导意义的分析框架或实际指导原则，帮助容错纠错落到实处？

第二，对容错的相关内容研究较多，而对其与纠错、问责、激励间的关系辨析研究较少。学者们关于容错纠错的相关研究多聚焦于容错，忽视了纠错，缺少对二者间关系的探讨，实属研究局限。同时，在建立健全容错纠错制度的过程中，学者们极少通过参考、结合其他制度，如问责制度与激励制度，对容错纠错制度进行优化。尤其是在界定几者的关系及边界时，并没有明确指出不同制度间的具体区别在哪里，使干部因害怕被问责而在实际工作中仍偶有犹豫、踌躇不前。未来，学者可加强对容错与纠错，问责与激励的关系辨析，明晰几者间的联系与区别，提出具有实际指导价值的判断准则，解除干部干事的后顾之忧。

第三，对容错纠错的价值认定多来源于思辨性分析，而缺少对容错纠错机制建设实践的全面调研。学者们对容错纠错相关问题的研究大多仍处于规范研究的阶段，实证研究开展较少，该方面成果较为欠缺。此外，虽然学者们普遍认为容错纠错对工作创新大有裨益，但这其中存在怎样的作用机制？这种积极关系是否会受其他因素的影响？目前尚无从得知。在组织情境中,已有学者提出差错管理气氛的观念①,意在衡量组织处理差错的程序与方式,其与容错纠错存在着相关之处。未来,学者们可尝试以差错管理的视角为突破口,探索容错纠错对鼓励干部创新、形成良好用人导向等积极结果的促进机制,以期最大限度地实现容错纠错的潜在价值。

---

① 王重鸣,洪自强.差错管理气氛和组织效能关系研究[J].浙江大学学报(人文社会科学版),2000(5):111-116.

第二章　国家级新区的功能定位与容错纠错

每个国家级新区的批复设立都体现了国家战略需求与区域发展需要的有机结合,国家级新区对促进地方区域发展、带动周边地区产业发展和推动地方改革创新具有重大意义。尤其是在全面深化改革的发展阶段,国家级新区所拥有的先行先试权不仅给新区营造了一种良好的政治氛围,而且推动新区建立了科学高效的行政管理机制。但是,创新总与风险并行。国家级新区在拥有各类先行先试权进行改革创新的过程中,难免出现一些偏差或是失误。如何让工作偏差或失误不影响新区创新发展热情和动力,从而确保新区充分实现其功能定位呢? 答案或许就在于新区要建立健全容错纠错机制。本章主要介绍国家级新区总体情况,以及在新时代我国努力建设创新型国家背景下所显现出的国家级新区容错纠错机制建立的必要性。

第一节　国家级新区的总体情况与功能定位

国家级新区是由国务院批准设立的以相关行政区、特殊功能区为基础,承担着重大发展和改革开放战略任务的综合功能区。[①] 国家级新区不仅是

[①]　国家发展和改革委员会.国家级新区发展报告2015[M].北京:中国计划出版社,2015.

国家体制机制改革的先行区，也是国家经济创新发展的示范区，承担着不同于传统行政区和其他经济开发区的职责与功能，在国家改革开放和现代化建设大局中有着重要的战略位置。自1992年国务院批复设立浦东新区至2017年雄安新区的成立，我国已经相继成立了19个国家级新区，前后经历将近28年的发展。每个国家级新区都是在不同的时代背景下设立的，并由此赋予了它们各不相同的时代意义，且在各自的发展道路上承担着不同的责任。随着国家级新区的不断发展进步，各新区在国家发展中的功能定位也越来越有针对性和独特性。总体来说，每个国家级新区的设立紧密围绕着东部沿海、西部、中部、东北部"四大板块"区域协同发展，是支撑其中心城市与国家区域发展战略的经济载体，且成为"一带一路"、京津冀协同发展、长江经济带等多个国家发展战略的重要支撑点。

一、国家级新区的建制沿革

20世纪末，国务院批复成立浦东新区，并赋予其上海国际金融中心的战略定位，由此拉开了我国国家级新区建设的序幕。21世纪初，滨海新区被纳入国家发展战略，并写入国家"十一五"发展规划，成为我国第二个重点建设的国家级新区。依据浦东新区与滨海新区的建设成果和发展经验，国家级新区发展的道路逐渐明晰。鉴于国家级新区的模式对推进我国改革开放事业具有的重大意义，国家开始重点探索国家级新区的发展，于2010年之后集中审批设立，并在2015年前后达到设立的高潮。截至目前，我国共设立了19个家国家级新区，国家级新区的顶层设计已经逐渐走向成熟。从时间发展历程来看，我国国家级新区的设立大致可以分为三个阶段：初步探索阶段（1992—2010）、加速发展阶段（2010—2013）和增加设立阶段（2014—2017）（国家级新区设立时间及数量见图2-1）。

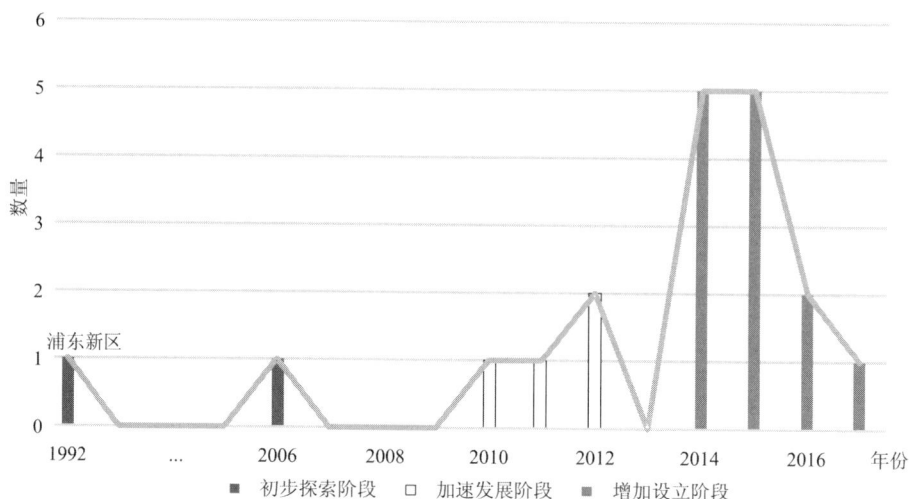

图 2-1　国家级新区设立时间与发展阶段图

来源：作者自绘

（一）初步探索阶段

20 世纪末，我国正处于改革开放加速发展阶段。在沿海地区经济特区建设的示范效应下，改革开放后的经济特区模式逐渐转移为国家级新区模式，浦东新区的设立成为我国新一轮改革开放的重要标志。浦东新区也因此成为我国第一个改革开放先行先试区、自主创新示范引领区、发展战略创新和发展体制创新的先锋区。

进入 21 世纪后，全国经济重心不断南移，南方地区的经济需求不断上升。为了使"南快北慢"的区域经济发展格局变为平衡状态，国务院批复设立滨海新区，将滨海新区打造为我国北方对外开放的门户、中国经济的第三增长极。浦东新区、滨海新区的设立是国家探索改革开放的重要举措，对促进沿海地区率先发展和平衡南北地区经济发展具有重大意义。至此，浦东新区和滨海新区引领了我国新一轮的大规模对外开放，有力地推动了我国沿海开放重点由南向北逐步拓展①。从地理区位上来看，浦东新区与滨海新区均位于我国东部沿海地区，是当时我国对外开放和经济发展的前沿地区。从战略定位来看，浦东新区具有独特的区位和经济优势，对外接轨国际，对内辐射全国；滨海新区则是我国北方的对外开放门户，是中国北方国际航运中心和国际物流中心与新的增长极。

(二)加速发展阶段

2010 年 5 月，两江新区设立，进一步推进我国国家级新区高速发展的探索之路。两江新区依托重庆市及周边省份，服务西南，辐射中西部。作为国家综合配套改革试验区，两江新区在统筹城乡配套改革试验，突出先进制造业和服务业发展，打造长江上游地区经济、金融、创新中心，作为内陆地区对外开放阵地和科学发展示范区等方面被赋予了新的目标定位。在后续的两年中，国务院又分别批复设立了舟山群岛新区、兰州新区和南沙新区，分别分布在长江三角洲、西北地区和粤港澳城市圈，并各自承担着海洋经济发展先导、西北地区重要的经济增长极和珠三角城市群综合服务共享区的区域试验功能。

2011 年，舟山群岛新区设立，开启了我国新兴产业发展试验区等特殊类型功能区的设立模式，成立舟山群岛新区的重点在于发展海洋经济，推进海洋综合开发。2012 年，兰州新区设立，秉承着西北地区重要的经济增长极、向西开放的重要战略平台和承接产业转移示范区等战略使命，成为我国西北地区第一个国家级新区。2012 年，南沙新区的设立，是我国人本主义发展理念的践行，加上港澳营商环境接轨融合区的建设，形成了珠三角城市群综合服务的共享区域，成为共建粤港澳优质生活圈的新型社会管理的试验区②。1992 年至 2012 年这 20 年间，我国一共批复设立了 6 个新

---

① 魏中胤，沈山，沈正平.我国国家级新区的类型划分与政策导向[J].经济师，2020(02)：20-22.

② 郝寿义，曹清峰.论国家级新区[J].贵州社会科学，2016(02)：26-33.

区，反映出培育区域增长极核是我国推进区域高质量且快速发展的重要手段，国家级新区在此阶段所积累的经验为新区"增加设立阶段"奠定了扎实基础。

(三) 增加设立阶段

从 2014 年开始，国家级新区批复设立呈现出加速增长态势，新区布局开始拓展到东北地区和中西部内陆经济较发达的省会城市，新区建设发展的目标更加多元，开始以带动地方经济发展、解决地方具体问题为目标，成为我国全方位对外开放的窗口。从国家级新区设立的地理区位来看，增设阶段所设立的新区在东、中、西部均有设立，其战略定位也充分融合了新区的地理区位优势，开放发展的方向更加明确。如西咸新区、贵安新区、天府新区主要面向西部开放；金普新区、哈尔滨新区、长春新区主要带动东北振兴，面向东北亚开放；湘江新区、赣江新区主要面向中部内陆地区；西海岸新区、江北新区、福州新区、雄安新区则继续推进东部的开发开放。值得一提的是，最新设立的雄安新区，与城市副中心通州共同构成了北京发展新两翼，并赋予其北京非首都功能疏解集中承载地的战略定位，此战略定位将有效治理北京在发展中累积的大城市病，并带动河北的整体发展。雄安新区的目标聚焦于以北京为核心圈层的京津冀世界级城市群，探索中国首都区人口经济密集地优化开发新模式，培育现代化经济体系新引擎。雄安新区的设立具有重大的现实意义和深远历史意义，此举也将国家级新区的战略地位提升到前所未有的高度。

二、国家级新区的区域布局

当前国家级新区的区域布局已经完全覆盖我国东部、西部、中部与东北四大地区，国家级新区的空间分布从东到西、自南向北、从沿海向内陆中心城市推进。总体来看，国家级新区的分布代表着中国改革开放的空间逻辑与指向。[①] 国家级新区与国家区域发展分布情况见表2-1。改革开放以来，我国经济增长保持了10%左右的平均增长速度，从浦东新区的设立到滨海新区的批复，再到近几年雄安新区的建立，我国经济发展也从一步步复苏到中兴再到强盛，在整个发展过程中，国家级新区起到了非常重要的作用。

表2-1　国家级新区与国家区域发展战略分布表

国家区域发展战略	国家级新区
东部率先发展战略	浦东新区、滨海新区、舟山群岛新区、南沙新区、西海岸新区、江北新区、福州新区、雄安新区
西部大开发战略	两江新区、兰州新区、西咸新区、贵安新区、天府新区、滇中新区
东北振兴战略	金普新区、哈尔滨新区、长春新区
中部崛起战略	湘江新区、赣江新区

来源：作者自制

改革开放以来，我国东部沿海地区的经济发展速度较快，经济发展速度和水平显著高于其他地区。中央政府为了解决国家区域间发展不平衡的问题，党的十五届四中全会提出了国家西部大开发战略。从政策上解决东部与西部发展不平衡问题后，2003年，国务院常务会议又提出了振兴东北的指导思想，正式实施东北地区等老工业基地振兴战略。此时，国家区域发展战略布局涉及东部、西部与东北部，仅中部地区未纳入国家发展战略。2006年，国务院常务会议发布《关于促进中部地区崛起的若干意见》，指出中部地区崛起也是我国新阶段总体发展战略布局的重要组成部分。至此，我国东部、西部、东北、中部"四大板块"形成了我国区域发展总体战略布

---

① 吴昊天，杨郑鑫.从国家级新区战略看国家战略空间演进[J].城市发展研究，2015，22（3）：1-10，38.

局，即推进鼓励东部地区率先发展、西部大开发、振兴东北地区等老工业基地、促进中部地区崛起①。

截至目前，东部设立的国家级新区最多，支持东部地区率先发展的国家级新区多达 8 个；自 21 世纪后，我国开始实施西部大开发战略，给予西部地区更多关注，涉及西部大开发战略的国家级新区有 6 个，所以位于西部的新区数量仅次于东部；东北地区每个省均设立了一个国家级新区，且都归入东北振兴战略；目前位于中部地区的国家级新区最少，仅有湘江新区与赣江新区两个国家级新区，其他位于我国中部的中心城市在国家级新区的设立上并没能把握住机会。所以，目前已经获批的 19 个新区在我国东部、西部、东北和中部均有布局。国家级新区的地域分布在某种程度上体现了国家区域发展战略的演变，中央政府通过建立国家级新区，让不同经济板块都能够形成良性发展的格局，满足区域总体战略中各地区均衡发展的需要。

在 2015 年政府工作报告中，区域发展定位不仅包含西部大开发、东北振兴、中部崛起和东部率先发展的"四大板块"，还包括"一带一路"、长江经济带、京津冀协同"三大支撑带"。就目前国家级新区分布上看，东部率先发展和西部大开发是"四大板块"中受重视的战略方向，而在"三大支撑带"里，依托"一带一路"和长江经济带战略的国家级新区最多，而"一带一路"和长江经济带分别对标着国际和国内，可以看出国家级新区对国家整体发展的重要性②。其中，在 2013 年"一带一路"合作倡议提出之后的两年里，迎来了国家级新区批复的高潮，国家在东部沿海以外的地区布局国家级新区的频度显著增强，先后批复设立了中部地区第一个国家级新区湘江新区和东北地区第一个国家级新区金普新区。长江经济带战略于 2014 年

---

① 吴昊天，杨郑鑫. 从国家级新区战略看国家战略空间演进［J］. 城市发展研究，2015，22(3)：1-10，38.

② 吴昊天，杨郑鑫. 从国家级新区战略看国家战略空间演进［J］. 城市发展研究，2015，22(3)：1-10，38.

提出之后，天府新区、湘江新区、江北新区、赣江新区也都较为密集地被批复。国家级新区与国家区域发展战略的对接直观地表现在地域空间的分布上，从表2-2中可以看出，几乎所有的国家级新区都承接着国家"三大支撑带"。不难看出，国家级新区的设立是国家的重大战略举措，与国家宏观经济发展密切相关。

表2-2　国家级新区与"三大支撑带"依托情况分布表

国家级新区	地理位置	战略依托
浦东新区	东部	"一带一路""长江经济带"
滨海新区	东部	"京津冀协同发展"
两江新区	西部	"一带一路""长江经济带"
舟山群岛新区	东部	"一带一路""长江经济带"
兰州新区	西部	"一带一路"
南沙新区	东部	"一带一路"
西咸新区	西部	"一带一路"
贵安新区	西部	"一带一路"
西海岸新区	东部	"一带一路"
金普新区	东北	"一带一路"
天府新区	西部	"长江经济带"
湘江新区	中部	"长江经济带"
江北新区	东部	"长江经济带"
福州新区	东部	"一带一路"
滇中新区	西部	"一带一路""长江经济带"
哈尔滨新区	东北	"一带一路"
长春新区	东北	"一带一路"
赣江新区	中部	"长江经济带"
雄安新区	东部	"京津冀协同发展"

来源：作者自制

三、国家级新区的战略定位

国家级新区的战略定位是国务院基于各新区经济发展基础、地理区域特色所制定的区域宏观发展目标。总结国务院赋予各新区的战略定位，大体可以分为核心功能、区域定位、模式创新、产业科技、生态人文五个方面。具体来说，核心功能是战略定位中最重要的内容，它代表着新区的国家战略核心定位。区域定位是基于新区在区域范围内对外开放与经济发展上的作用，可以起到辐射周围的功能。模式创新是新区的发展模式和体制机制的创新，体现了新区的示范和引领作用。产业科技是新区重点发展产业或产业布局及科研创新方面的措施。生态人文是新区的发展基石，包括生态环境建设、精神文明建设以及与其关联密切的旅游业，体现了新区的发展理念。[①] 这五方面内容既相对独立，也存在交叉。

(一) 核心功能

每个国家级新区的核心功能代表了其在国家战略中的地位。比如，浦东新区定位为国际经济中心、国际金融中心、国际贸易中心、国际航运中心；滨海新区定位为国际航运、物流中心；两江新区定位为长江上游的商贸、金融、科技创新中心；舟山群岛新区则定位为中国大宗商品贸易物流中心。根据自身条件和资源优势，南沙新区、西咸新区、西海岸新区分别定位为世界先进水平的服务枢纽、西北能源金融中心和物流中心、深海远洋开发保障基地。从时间序列上观察，新区核心功能定位从早期的国际中心逐渐转变为国家中心、地区中心或专项基地。

当然，核心功能定位问题也可以理解为，新区最重要的功能逐步转变为区域定位，并将在区域定位上对新区的战略发展有所突破。总体来看，新区的核心功能定位都比较明确和聚焦。

---

① 谢广靖，石郁萌.国家级新区发展的再认识[J].城市规划，2016，40(5)：9-20.

(二)区域定位

区域定位是新区的区域功能定位,本质上是基于新区的地理位置来打造最适合新区发展的功能定位。多数新区都提到了区域对外开放门户、带动区域经济发展、创新驱动发展型新区,都可以归纳为开放型区域经济中心[①]。如湘江新区区域定位是长江经济带内陆开放高地,天府新区和贵安新区都是内陆开放经济高地,两江新区是长江上游商贸物流、金融和科技创新中心。有些新区的模式创新使命也体现了这种区域定位,如滨海新区是服务带动区域经济的综合配套改革试验区,舟山群岛新区是现代海洋产业基地,西海岸新区是海洋经济国际合作先导区。哈尔滨新区和长春新区都与老工业基地转型发展、东北地区转型发展息息相关。

(三)模式创新

在模式创新的方向上,所有新区都不同程度地将自身定位为改革试验区、示范区等。有些新区模式创新目标比较综合,比如浦东新区定位为科学发展、综合改革试验区,滨海新区则定位为服务带动区域经济的综合配套改革试验区;有些新区模式创新目标比较单一和具体,比如贵安新区定位为创新发展试验区,兰州新区定位为承接产业转移示范区,天府新区定位为统筹城乡一体化发展示范区;有些新区模式创新目标则呈现出多样性,比如湘江新区定位为产城融合、城乡一体的新型城镇化示范区、全国"两型"社会建设引领区,金普新区是老工业基地转变发展模式的先导区、体制机制创新与自主创新示范区、新型城镇化和城乡统筹的先行区,福州新区定位为改革创新示范区,而哈尔滨新区定位为老工业基地转型发展示范区。通过分析不同时期新区的创新模式,也可以看出我国改革创新的方向。在早期,浦东新区、滨海新区更倾向于推进改革开放事业,"改革"成了这一

---

① 谢广靖,石郁萌.国家级新区发展的再认识[J].城市规划,2016,40(5):9-20.

时期模式创新的高频词。从南沙新区开始,"创新"成为后续获批新区模式创新使命的关键词;从增设阶段开始,"改革"和"创新"被合并使用,表述为"改革创新"。由此可见,新区设立的一个重要目的是改革与创新进行试点和铺路。①

(四)产业科技

现代服务业和制造业是大部分新区的发展方向。当然,部分新区有自身独特的产业定位,如舟山群岛新区是现代海洋产业基地,包括海洋工程装备与船舶、海洋旅游和开发、海洋生物和海洋渔业等产业。研究发现,从南沙新区开始,"创新""新兴"开始频繁出现在后续新区的产业定位中,这意味着新区产业发展已开始出现区域间的竞争,各国家级新区在竞争与协同中不断推进各自地方产业的发展。

(五)生态人文

所有国家级新区都非常关注、重视生态文明建设。浦东新区、滨海新区、舟山群岛新区等提出建设和谐生态区、宜居城市等明确目标,两江新区、兰州新区、金普新区、湘江新区、江北新区也提出了加强生态建设的战略目标。提出具体目标的新区各有特色,比如舟山群岛新区提出了海洋保护,贵安新区打造生态文明建设引领区,天府新区则打造宜业、宜商和宜居的公园城市,西咸新区强调历史文化传承保护,长春新区则要建设绿色智慧新城区。

我国当前处于转型发展的重要时期,国家级新区不仅承担着国家各大重大发展战略的任务,更是引领我国转型发展的先行区。通过对国家级新区战略定位中各个板块的总结,不难发现国家战略中心、开放型区域经济引擎、改革发展创新试点、高端产业基地、生态示范园区是国家级新区战略

---

① 谢广靖,石郁萌.国家级新区发展的再认识[J].城市规划,2016,40(5):9-20.

定位的五大核心发展方向①。在此基础上，国家级新区还应不断探索我国可持续发展的有效路径，不断进行制度创新与改革创新，培育地区区域产业优势，建设成为区域核心增长极，促进我国经济与社会高质量发展。（国家级新区战略定位详情见表2-3）

表2-3　国家级新区战略定位

新区名称	核心功能	区域定位	模式创新	产业科技	生态人文
浦东新区	国际经济中心、国际金融中心、国际贸易中心、国际航运中心	国家对外开放主要"窗口"、长江流域经济龙头	综合改革的试验区	现代服务业聚集区	开放和谐的生态区
滨海新区	北方国际航运中心、国际物流中心	北方对外开放门户	服务带动区域经济的综合配套改革试验区	高水平的现代制造业和研发转化基地	宜居生态城区、国际休闲旅游区
两江新区	长江上游地区的金融中心、创新中心	内陆地区对外开放的重要门户	统筹城乡综合配套改革试验区的先行区	内陆重要的先进制造业和现代服务业基地、科学发展的示范窗口	人与生态和谐发展
舟山群岛新区	大宗商品储运中转加工交易中心	东部地区重要海上开放门户、长三角经济增长极	海洋海岛综合保护开发示范区、陆海统筹发展先行区	重要的现代海洋产业基地	海洋海岛科学保护开发示范区
兰州新区	向西开放的重要战略平台	西北地区重要的经济增长极	国家重要的产业基地、承接产业转移示范区	石油化工、装备制造、生物医药、现代物流	加强生态环境保护与建设

---

① 叶姮，李贵才，李莉，等.国家级新区功能定位及发展建议——基于 GRNN 潜力评价方法［J］.经济地理，2015（2）：92-99.

新区名称	核心功能	区域定位	模式创新	产业科技	生态人文
南沙新区	世界先进水平的综合服务枢纽	粤港澳优质生活圈	社会管理服务创新试验区、新型城市化典范	以生产性服务业为主导的现代产业新高地	打造粤港澳优质生活圈
西咸新区	西北能源金融中心和物流中心	我国向西开放的重要枢纽、西部大开发的新引擎	中国特色新型城镇化的范例	战略性新兴产业基地、科技创新中心	历史文化传承保护示范区
贵安新区	西部地区重要的经济增长极	内陆开放型经济新高地	创新发展试验区	战略性新兴产业基地、科技创新中心	生态文明示范区
西海岸新区	深远海开发战略保障基地	海洋经济升级版	军民融合创新示范区、海洋经济国际合作先导区、陆海统筹发展试验区	海洋科技自主创新领航区	建设美丽海洋新城
金普新区	东北亚区域开放合作的战略高地	引领东北地区全面振兴的重要增长极	体制机制创新示范区、新型城镇化和城乡统筹先行区、老工业基地转变发展方式的先导区	传统产业升级、战略性新兴产业	加强生态文明建设
天府新区	西部地区最具活力的新增长极	内陆开放经济高地	统筹城乡一体化发展示范区、现代高端产业集聚区	创新基地、战略性新兴产业、现代制造业及高端服务业	宜业宜商宜居城市

新区名称	核心功能	区域定位	模式创新	产业科技	生态人文
湘江新区	大众创业万众创新示范基地	长江经济带内陆开放高地	城乡一体的新型城镇化示范区,全国"两型"社会建设引领区	高端制造研发转化基地和创新创意产业聚集区,产城融合、	推进生态文明建设
江北新区	长江经济带对外开放合作重要平台	南京都市圈和苏南地区新增长极	新型城镇化示范区	自主创新先导区、长三角地区现代产业集聚区	加强生态空间保护
福州新区	扩大对外开放重要门户	两岸交流合作重要承载区	改革创新示范区、东南沿海重要现代产业基地	高端服务业、制造业、高新海洋产业	生态文明先行区
滇中新区	南亚、东南亚辐射中心的重要支点	云南桥头堡建设重要经济增长极	西部地区新型城镇化综合试验区和改革创新先行区	先进制造业、高技术产业、现代服务业	生态文明建设有序推进
哈尔滨新区	中俄全面合作重要承载区	东北地区新的经济增长极	老工业基地转型发展示范区	现代服务产业、科技创新组团	特色国际文化旅游聚集区
长春新区	中国图们江国际经贸合作的重要战略平台	东北崛起第三个战略支撑点	东北地区转型发展的重要试验区	高新技术产业、先进制造产业、临空经济产业、健康养老产业	建设绿色智慧新城区
赣江新区	长江经济带内陆开放高地	中部地区崛起重要战略支点	长江中游新型城镇化示范区	中部地区先进制造业基地	美丽中国"江西样板"先行区

续表2-3

新区名称	核心功能	区域定位	模式创新	产业科技	生态人文
雄安新区	推动京津冀协同发展重要平台	北京非首都功能疏解集中承载地	创新驱动发展引领区、协调发展示范区、开放发展先行区	新一代信息技术产业、现代生命科学、生物技术产业、新材料产业	绿色生态宜居新城区

来源：作者自制

第二节　国家级新区的发展机遇与挑战

国家级新区被视为地方区域增长极核，国家级新区的设立不仅可以拉动经济增长、加快推动产业发展，还有利于提高中心城市的地位、刺激地方经济增长和增加地方财政收入，从区域分布的角度来说，还可以完善城市空间布局战略，达到区域城市发展平衡的效果。从这一点出发，国家级新区开展创新驱动战略等重大国家改革项目的同时，在金融、财税、土地等多方面都将得到国家更多的支持与优惠，这些共同构成了国家级新区的发展机遇。与此同时，新区发展过程中也面临着各区域协作、行政体制、创新发展等诸多问题与挑战，国家级新区突破发展瓶颈也刻不容缓。

一、国家级新区的发展机遇

从国家级新区建立至今，新区的持续快速发展离不开国家给予的各种先试先行权与政策的支持，尤其是政策支持给新区发展带来了重大机遇。地理位置、资源条件、战略定位和发展目标等方面的差异使得每个新区获得的优惠政策也各有千秋，比如舟山群岛新区独特的海洋管理政策、南沙新区的对外开放政策、浦东新区的国际金融中心的政策。浦东新区、滨海新区作为最早设立的两个新区，拥有最先与最丰厚的政策先行优势，而全国第三个设立的两江新区，其政策支持不亚于浦东新区和滨海新区，在其之前两个新区政策支持的基础上又叠加了直辖市以及西部大开发等优惠政策，实际上是内陆地区政策支持力度最大的新区[①]。

目前，在我国所设立19个国家级新区中，除雄安新区之外，新区主体城市全部为区域中心城市，并且全部位于国家"十三五"规划确定发展的19个城市群中，基本都设立在具有一定基础性优势的大城市，这些大城市又布局在国家级的城市群战略和区域发展战略体系之中。如表2-4所示，长三角城市群、京津冀城市群、珠三角城市群、成渝城市群及哈长城市群都有两个及以上国家级新区[②]。国家级新区对于依托城市群的影响首先体现在对主体城市的影响上，通过主体城市再影响区域内其他城市。理论上，国家级新区会率先发展成为区域内的一个新的增长极，从而吸引区域内外的经济、人才和各类资源进一步向主体城市集中。随着国家级新区发展的成熟，在产业与人口外溢的同时，也将带动本区域的协同发展。

表2-4　国家级新区及其主体城市/区域表

新区名称	主体城市	城市群区域
浦东新区	上海	长三角
滨海新区	天津	京津冀
两江新区	重庆	成渝
舟山群岛新区	舟山	长三角
兰州新区	兰州	兰州、西宁
南沙新区	广州	珠三角

① 魏中胤,沈山,沈正平.我国国家级新区的类型划分与政策导向[J].经济师,2020(2):20-22.
② 赵吉.支点型战略功能区:政策链视角下的国家级新区功能定位[J].地方治理研究,2019(3):40-54,79-80.

续表2-4

新区名称	主体城市	城市群区域
西咸新区	西安、咸阳	关中
贵安新区	贵阳、安顺	黔中
西海岸新区	青岛	山东半岛
金普新区	大连	辽中南
天府新区	成都、眉山	成渝
湘江新区	长沙	长江中游
江北新区	南京	长三角
福州新区	福州	海峡西岸
滇中新区	昆明	滇中
哈尔滨新区	哈尔滨	哈长
长春新区	长春	哈长
赣江新区	南昌、九江	长江中游
雄安新区	雄县、容城、安新	京津冀

来源：作者自制

    基于带动区域经济发展而设立的国家级新区，都在一系列优惠政策和体制机制改革的支撑下得以快速发展，这不仅是国家级新区的重大机遇，也为国家级新区带动区域经济发展起到了良好的催化作用。国家对于国家级新区的支持主要体现在金融、财税和土地政策三个方面。

（一）金融政策

    在国家金融政策的支持下，新区有巨大的机会进行引商引资，为中心城市和新区发展带来更多的资本和人才。如表2-5所示，新区建设所获得的金融政策倾斜性支持主要可以归纳为金融机构支持、金融创新试点、完善投资融资体系、金融对外开放、发展农村金融等五个方面①。

表 2-5　国家级新区金融政策

政策类型		具体内容	适用新区
金融政策	金融机构支持	引导金融机构支持新区建设，在新区开设分支机构鼓励新设金融机构；支持设立民营银行；支持民间资本设立中小金融机构	舟山群岛新区、兰州新区、南沙新区、西咸新区、贵安新区、西海岸新区、金普新区、天府新区、湘江新区、江北新区、福州新区、滇中新区、哈尔滨新区、长春新区、赣江新区
	金融创新试点	鼓励金融机构创新；开展金融改革创新试点；探索金融创新发展协调机制	舟山群岛新区、兰州新区、南沙新区、贵安新区、西海岸新区、天府新区、江北新区、福州新区、哈尔滨新区
	完善投资融资体系	支持相关产业非银行金融业务；创新投资体制，鼓励市场化方式建立健全各类投融资主体；鼓励发展各类投资基金，拓宽融资渠道；支持企业发行债券，探索股权交易平台建设；支持金融租赁、信托业务；探索政府出资设立担保机构，开展联保贷款；推进互联网金融等金融业态发展；开展保险业创新发展试验；开展商业保险业务试点	舟山群岛新区、兰州新区、南沙新区、西咸新区、贵安新区、西海岸新区、金普新区、天府新区、湘江新区、江北新区、福州新区、滇中新区、哈尔滨新区、长春新区
		开展跨境人民币业务创新试点，鼓励和支持新区银行和企业在对外贸易和投资中使用人民币结算；支持外资银行分支机构入驻新区，在符合规定的前提下开展人民币业务	赣江新区

---

① 鲁雯雪，卢向虎.国家级新区金融业扶持政策比较分析[J].西部金融，2017(10)：71-74.

续表2-5

政策类型		具体内容	适用新区
金融政策	金融对外开放	放宽外资金融机构准入；支持境外机构入驻；允许支持设立合资银行、证券、基金、期货公司；支持申请国际金融贷款	舟山群岛新区、南沙新区、贵安新区、西海岸新区、天府新区、湘江新区、江北新区、福州新区、滇中新区、哈尔滨新区、长春新区、赣江新区
	发展农村金融	推进农村信用社改制为商业银行；支持依法设立村镇银行	舟山群岛新区、贵安新区

来源：李湛，桂海滨.国家级新区的发展与再认识[J].上海经济，2017(01)：5-15.

金融机构支持是所有新区金融政策的标配，包括引导金融机构参与新区建设，支持民营资本设立金融机构等方面的政策措施。国家发展改革委员会、国土资源部、环境保护部、住房城乡建设部联合发文《关于促进国家级新区健康发展的指导意见》，明确提出完善投融资体系是国家级新区的统一要求，也是所有新区的金融政策标配①。

金融创新也就是金融改革创新，可以被视为赋予新区较大的金融政策权限。比如滨海新区被赋予了金融创新运营示范区、建设金融创新集聚区的身份；南沙新区在强力打造金融创新服务功能强的金融商务发展试验区，努力建设金融服务重要平台，同时坚守金融服务实体经济的本源，着力发展航运金融、科技金融、飞机船舶租赁等特色金融，支持与港澳金融机构合作，按规定共同发展离岸金融业务；贵安新区也大力发展绿色金融改革创新，并顺利在全国率先发布绿色金融项目标准及评估办法，16家银行业金融机构在新区设立分支机构35个；赣江新区成立以来也获得了国家绿色金融改革创新试验区身份。而西咸新区、金普新区、湘江新区、滇中新区、长

---

① 李云新，贾东霖.国家级新区的时空分布、战略定位与政策特征——基于新区总体方案的政策文本分析[J].北京行政学院学报，2016(3)：22-31.

春新区的总体方案中没有金融创新的表述。

在金融对外开放方面，江北新区也在打造"新金融中心"，坚持走产融结合的发展路线，重点集聚基金保险、金融资产管理等新金融业态，助推"芯片之城"和"基因之城"建设，目前已集聚基金及基金管理公司400家以上，资本规模超过5000亿元。但目前兰州新区、西咸新区和金普新区的总体方案中还没有金融对外开放的相关表述，可能是因为兰州新区、西咸新区位于西部内陆，金融发展基础薄弱，金普新区虽位于东北沿海区域，但在外资引进方面与其他沿海地区相比处于劣势，三个新区更多的是以工业制造业为立足点。

在发展农村金融方面，舟山群岛新区、贵安新区提出农村信用社改制为农村商业银行、设立村镇银行。贵安新区目前发展还比较落后，下辖20个乡镇，农村商业银行、村镇银行可以为农业与农村发展提供金融服务。

综上所述，在所有国家级新区金融政策中，金融机构支持和完善投资融资体系是必配的，但根据新区发展阶段的不同，还分别设立了金融创新试点、金融对外开放、发展农村金融等适配政策，在一定程度上体现了因地制宜的金融政策制定特色。

(二) 财税政策

从国家级新区发展的历程来看，国家级新区的财税政策可以分为国家支持公共服务和相关产业、地方财政基金、国家统一财税政策、国家支持公共服务、地方支持、国家支持相关项目六大部分。从表2-6中可以看出，获得财税政策倾斜的新区基本上都位于东北部沿海或西部地区，中部地区的国家级新区获得的财税政策倾斜较少或几乎没有。

表 2-6　国家级新区财税政策

政策类型		具体内容	使用新区
财税政策	国家支持公共服务和相关产业	国家支持公共服务、公益事业、海洋产业、港航物流、远洋渔业；有关部门研究制定符合功能定位和产业发展的财税优惠；国家支持基本公共服务、相关项目和社会事业及生态环保	舟山群岛新区、南沙新区、西咸新区
	地方财政基金	2013 年至 2020 年，新区内新增地方财政收入全额用于设立贵安新区发展专项基金	贵安新区
	国家统一财税政策	加快财税体制改革，执行国家统一财税政策	西海岸新区
	国家支持公共服务	国家支持基础设施、城乡社会事业和生态环保建设	天府新区
	地方支持	社会事业和重大基础设施和产业，省市予以优先扶持，高新技术企业，按规定享受有关税收优惠；按相关管理办法，省内资金优先支持新区建设	江北新区、长春新区
	国家相关项目支持	国家对新区符合条件的项目予以重点支持，鼓励地方加大投入	哈尔滨新区

来源：李湛，桂海滨.国家级新区的发展与再认识[J].上海经济，2017(01)：5-15.

位于沿海地区的舟山群岛新区自"十二五"规划以来，作为国家海洋经济战略的推行区，几乎得到了全方位的国家财税支持。与其相似的是，西海岸新区的财税政策也服务于海洋经济的国家战略，这是国家级新区财税政策改革的一个转折点。作为西部大开发战略的支点，贵安新区是个特殊案例，其将 2013 年到 2020 年新区新增地方收入全额用作新区发展专项基金，这种类似买断性质的政策尝试极大地激发了地方政府主动性。西南经济增速最快的天府新区，其新区经济基础扎实。由于天府新区的设立服务于促进西部发展战略，因此获得了国家财税政策的倾斜。位于东北地区的哈尔滨新区得益于"一带一路"倡议和振兴东北老工业基地战略，得到了国家相关财税项目的政策支持。作为东北崛起新支点的长春新区，新区总体方案里特别说明，国家在吉林省相关转移支付、土地出让省级分成等方面，要按照相关资金管理办法，优先支持新区建设。最后，西咸新区和南沙新区，前者是西部大开发的新引擎，后者是国家"十二五"规划中提及的三个粤港澳合作平台之一，政策优惠与功能和产业相关，也均得到了国家公共服务和相关产业的财税支持。

综上所述，财税政策逐渐由各种直接补贴渐渐转化为税收政策激励，意味着新区财税政策由国家主导向地方自主开始转化。

(三) 土地政策

国家级新区土地政策可以划分为创新土地管理制度、设置用地权限、土地市场规范化等三个方面，见表2-7。

表2-7　国家级新区土地政策

政策类型		具体内容	使用新区
土 地 政 策	创新 土地 管理 制度	土地利用总体规划评估修改点；土地开发整理利用试点；建设用地审批改革试点；深入推进国土资源管理制度配套改革；实行差别化供地政策；土地管理综合改革试点；探索土地集约利用模式和生态型城镇化发展模式	舟山群岛新区、兰州新区、南沙新区、贵安新区、西海岸新区、金普新区、天府新区、湘江新区、江北新区、福州新区、滇中新区、哈尔滨新区、长春新区
	设置 用地 权限	建设用地国家编制年度土地计划时适当倾斜，耕地省内占补平衡或开展国家占补平衡试点	舟山群岛新区、南沙新区、贵安新区、天府新区、赣江新区
		省建设用地指标优先保障新区合理用地需求；对新区建设用地计划实行单列，耕地省内占补平衡	贵安新区、湘江新区、江北新区、滇中新区、哈尔滨新区、长春新区、赣江新区
		建设用地纳入对应城市土地利用总体规划，耕地省内占补平衡	兰州新区、南沙新区、西海岸新区、福州新区、赣江新区

政策类型		具体内容	使用新区
土地政策	土地市场规范化	引入市场机制，鼓励民间投资参与土地整理复垦开发；建设统一规范的城乡建设用地市场，实现公开交易；探索有效的土地流转方式和补偿机制；加快建立和实施不动产统一登记制度，探索各类自然生态空间统一确权登记办法	舟山群岛新区、西海岸新区、天府新区、江北新区、福州新区

来源：李湛、桂海滨.国家级新区的发展与再认识[J].上海经济，2017(01)：5-15.

在创新土地管理制度方面，实施土地利用总体规划是重点，土地整理开发利用试点是发展方向，土地集约利用和生态发展是主要原则，差别化供地政策是最新思路①。大部分新区在创新土地管理层面都获得了国家的政策倾斜，新区拥有较大的自主权。

设置用地权限可分为三大部分。第一部分是用地权限国家层面的倾斜，有舟山群岛新区、南沙新区、贵安新区和天府新区，具体内容是建设用地国家编制年度土地计划时适当倾斜，耕地省内占补平衡或开展国家占补平衡试点。其中，舟山群岛新区的重大产业项目可以实行耕地国家范围占补平衡，其他新区则仅实行耕地省内范围占补平衡，标志着舟山群岛新区在国家战略中的优先地位。第二部分是用地省内倾斜，包括贵安新区、湘江新区、江北新区、滇中新区、哈尔滨新区和长春新区。贵安新区的用地计划同时得到了国家倾斜和省内倾斜，用地权限仅次于舟山群岛新区。第三部分是用地权限与主体城市协调，有兰州新区、南沙新区、西海岸新区和福州新区。

土地市场规范化主要是引入市场机制，鼓励民间参与投资和土地整理

---

① 李云新、贾东霖.国家级新区的时空分布、战略定位与政策特征——基于新区总体方案的政策文本分析[J].北京行政学院学报，2016(3)：22-31.

复垦开发；建设统一规范的城乡建设用地市场，实现公开交易；探索有效的土地流转方式和补偿机制。目前，除了天府新区以外，其他涉及土地市场规范化的新区均位于沿海经济发达地区[①]。

综上所述，创新土地管理制度是新区土地政策的主要内容，不同新区会有差异化的用地权限和土地市场化政策。

二、国家级新区的现实挑战

国家级新区已经走过了 28 年的发展历程，从浦东新区的设立目的来看，国家级新区的建立是为了全面推进改革开放，并在调整产业结构模式和深化经济结构发展的同时，配合土地资源的有效分配和高质量的招商引资。这不仅满足了国内改革开放与产业发展的需要，也顺应了当时的国际经济发展趋势。进入 21 世纪，尤其是国际金融危机发生以后，国际经济贸易格局发生了重大的变化，国内经济发展进入了新常态，资源和环境的压力难以回避。新获批的众多新区面临着区域协作、行政体制、创新发展等诸多方面的问题与挑战。在经济新常态下，国家级新区是否还能沿用过去的发展模式，继续引领开发开放？这无疑是很大的挑战。

（一）宏观挑战——区域协同

区域协同发展是指两个或两个以上的行政区，为了实现同一发展目标，通过各区域资源互享、优势互补等方式，实现各地互利共赢、共同发展。区域协同发展中的合作关系固然重要，但从区域健康发展的角度来说，各区域间的竞争关系更不容小觑。一方面，区域间若竞争过度，则可能因注重短期经济利益而做出非理性行为，并最终导致集体的非理性行为，从而增加区域间合作的难度与协同成本。另一方面，若仅靠行政指令进行区域间

---

① 李云新，贾东霖.国家级新区的时空分布、战略定位与政策特征——基于新区总体方案的政策文本分析[J].北京行政学院学报，2016(3)：22-31.

的强行合作，而缺乏合理健康的良性竞争，那么区域长期发展的动力可能不足，难以维持区域间持久的协同治理关系。

从 19 个国家级新区自东向西的宏观区域地理位置分布来看，国家级新区的任务不仅在于促进地方经济资源的汇集，还在于辐射与带动其周围区域。从国家级新区与地方政府合作的发展阶段来看，各级政府并未就所辖国家级新区的协同治理工作中出现的不均衡现象提出恰当的完善或调整措施①，区域协同治理和区域协同发展的趋势还不明朗，各类资源的共享机制还不完善。第一，各国家级新区间的竞合关系还不明确，存在竞争与合作关系不平衡等情况。长期以来，我国过度打造区域间的竞争关系，而忽略了区域间合作发展的重要性。尤其是过度推崇地方人均生产总值增长的固式思维加剧了区域间的经济竞争，导致国家级新区与国家级新区之间、国家级新区与地方政府之间的竞合关系的非良性发展。第二，区域间长期协同发展制度机制不完善。实现区域间协同发展的基础是建立起多边认同的组织与协同机制。在当前的制度背景下，规范的区域协同机制的缺失导致各区域间协同积极性较低、协同自发性不强。例如，在国家级新区内部的各综合配套试验区、经济区、高新区中，由于各类政策的整合力度不够，同一区域可能受到不同战略或政策的引导与影响，这不仅会造成区域间各类资源的浪费，更会破坏区域间的健康发展模式。

国家级新区的发展应站在全局发展的角度，在良性竞争的前提下，建立起新区和周边区域合作的共享机制，通过国家级新区内部各功能区的进一步优化整合，增强新区整体实力和对周边区域辐射带动能力，让区域一体化、协同发展、开放发展成为新趋势。

(二) 中观挑战——行政体制结构

截至目前，除了浦东新区和滨海新区已经拥有了比较成熟的行政区发

---

① 王学栋，张定安.我国区域协同治理的现实困局与实现途径[J].中国行政管理，2019(6)：12-15.

展模式，其余 17 个新区的行政体制结构均是在现有行政单元上叠加一个新区管理委员会，组成行政区和功能区的双层治理结构。总体上而言，经济事务、规划建设等管理权限归功能区，而社会发展事务则留在行政区。这一权力分配格局给新区与原有行政区之间的协调带来了很大挑战。国家级新区往往打破了原有行政区划，主要有行政区和功能区结合体制（浦东新区、滨海新区）、市辖区和功能区结合体制（两江新区、南沙新区等）、市带县和功能区结合体制（舟山群岛新区、兰州新区、湘江新区等）、跨地市和功能区结合体制（西咸新区+贵安新区等）四种行政体制结构。其中，行政区和功能区与市辖区和功能区两种治理模式给予了新区管委会较大的权力，行政效率较高；市带县和功能区与跨地市和功能区这两种治理模式因为包含了市县、市市两个治理主体，很难避免不同治理主体之间的冲突，给新区的治理效率与治理成本带来了很多挑战[1]，具体体现在国家级新区纵向与横向的关系中。

在国家级新区纵向关系层面，即新区管委会与下辖乡镇的上下关系中，由于新区对下辖乡镇的事权和财权不对等，导致乡镇治理效率低下和乡镇干部工作积极性不高等情况的发生。在国家级新区横向关系层面，还存在部分行政管理权限由原行政区承担的问题，例如在土地规划的过程中，如果要动用区域内的任何一寸土地，都需要去到原行政区申报土地用地权限，导致新区层面行政效率低下。在市场监管等行政执法过程中，直管区与原行政区又可能出现监管执法冲突，存在同一区域内监管和处罚标准不一的情况。总体来说，问题的根源便是国家级新区行政管理体制还未理顺，合理科学的管理体制尚未建成。

（三）微观挑战——创新发展

随着国家级新区在全国范围内的不断建立，新区各项金融、土地和财

---

[1] 燕翔，刘彦平.新型城镇化背景下国家级新区的发展与面临的挑战[J].经济论坛，2020（1）：130–135.

税政策优惠不再稀有，新区优势也不断稀释。当前，各新区不同程度出现了短期经济增长激励约束高，而创新优势激励约束低的扭曲现象，各新区多注重经济发展能力，不断进行各类产业结构的提升与资源要素的整合以提升新区经济发展水平，而较少关注新区各类创新能力。在要素成本压力和现有政策供给模式下，新区在创新和发挥区域引领作用方面表现不佳，改革创新仅局限于城乡统筹、新型城镇化、智慧生态、金融创新、自由贸易等领域。一方面，国家级新区新要素整合还需推进。各国家级新区在发展中应当抓住自身优势，通过对各类资源要素的整合与改造，发挥各类要素的新功能，特别是要抓住大数据、云服务和人工智能等新一代信息技术，培育新区发展的新要素，通过技术创新引领新区发展。另一方面，国家级新区新结构还需重塑。国家级新区应按照创新、协调、绿色、开放、共享五大新发展理念要求，进一步推动优化新区新结构，这不仅在于新区管理层的结构优化，还包括新区产业结构的优化与提升，通过进一步优化新区结构来激发新区内的增长动力，由此促进区域内全方面高水平的发展。此外，国家级新区新动力有待激发。每个国家级新区应当立足于自身发展优势，通过各类发展手段，培育区域发展的新动力，并通过自身的优势带动整体区域的发展。

利用先行先试权进行制度创新发展将是所有新区面临的挑战，国家级新区应随着时代的发展，向更广阔更具特色更前沿的方向探索和发展，积极营造灵活与自由的创新环境。当前，国家级新区容错纠错机制的建立从制度层面给新区改革探索带来了动力与激励。在进行各类创新活动时，由于害怕改革中的失误损害自身利益，部分干部畏惧创新、不愿改革。对此，国家级新区容错纠错机制的建立给勇于改革创新的干部注入了一剂强心剂，鼓励他们大胆闯、大胆试，从制度层面为国家级新区创新发展注入活力。

第三节　国家级新区容错纠错机制建设的必要性

2016 年，习近平总书记为解决干部"为官不为"问题，提出了"三个区分"原则，成为容错纠错机制的指导原则。同年，在党的十八届六中全会中明确提出建立容错纠错机制。习近平总书记在党的十九大报告中强调："建立激励机制和容错纠错机制，旗帜鲜明为那些敢于担当、踏实做事、不谋私利的干部撑腰鼓劲。"①中央层面为进一步推动地方政府和基层政府积极改革创新，以容错纠错机制为工具和方式，努力推动着各地方干部担当作为与干事创业。

截至目前，我国已经批复设立了 19 个国家级新区，每个国家级新区都服务于国家重大改革与发展的战略需求，承担着先行先试、带动地方区域发展、提升国家竞争力的功能定位。纵观国家级新区的发展历程，国家级新区已成为我国区域发展战略与对外开放战略的重要支撑，改革开放战略也从最初的"摸着石头过河"走向全面深化改革。全面深化改革的最终落脚点在于激励地方和基层政府积极推动改革创新，不断积聚发展要素与政策优势。容错纠错机制的建立不仅会进一步解放和激励蕴藏在广大国家级新区干部中的探索创新力量，还将推动国家级新区在全面深化改革的进程中的先行先试作用，从某种程度上说，容错纠错机制在各国家级新区的建立显得尤为重要。

一、容错纠错机制的功能

容错纠错机制的功能是指建立容错纠错机制所产生的实际效果。从总体上来说，容错纠错机制的建立是为了给改革创新者营造敢于干事、敢于担当的良好政治氛围，实施容错纠错是为了最大限度地激发广大党员干部

---

① 刘雅静. 容错纠错机制：概念厘定、价值意蕴与实践路径[J]. 知行铜仁，2017（2）：39-43.

创新创业的内生动力，努力让广大干部成为新时代的担当者与创业者。从这个角度上来说，容错纠错机制的功能主要有以下几个方面。

(一) 监管功能

监管功能主要是指容错纠错主体通过实施容错纠错制度，将会对管辖区域范围内各单位和各干部影响社会的行政行为进行必要的监督与管理，并由此使大多数人的利益得到保证。在现实生活中，每个政府干部的行为都具有双重性，既有利他性的一面，也有自利性的一面。第一，领导干部做出的任何行政行为都是政府公共活动的一部分，其行为必然与社会上的组织与公民发生联系。而从政府服务于民的角度来看，干部行为的利他性的根本点正在于维护社会公共利益。第二，每个干部做出的任何行为也都存在自利性的一面，他们在做出任何决策时很难完全逃脱自身的利益与立场。干部行为的利他性和自利性之间难免会有相冲突的时候，这些冲突与矛盾发展到一定程度将会影响到绝大多数人的利益。为此，政府就需要针对那些可能产生社会不良影响的行政行为采取必要的监管措施。容错纠错机制可以通过对"错"的准确而清晰的界定发挥对领导干部行为的监管功能，即监督约束干部的自利行为，充分发挥利他性的行政行为。从这个角度来说，容错纠错机制实际上是从制度的层面对干部自利性的一面进行监督与管理。

(二) 维护功能

维护功能是容错纠错机制的重要功能之一，主要可以分为对内的维护功能与对外的维护功能两个方面。对内的维护功能主要是指容错纠错主体通过实施容错纠错行为，制定容错纠错规章制度，在政府内部建立起领导干部拥护的、合理的行为规范，并以此作为各类领导干部与党员的行为准则，建立与维护正常的工作秩序与道德标准，通过宽容干部与规范行为维护各级政府之间、政府与干部之间、干部与干部之间良好的关系。对外的维护功能主要是指容错纠错主体通过实施容错纠错行为，树立政府干部的责任与担当意识，动员全社会的成员主动维护社会的和谐、安稳，营造一种良好的社会秩序和官民氛围，加强民众对政府的信任。

(三) 发展功能

容错纠错机制的发展功能主要是指容错纠错机制的建立能够不断满足社会发展的客观要求和趋势。目前，大多数容错纠错行为主要发生在国家级新区管委会大部制体制机制改革、政府改革创新活动、下辖国有企业混合所有制改革、土地资源配置制度改革等改革活动中，实际上是对社会不断向前发展过程中的新事物进行宽容和鼓励。随着政治、经济、社会、文化等各领域不断发展，容错纠错主体需要不断把握社会变化的趋势和阶段，不断提高自身的应变与反应能力，及时发现工作体制、工作方法上存在的漏洞和干部道德素质上的不足，通过容错纠错机制，有针对性地宽容失误、改革与创新工作体制、改进与完善工作方法、激发与提高干部的工作积极性，使干部队伍建设在容错纠错过程中不断得以强化，并最终适应社会发展需要，促进社会进步。

(四) 创新功能

容错纠错机制的创新功能是指容错纠错机制的建立可以不断激发领导干部的创新意识，提高领导干部积极改革创新的内在活力。创新总与风险并存，创新总与失败并行，创新责任机制尤其是创新失败的责任机制往往是制约创新的关键性因素。在积极创新与改革以谋发展的过程中，创新难免失败。如果创新失败造成的损失直接与干部自身利益和前途挂钩，并由其直接承担主体责任，那么干部干事创业的积极性就会直接受到打击，宁愿少干事也不愿干错事的政治氛围悄然而生，害怕创新与回避创新的工作作风也就无可避免，最终伤害的还是社会发展大局。容错纠错机制的建立，通过宽容改革创新者在主动作为过程中出现的失误和错误，使相关改革创新者在后续考核和评价时不受消极影响，鼓励他们改革创新和行政有为，促进他们敢于从错误中学习和总结创新经验与教训，有助于干部成为真正有效的改革创新者。容错纠错机制能够通过保护干事者的创业积极性，不断培养其改革创新意识，从而保证各类创新驱动发展战略在国家级新区率先取得先行先试的成果，加快我国形成以创新为主要引领的经济发展模式。

二、改革创新背景下国家级新区容错纠错机制建设的必要性

2020年1月，国务院办公厅印发《关于支持国家级新区深化改革创新加快推动高质量发展的指导意见》，指出国家级新区是承担国家重大发展和改革开放战略任务的综合功能区。然而，推进改革开放与创新发展的过程并不是一帆风顺的，必然会遇到一些难以预料的困难，改革创新路途中的探索性失误无法避免。新时代下，广大干部是改革创新的行为主体，他们在改革创新中发挥着至关重要的作用。要调动全体干部的改革与创新意识，鼓励干部改革创新的积极性和主动性，使他们保持改革工作中的动力和激情，就必须为其提供一个允许创新、试错犯错、改错的内外部政治氛围与环境。从推动改革创新工作的角度来说，国家级新区容错纠错机制的建立显得尤为必要。

(一)激励国家级新区主体改革创新行为需要容错纠错

习近平总书记指出，建构和完善容错纠错机制应坚持"三个区分"原则[1]，三个区分从原则上给国家级新区创新改革活动指明了方向[2]，是为地方和基层政府在改革创新活动中营造"鼓励创新、宽容失败"政治氛围的顶层设计。党中央在多次会议中反复强调建立容错纠错机制的必要性。从微观角度来看，它可以优化国家级新区干部的改革创新行为预期，还可以增

---

① 习近平. 充分调动广大党员干部的积极性、主动性、创造性[M]//习近平总书记系列重要讲话读本. 北京：学习出版社，2016：126.
② 李蕊. 容错机制的建构及完善——基于政策文本的分析[J]. 社会主义研究，2017(2)：89-96.

强新区干部对改革创新活动的预判性。从宏观角度来看，它更是进一步深化供给侧结构性改革、推动我国高质量发展、推进我国治理能力与治理体系现代化而提出的明确政策对策。党中央为实现改革创新活动的持续性，提出容错纠错机制，激励国家级新区各干部的改革创新行为。容错纠错机制有助于激励全体干部创新工作、努力干事积极性，激发干部干事创业的激情，有助于帮其树立与新时代全面深化改革相适应的担当和责任精神。

例如，天府新区紧紧围绕习近平总书记"三个区分开来"重要思想，制定出台了"1+3"文件体系（《关于建立容错纠错机制进一步激励干部改革创新干事创业的实施办法（试行）》《分层分类谈心谈话制度》《党内问责事项工作规范（试行）》《执纪执法过错责任追究暂行规定》），形成了"清单制+责任制+项目化"工作机制，鲜明鼓励创新、敢当尽责、锐意进取的用人导向，让愿干事、敢干事、干成事的干部消除后顾之忧，以达到保护改革者、宽容失误者、警醒违纪者的目的。这让天府新区涌现出一批敢做善成的优秀干部，在规划建设、招商引资、基层治理等领域，60余名干部分别受到中央、省、市的表彰表扬，这批敢闯敢为的年轻干部走上领导岗位，天府新区上下形成了争先创优、积极向上的正向激励氛围。

（二）约束国家级新区主体负面工作行为需要容错纠错机制

容错纠错机制不仅激励了改革创新者积极干事创业的推动力，而且还有着一种限制性的约束力，这是约束国家级新区主体的负面工作行为所必不可少的。若容错与纠错是容错纠错机制的两翼，那么激励与约束便是这一机制的内在循环动力。一方面，通过明确符合容错纠错的基本情形与适用范围，可以将容错的对象局限于改革创新中因勇于干事带来的失误，而非因私己利益造成的改革失败，有效地从制度根源上约束改革创新者夺取私利的经济行为。另一方面，通过鼓励国家级新区主体干事创业的积极性，宽容改革创新者在先行先试中的过失，可以鼓励他们去大胆闯、勇敢试，避免让先行先试者独自承担试错风险，有效地约束领导干部在工作中的慵懒散漫、宁愿不做事也不愿做错事的负面工作行为，竭力遏制国家级新区各单位中所存在的庸政懒政氛围，约束各单位与各干事者谈"改"色变的消极行政行为。因此，激励与约束实质上是容错纠错机制中相互补充的作用力，没有约束作为补充的激励力很有可能变成权力寻租的腐败之地，没有激励作为前提的约束力则很有可能使改革创新者和各单位丧失干事的积极性与动力。只有正确处理激励与约束在容错纠错之中的关系，为干事者提供一个允许创新、犯错试错、改错的良好制度氛围，才能将其在改革创新中的积极性与主动性发挥到最大。

(三) 把控国家级新区改革创新中的风险需要容错纠错机制

国家级新区作为先行先试的改革创新区，在各类改革创新活动中都走在全国前列。然而，改革创新活动中所要革新的问题往往受到多种客观因素的影响，不论采取何种方案进行改革创新，风险都将一路并存。降低风险发生概率，容错纠错机制就不可或缺。20 世纪以来，为应对国内外发展环境的变化，国家不断对改革发展路径进行适时调整，在空间上逐渐从沿海地区转向内陆、中西部和东北部地区的同时，基于区域协调发展和激发国内发展动力的需要，通过一系列政策的出台与支持，建设了湘江新区、两江新区、长春新区等涉及中、西、东北部地区的国家级新区。在此背景下，在通过国家级新区推进国家战略区域的改革与转型的过程中，风险挑战不容小觑，发展机遇更是悄然蕴含在风险之中，创新的风险和失败的风险在一定程度上诱发或激化了社会各种冲突和矛盾。容错纠错也是一个风险识别与防控的过程。所以，必须要为在进行改革创新活动中的各地方政府也预留试错和容错空间。容错纠错机制的建设有助于识别与应对国家级新区改革创新中的风险，确保改革创新活动中的风险在可控范围内，实现改革创新的持续性和可控性。正如习近平总书记所强调的，国家级新区在改革创新中要主动"防风险各项工作，推动经济社会发展再上新台阶"。容错纠错机制不仅有助于防范风险和应对风险，推进国家级新区改革创新活动中风险防控工作的可控化与科学化，还能提升改革创新活动的风险预警能力与解决能力。例如，舟山群岛新区积极关注机关工作人员改革创新的进程，准确把握其间出现失误的程度，对在改革创新干事创业过程中因缺乏经验而出现一般性偏差和失误的干部，帮助总结教训；对在改革创新干事创业过程中过失违规情节较轻的干部，或因政策界限不明确或受政策调整等客观因素影响而发生错误的干部，酌情从轻、减轻处理或免予处理。

（四）提高国家级新区改革创新的效率需要容错纠错机制

任何改革创新活动都应当讲究效率。所谓改革创新的效率是指各国家级新区及其机关干部从事改革创新活动的产出同所消耗的人力、物力与财力等要素间的比例关系，所消耗的人力、物力和财力也就是改革创新工作的成本。针对改革创新中的经验盲区与知识空白，容错机制不仅是积累改革创新工作经验的重要手段，还是补齐制度短板、提升改革创新效益的重要途径，它支持着干部在改革创新工作中先行先试，促使干部敢于啃硬骨头、敢于解决疑难问题，从而成为机制创新和制度创新的动力来源，提升新区的各项工作效率。即使国家级新区在先行先试中遭遇改革创新的失灵或失误，容错纠错机制作为一种止损型机制可以及时介入止损，有效减少改革创新活动失误的成本，且将实施成本地方化，并以此作为改革创新的经验，在之后的改革创新工作中起到警示作用。所以，从国家级新区的角度来看，作为先行先试的改革创新区，各类改革创新活动在各国家级新区率先实施，通过不断的实践取得最终的实质改革成果，再在全国范围内推广开来，能够最大限度地降低改革创新工作的成本，从而极大地提高全国范围内的改革创新效率，并为全国探索可复制可推广的可行经验。

第三章　国家级新区容错纠错理论分析

科学的理论依据对新区容错纠错实践具有重要的指导作用，能够为新区容错纠错的实际操作提供明确的方向与清晰的路径。明晰容错纠错的理论依据是新区容错纠错机制运行的重要基础。因此本章重点探讨容错纠错机制中的"错"的定义与分类评价，容错、纠错、问责与激励的概念内涵及其关系，不同理论视角下容错纠错与工作创新的关系，为后续研究提供有益的理论启发。

第一节　错的定义与分类评价

错的定义与分类评价是容错纠错机制具体实施的前提与基础，可以促进我们对容错纠错机制中的"错"有清晰的理解，明白哪些错误是可容可纠的，哪些错误是必须受到处罚的，并根据不同的错误分类对干部的错误进行针对性处理，从而对容错纠错的内容进行科学的划分。

一、错的定义、边界与表现形式

定义容错纠错机制中的"错"对容错纠错机制的具体实施是十分关键的，清晰的定义有利于我们明确容错纠错的内容与边界。根据中共中央办公厅 2018 年印发的《关于进一步激励广大干部新时代新担当新作为的意见》中的"三个区分开来"，即把干部在推进改革中因缺乏经验、先行先试出现的失误错误，同明知故犯的违纪违法行为区分开来；把尚无明确限制的探索性试验中的失误错误，同明令禁止后依然我行我素的违纪违法行为区分开来；把为推动发展的无意过失，同为谋取私利的违纪违法行为区分开来，我们可以得出容错纠错机制中"错"的定义是指干部为推动改革创新，在尚无明确限制的探索性试验中因缺乏经验、先行先试出现的无意过失和错误。根据这一定义，我们可以从三个方面判断"错"的边界条件：第一，在经验借鉴方面，我们要明确界定干部的行为错误是缺乏经验、先行先试过程中出现的失误，还是明知故犯的违纪违法行为；第二，在法律法规方面，我们应该清楚判断干部的行为错误是否为法律法规明令禁止的；第三，在犯错动机方面，我们要准确界定干部的行为错误是无意过失还是谋取私利的腐败行为。由此，我们可以得出容错纠错的"错"的边界层次，即图 3-1 中方框内的内容。方框之内才是可容可纠的错误，边框之外的错误则不属于容错纠错的范畴，需要采取其他手段处理，如问责、处分等。明确容错纠错机制中"错"的内容与范围，有助于我们在理论上清晰地将容错纠错机制中的"错"与其他错误区分开来；明确可以纳入容错范畴的错误和失误与必须接受处罚的错误和失误的区别，从而对"可容"与"不容"进行了科学划界。这能够更好地为那些有担当有作为的干部解除后顾之忧，有效地激发干部更强烈的责任感和使命感，促使他们勇于担当、善于作为，主动作为、敢闯敢试，全身心地投身到社会主义建设的伟大事业中去。

然而，想要全面而深切地理解干部的工作错误和了解容错纠错机制中的"错"的具体边界，还需要从根本上探究干部犯错的深层原因，清晰的犯错归因使我们可以更好地了解干部在工作过程中存在的约束因素，明晰干部工作犯错的底线，科学地评价干部的工作错误，从而进一步明确容错纠错机制的错误边界与管理范畴，并通过充分运用容错纠错机制最终达到对干部行为加以激励或控制的目的。

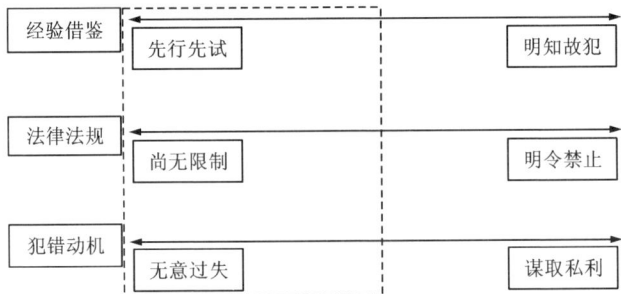

图 3-1 "错"的定义与边界

来源：作者自绘

动机-机会-能力理论(下文简称"MOA 框架")为分析干部犯错行为的影响因素提供了解释框架。MOA 框架是学者 MacInnis 和 Jaworski 在前人的研究基础上提炼出的理论分析框架[①]，最初用以解释信息处理行为，后来被不同领域的研究人员改造，广泛运用于解释多种人类行为，它认为行为受到动机、机会、能力三类因素的交互作用。MOA 框架作为用以剖析人类具体行为的具体原因的工具，同样适用于分析干部犯错的影响因素与探讨容错纠错机制的约束边界。

第一，M(motivation)指动机，即干部不愿作为的工作行为，此类干部在工作中往往表现出责任意识淡化、缺乏主观能动性、遇事被动应付等主观特征，这是一种懒政怠政、不愿承担责任的不良作风，与党的事业、人民的意愿和时代的发展要求是相背离的，是不为所容的。因此在分析干部错误时，我们也应该要从主观上判断干部犯错的动机归因，分析其犯错的目的是否为推动改革发展、是否存在谋取私利的腐败行为等，这是干部错误是否可容的重要判断因素，也是容错纠错机制中"错"的边界之一。

第二，O(opportunity)指机会，即干部不敢为的工作行为，尤其是在面

---

① MacInnis D, Jaworski B. Information Processing from Advertisements: Toward an Integrative Framework [J]. Journal of Marketing, 1989 (53): 1-23.

对新任务和新环境时，干部容易出现怕出错的畏难心理，从而导致不敢为。而在承担着国家重大发展和改革开放战略任务的国家级新区，此类现象更为普遍，新区干部在遇到前所未有的改革开发新挑战时，容易因为怕犯错而左右为难、犹豫不决、不思进取，等靠观望、回避推诿、不敢作为，干部的畏难情绪难免导致其精神状态低迷，工作难以有所作为。这严重违背了党员干部敢为人先的基本素质与党性要求，这是绝对不会被宽容的干部错误。这也提醒我们，在判断干部错误时应当明晰此类错误情形是否有先例经验可借鉴、干部是否尽责履职、失误原因是否可控、干部是否及时采取措施减少损失等，这些问题的答案往往会决定干部错误是否可容可纠，这是容错纠错机制中"错"的边界之二。

第三，A(ability)指能力，即干部能力不足以有所作为，导致出现不能为的情况。这种干部的政治业务素质和工作能力不强，遇到较为复杂的问题时难以做出正确判断，不知如何作为。此类错误归因表明，干部在面对工作，尤其是突发事件或者新任务时，由于能力不足容易出现判断或者决策失误的情况，从而犯下违背国家法律法规或中央大政方针的错误，这同样不属于容错纠错的范围。这启示我们在判断干部错误是否可容可纠时，应当明确干部错误是否与当前的改革方向相违背、是否符合中央大政方针和省委决策部署等，这一容错纠错机制中"错"的边界是十分关键的，保证了容错纠错在纪律红线内进行。

上述对干部犯错归因的MOA框架分析，可以更好地了解干部犯错的具体原因，为科学评价干部的错误奠定了理论基础，同时通过对干部干事犯错归因的分析与判断也有助于进一步清晰容错纠错机制中"错"的边界，明确容错纠错机制的适用范围，这可以有效避免容错纠错机制成为极少数不良干部肆无忌惮、违法乱纪行为的"保护伞"。

干部犯错归因的MOA框架分析，除了有助于理清容错纠错机制的适用范围，还可以帮助我们进一步发挥容错纠错机制的作用，把握和运用好容错纠错机制，通过与各种辅助措施相结合，对各类错误进行预防纠正、对症下药，有针对性地保护和激发干部创新创业的积极性、主动性、创造性，让干部更好、更优质地服务人民群众。首先，针对干部动机出现错误的情况，容错纠错应与奖惩机制结合起来，通过容错纠错机制激发干部正面的工作动机，增强干部的担当意识，纠正其不愿为的错误。要深入推进党规党纪方面的学习教育，不断提高党员领导干部的思想境界、奉献意识和纪律观念，通过不断加强理论学习武装思想，加强干部责任意识和使命感的培养，增强其担当意识，使其深刻意识到干部不愿作为是一种政治上的不道德，做到时刻提醒自己掌权的第一要务就是全心全意为人民服务，通过增强自身"免疫力"促其"愿为"。此外，还应通过规章制度合法合理地将缺乏为群众干事热情的个人排除在干部队伍外，从根源上排除对党和人民事业缺乏热情的干部，最大可能地杜绝干部不愿作为的动机错误。

其次，针对干部在面对机会时不敢为的情况，容错纠错要与创新激励结合起来，做到鼓励创新、宽容失败、允许试错、有错必改，通过容错纠错机制激发干部创新创业动力，努力做到最大限度地宽容干部在履职尽责，特别是改革创新中的失误，为锐意进取、敢于突破又没有利益输送、没有主观故意、没有不良后果的干部撑腰鼓劲，使身处改革开放稳定一线的干部在迎接挑战时无后顾之忧，最大限度地激发干部的积极性。同时，还要通过创新激励机制积极营造创新创业的文化氛围，鼓励干部主动作为、积极作为，即通过人性化的人才激励机制、具有竞争力的薪酬制度、畅通的晋升渠道等途径，充分调动干部创新创业的主动性，激发和保持干部创新的激情和热情，促使干部在机会面前"敢为"。另外，还要从事后查处的角度出发，对干部进行反面教育，使其充分认识到违法违纪的严重性与危害性，通过强化警示作用使其合理"敢为"。

最后，对于干部能力不足的情况，容错纠错应当与发展型考核结合，通过容错纠错推动干部能力的成长。干部不能为表明其还缺乏相应的知识、技能和经验。因此，应当加强专业知识、专业能力培训，推动干部不断更新知识、拓展能力，促使干部专业业务本领的提升，以适应新时代、新目标、新部署对专业化提出的新要求。所以应当从容错纠错中归纳出可以推动干部学习和成长的专业内容，从而形成新流程和新课程，培养足以胜任的干部，通过经验汲取和技能培养使干部"能为"。同时，还要建立健全发展型考核机制，如健全领导干部目标责任制、完善动态跟踪考核机制、完善领导干部工作预警制度等，全面动态地对干部干事进行绩效考核，打破干部干事"干多干少、干好干坏一个样"的状况，让能者上、平者让、庸者下，倒逼干部自主增强自身素质与能力，使干部"能为"，促使其主动提高执行力和落实力，大胆探索，勇于创新。利用容错纠错机制和各种辅助措施，可以更好地激励干部勇于改革创新、善于兼职尽责、敢于担当作为，促使干部做到"愿为""敢为"和"能为"，进一步推动改革创新的发展。

MOA 理论框架分析了干部干事犯错的前因，而在前因的影响和约束下，干部干事的错误通常会呈现不同的后果，主要有以下五种表现形式：

第一，怕而不为。这一点在干部工作中是很常见的现象，习总书记指出，这类干部在工作中"一怕工作失误，冒风险，以不出事作为最大原则；二怕触及利益，得罪人，畏首畏尾，缩手缩脚，患得患失；三怕媒体炒作，成热点，担心引起媒体的关注和公众的监督；四怕翻出旧账，受牵连，害怕'历史包袱'被揭开"。怕而不为是一种危害极大的工作作风，这对群众的信赖、对政府的公信力、对党的先进性都有莫大的伤害，是不可容的行为错误。但在我们的实际调研中发现，很多地方新区的相关细则中并没有清晰地指出这一点，只有南沙新区的细则中较为模糊地提出："因不担当、不作为、慢作为、乱作为、假作为，导致 2020 年各项重点工作任务未能如期保质完成的，区纪委监委根据具体情节予以严肃问责。"而怕而不为作为反映干部主观犯错动机的重要方面，是衡量干部错误程度与性质的主要标准之一，应该给予重视，这也许对今后容错纠错机制的完善与健全有一定的参考价值。

第二，该为不为。即干部对于自身应履行的职责并没有实现履行义务，在其位不谋其政，缺乏身为人民公仆应当全心全意为人民服务的担当精神，重权力、轻义务，对应该履行的职责采取拖延履行、拒绝履行，甚至不答复的工作态度，更甚者以各种手段推卸责任。这是一种没有责任担当的做法，是一种欠缺角色意识和政治担当的行为，更是一种境界不高、不负责任的表现，自然也是不可容的，应当严厉打击此类行为，杜绝此类现象的发生。对于这一点，很多新区的容错纠错细则中都有提及，比如滨海新区容错纠错细则中提到的"应履行而未履行、不当履行、违法履行职责出现失职渎职，严重损害国家和集体利益、群众利益，造成重大损失、严重后果和恶劣影响的"不予容错情形，就明确指出干部"该为不为"错误不可容，坚决杜绝此类错误的出现。

第三，为而出错。改革本身是一个不断试错的过程，人的有限理性、改革的复杂性、不确定性以及创新的风险性决定了相关决策和工作很难不出现失误，而人又有趋利避害心理，因而需要加强绩效评估和责任追究并建立容错纠错机制，以保障公平、激发动力。这从侧面反映了容错纠错机制建立的重要性与必要性，要合理运用容错纠错机制，营造宽容失误乃至失败的创新氛围，宽容干部在工作中特别是改革创新中的失误乃至失败，让干事创新者安心放心定心，坚决不使主动担当的"领头羊"变成"替罪羊"，坚决不使勇于作为的干部为不可控的工作失误"背黑锅"。同时，也应当明确容错不是鼓励和纵容错误，必须遵循《关于进一步激励广大干部新时代新担当新作为的意见》，"对违纪违法行为必须严肃查处，防止混淆问题性质、拿容错当'保护伞'，搞纪律'松绑'，确保容错在纪律红线、法律底线内进行"。因此，对"为而出错"类错误的容错纠错正是容错纠错机制实施工作的重难点，干部有所作为但出现了工作错误，这就需要我们在实际操作中根据"错"的定义与边界去分析这种"错"是否可容可纠，从具体情况出发，判断干部错误是否在容错纠错机制的适用范围内。比如赣江新区容错纠错细则中提到的"在贯彻上级决策部署中狠抓落实、创造性开展工作，出现一定失误错误的"容错情形，在实际操作中需要我们评价与判断该干部的错误是否在容错纠错机制的边界内。

第四，权变善为。这是指干部在实际工作中灵活创新、主动担当的工作行为，干部在工作中，特别是在紧急情况面前，为了人民群众的根本利益，勇立潮头，善于创造，灵活观察、分析、解决问题，从群众中来到群众中去，但仍不可避免地出现了一定的失误或者损失，这种情况是属于容错纠错机制的范围的。"权变善为"类错误的出现不仅是人民公仆主动担当的勇气体现，更是干部应变创新的能力彰显，应当给予宽容，以保护干部的主动作为、主动担当的积极性。对于这一点，许多新区的容错纠错实施细则都有涉及，比如长春新区容错纠错细则提到的"在处置安全生产、污染防治等重特大事故、突发性事件或其他急难险重任务中，为保护国家财产和人民生命安全，避免重大损失，主动担当、临机决断，出现一定失误或损失的"容错情形，就很好地表现了对干部"权变善为"类错误的宽容。

第五，善作善成。善作即干部要深刻分析当前形势，科学判断未来发展，坚定主动地将践行新发展理念融入改革发展的进程；善成即要求干部提纲挈领，善于在千头万绪、错综复杂的工作中理清思路、有急有缓、实干巧干。善作善成要求干部树立创新意识，不断改进思维方法，在服务群众的日常工作中敢于突破传统，勇于大胆尝试，积极主动地为人民群众解难题，热情努力地推动社会主义事业的建设。这是指干部在工作中积极担当并取得了一定的成效，但过程中存在失误的情形，这无疑也是属于可容可纠的错误。此类情况很好地反映了干部在工作中的大局意识与应变能力，在成效与失误共存的情况下应当需要我们宽容看待，这也是对广大干部的积极性、主动性和创造性的保护与激励。这一点在许多新区的容错纠错细则中都有体现，比如南沙新区容错纠错细则中就提及了"对群众反映强烈的历史遗留问题，在与现行政策和改革方向不相冲突前提下，坚持实事求是，积极想办法妥善解决，取得良好综合效果，但存在失误或错误的"容错情形，这很好地反映出新区积极确立"干部为事业担当、组织为干部担当"良好导向的努力。("错"的表现形式见表3-1)

表 3-1 "错"的表现形式

表现形式	容错与否	行为示例
怕而不为	否	南沙新区：因不担当、不作为、慢作为、乱作为、假作为，导致2020年各项重点工作任务未能如期保质完成的，区纪委监委根据具体情节予以严肃问责
该为不为	否	滨海新区：应履行而未履行、不当履行、违法履行职责出现失职渎职，严重损害国家和集体利益、群众利益，造成重大损失、严重后果和恶劣影响的
为而出错	待定	赣江新区：在贯彻上级决策部署中狠抓落实、创造性开展工作，出现一定失误错误的
权变善为	是	长春新区：在处置安全生产、污染防治等重特大事故、突发性事件或其他急难险重任务中，为保护国家财产和人民生命安全，避免重大损失、主动担当、临机决断，出现一定失误或损失的
善作善成	是	南沙新区：对群众反映强烈的历史遗留问题，在与现行政策和改革方向不相冲突前提下，坚持实事求是，积极想办法妥善解决，取得良好综合效果，但存在失误或错误的

表格来源：作者自制

二、错的分类评价

根据以上基于"三个区分开来"对容错纠错机制中的"错"的定义分析，容错纠错机制中"错"是指干部为推动改革创新，在尚无明确限制的探索性试验中因缺乏经验、先行先试出现的无意过失和错误。由此可知此范畴内的干部错误的本质是工作创新之错，与之相对应的是干部违法违纪之错。这也是"三个区分开来"的重要本质，即要判断干部错误的性质是工作创新还是违法违纪，对于两者的区分在实际工作中不仅取决于干部的犯错行为本身，还应该受错误后果的影响。因此，对于"错"的评价不应仅限于干部犯错的行为归因的MOA分析框架，更应该在此基础上增加对错误具体结果

（P，performance）的考核，这是我们在对"错"的评价上区别于"三个区分开来"的最大不同。与"三个区分开来"的评价指标一样，我们对干部的错误进行了主观认知（是否有意犯错）、业务性质（是否有经验借鉴）、标准依据（是否违背法律法规）三大方面的判断与评价，但这三大指标都仅局限于错误行为，缺乏对错误结果的探讨。基于此，我们提出了 MOAP 理论框架，不仅基于"三个区分开来"在 MOA 三大方面分析了错误行为，还从 P 的角度探讨了对错误结果的评价，从而得出"错"的四大评价维度：第一，motivation，在主观认知上，应当评价干部的犯错行为动机是无心还是有意。作为容错纠错机制中的"错"的边界之一，干部的犯错动机也是判断干部错误性质的重要依据，旨在将干部推动发展的无心过失与谋取私利的有意犯错区分开来，要在犯错动机上区分犯错干部究竟是为公犯错，还是出于私心犯错，予以谅解宽容和帮助纠正的错误在动机上都应该是出于公心、集体决策、清正廉洁的。第二，opportunity，在业务性质上，要评价干部的错误行为是属于新业务还是旧业务，即此类错误是否有先例经验可参考借鉴，干部的错误是否是由于缺乏经验、先行先试出现的失误。作为容错纠错机制中的"错"的第二条边界，这也是界定干部错误性质是工作创新还是违法违纪的主要依据。身处中国特色社会主义新时代改革开放一线的国家级新区通常会面临新任务新要求，其工作会不可避免地需要创新思维与创新举措，而创新是基于主观判断对未知事物的探索，其不确定性与风险性决定了干部工作失误的可能性，因此对由于缺乏经验、先行先试出现的失误应该宽容看待。第三，ability，在标准依据上，应对干部的错误行为是违反法律法纪还是违背办事程序进行评价。作为容错纠错机制中的"错"的边界之一，这不仅是干部能力的"验金石"，更决定了干部错误的严重程度，也是容错纠错的范畴内的底线，容错纠错机制实施的前提必须是不违反组织纪律原则，不逾越党纪国法红线，我们应当坚持在依纪依法的前提下容错纠错。第四，performance，"错"的评价还应对干部错误的结果进行考量，即要对干部错误影响后果进行积极或消极、大或小等的评价。

错的后果主要可以从三个方面进行评价：（一）干部作为是否存在违反政治纪律的行为，如私利腐败行为、非法组织政治活动等。这些都是违反党规党纪的严重行为，对社会稳定与安全造成了极为严重的威胁，它破坏了社会的价值观，并危害到人民福祉及和谐社会的建设，所以要坚决打击此类行为，防止容错纠错混淆问题性质。（二）干部错误造成的经济结果如何，经济结果评价要与当地经济发展水平相挂钩。一般而言，经济损失是指与违纪行为有直接因果关系的财产损毁的实际价值，如《中国共产党党纪处分条例》中就有相关条款规定了"情节较轻""情节严重"以及"造成巨大损失"的重要衡量标准，这可以根据具体实际情况进行分析与判断。（三）干部所犯错误是否造成严重的社会影响，是指国家机关工作人员的渎职行为被社会公众感知，对社会公众的思想和周围事物造成了负面作用，引发了群众强烈不满、严重损害国家机关形象、破坏了一定地区的社会稳定等情形。这一般难以用明确的标准进行衡量，需要根据多方面情况综合考量。如干部错误对政府公信力与权威的危害、对社会公众心理和普遍价值认同的危害等，需要具体情况具体分析。基于以上三个方面，可以对干部错误造成的后果进行一个相对全面的评价，但其错误后果的尺度可以随新区情况而权变设置。

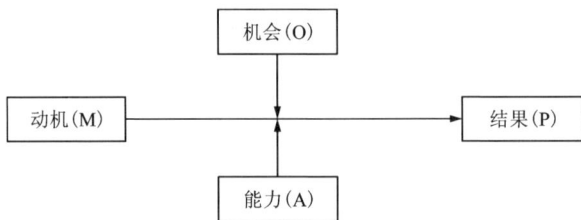

图 3-2　MOAP 理论框架

来源：改编自陈则谦. MOA 模型的形成、发展与核心构念[J]. 图书馆学研究，2013(13)：53-57.

MOAP 理论框架（如图 3-2 所示）是对干部错误的行为与结果的双重剖

析，其不仅深刻探讨了错误的行为本身，还对错误所造成的结果进行了分析。正如绩效考核是对组织中个人（群体）特定时间内的可描述的工作行为和可衡量的工作结果的双重考量，既要考虑结果也要注重行为。对容错纠错机制中的"错"的评价也应当从行为与结果两方面进行考量，即对干部错误的可描述的工作行为和可衡量的工作结果进行判断、分析后的结论。因此，容错纠错机制中的"错"既可能是错的行为也可能是错的结果，必须从行为与结果两个方面对错进行区分。第一，行为与结果都正确的情况。干部在行为上采取了正确的工作流程，遵守了正常的工作程序和法律法规，并产生了积极的结果，此时应当采取激励措施，依照法定程序对干部进行鼓励与嘉奖，以激发干部的工作积极性。第二，行为正确结果错误的情况。这属于错误表现形式中权变善为的一类，即干部虽然在工作程序上采取了正确的方式，但工作结果仍出现了消极影响，此时应当进入容错纠错程序，从上述的三方面对干部错误的影响后果进行深入的分析与评价，并根据具体情况对干部进行容错纠错处理。此外，还应当思考该情况出现的根本原因：为何干部遵循了正确的工作流程却导致了错误的工作结果？当前的工作流程是否存在问题？应当如何改进此类流程，避免错误再次出现？这是很好的工作改进机会。第三，行为错误结果正确的情况。这属于善作善成的错误表现形式，即干部在工作过程中采取了错误的工作方式或者运用了非常规的工作程序，但取得了积极的工作成果，此时的容错纠错工作应该根据干部错误的程度进行分析判断，做出具有针对性的处理结果。同样，更值得新区思考的是新区的工作流程是否存在不合理的地方？错误的工作方式何以取得了良好的工作效果？其原因属于必然还是偶然？旧的工作程序是否需要更新，如何更新？第四，行为与结果都错误的情况。错误表现形式中的怕而不为和该为不为都属于该类情况，该情况中的干部不仅在工作中采取了错误的工作行为，还产生了消极负面的工作结果，此时应该根据法律法规对干部采取问责等处罚方式处理，这并不属于容错纠错机制的范畴。

图 3-3 是错的分析矩阵 I 的四类情况，通过行为与结果两个因素的相互作用，该矩阵简单概括了干部错误的四种类型与处理方式。但是，该矩阵还不能对干部错误做出绝对的评价，对容错纠错机制的运用仍缺乏有针对性的剖析，尤其是第二和第三种情况的具体分析。因此，对于干部错误的容错纠错处理还应当利用矩阵 II（如图 3-4 所示）进行深入的分析与评价。

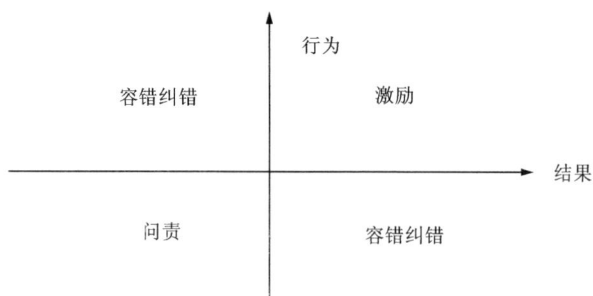

图 3-3　错的分析矩阵 I

来源：作者自绘

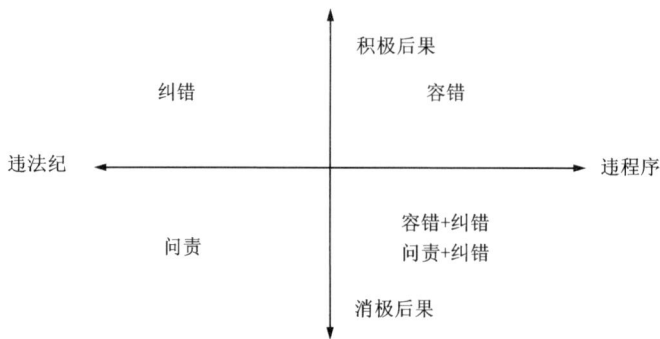

图 3-4　错的分析矩阵 II

来源：作者自绘

错的分析矩阵 II 从具体的行为与结果层面进一步对"错"进行了探讨，在行为上将干部错误划分为违法纪与违程序；在结果上将干部错误影响划分为积极后果与消极后果，从而形成了四种不同性质的错误类型与处理方式。第一种，干部作为违反程序但产生积极后果。此类错误的处理方式应该是容错，干部在工作过程中违背了现有的工作程序或者设置好的操作规程，但产生了良好的结果，即干部在整个过程中没有政治错误、提高了经济增量或没有造成经济损失、产生正面的社会影响等，此时应当对干部作为进行容错处理，且不应当影响其考核评价和提拔使用，否则势必挫伤实干担当的干部的积极性与主动性。这种错可以为日后工作中的新流程与新程序提供线索，为政府办事制度的健全与完善提供案例参考与经验借鉴。此类错误的出现可能表明原有的工作流程与程序存在一定的问题，对于敢创敢试的新区而言，这是改进流程和探索新业务的宝贵经验。

第二种，干部作为违反法纪(尚无清晰明确的限制规定的领域)但产生积极后果。干部在工作过程中违背了法律法规，但其作为并没有政治错误，且没有造成严重的经济损失，并产生了积极的社会影响，针对此类错误应当采取纠错的处理方式。此时的纠错不是纠结果，而是纠行为，及时指出干部作为存在的问题，始终坚持依法治理，提出纠正意见，责成并督促有关单位或个人认真纠正整改，尽量减少或挽回损失，推动干部主动担当、积极作为，避免同类错误再次发生。另一方面，犯错干部自身应当反躬自省，并及时对错误采取合理的补救措施，最大限度地控制和消除负面影响，同时主动吸取教训，并通过认真学习相关规章制度和法律法规，增强规则意识，避免今后工作中再犯类似错误。同时，还应当加强监督管理，推进全面从严治党，加强党风廉政建设。

第三种，干部作为违反法纪且造成消极后果。对于此类错误的处理方式必须是问责，同时要加大监督执纪工作力度，坚持从严治党、依法治国，有力维护纪律的权威性与严肃性，推动树立良好的干部作风，建立良好的工作秩序。同时，要充分利用发生在身边的反面案例，做到以案促改，通过问责一个，达到教育一片的效果。

第四种，干部作为违反程序且造成了消极后果。此时应当根据干部行为的错误程度进行相应的处置，如果干部作为不存在政治错误且造成的社会损害可纠正可挽回，则可进入容错纠错机制的处理程序，根据实际情况对干部错误进行容错，并及时指出存在的问题，提出纠正意见，监督干部纠正整改，形成案例总结，避免新区干部再次发生同类型的错误。如果干部作为存在谋取私利的情况，或者造成了不可纠正、不可挽回的社会影响，则应当对其采取问责和纠错的处理方式。此类错误属于不予容错的范畴，应当依照党纪法规进行严肃问责，并对干部行为进行及时纠错，最大限度地减少或挽回损失，引导干部既勇于担当、大胆创新，又注意改正错误、少走弯路。以上两个"错"的分析矩阵的结合，可以更清晰地回答何种错误可容与何种错误可纠，且更加有针对性地解释了具体的错误类型的处理与运用。只有对干部的错误进行深入的有针对性的分析，才能完整地理解、把握和运用容错纠错机制，推动干部敢于担当、主动作为。

"错"的分析矩阵Ⅱ表明，干部犯错可能并不仅仅是行为或结果单方面的错误，当干部的行为与结果发生冲突时，也必然导致干部犯错。换言之，当正确的行为不能产生正确的结果时，甚至正确的行为导致错误的结果时，我们应反思的不仅仅是对干部错误的宽容与纠正，更应该是对体制内工作纪律与程序的修改和调整，以避免此类错误行为的再次发生。

综上所述，我们可以得出以下总结：

第一，"错"的分类评价和分级评价是容错纠错的理论基础。我们应当深入贯彻习近平总书记关于建立容错纠错机制激励担当作为的重要讲话和重要批示指示精神，进一步具体落实容错纠错机制，这需要对错进行概念界定、分类与分级，以便更好地观察、测量和操作。这是建立与健全容错纠错机制的前提，为容错纠错机制的建立落实与发展改善奠定了坚实的理论基础。

第二，违党纪国法、后果消极之错不可容，违既有程序、后果积极之错重在容。国有国法，党有党规。对于干部而言，"党纪国法是从政做人的底线，是不可逾越的红线，也是触碰不得的高压线，党纪国法不容违逆"。因此，需要建立监督警示机制，时刻警惕有人借容错纠错之机踩党纪红线、闯法律禁区，凌驾于党纪国法之上。对于违背党纪国法、产生消极后果的错误，要坚持不可容的基本原则。如果干部所犯错误主要在行为程序上，那么我们应当思考工作程序的合理性，特别是干部作为违反程序但产生积极后果，更应该反思工作程序是否存在不恰当的问题而导致干部犯错，这可能是新区工作创新的重要线索，应当重视案例分析、注重经验总结，不断完善改进工作流程与创新工作方式，更好地为人民服务。

第三，后果可纠重在容错，后果不可纠重在问责。如果干部错误的后果可以纠正，则要最大限度地宽容干部在履职尽责，特别是改革创新中的失误。这样才能在新常态下，为干部敢想敢干进行制度性的兜底，使其少顾虑、敢干事、主动作为。同时，要注重形成案例总结，做到监督防错与容错纠错双管齐下，推进全面从严治党、加强党风廉政建设，并对容错纠错的结果运用进行相关规定，构成完整的容错纠错程序，不断完善新区容错纠错机制的建设。如果错误造成的后果不可挽回，则需要对干部采取问责处理。

第四，决策之错重在问责和纠错，执行之错重在容错和纠错。如果干部决策出错，应对其问责并加以纠正。对决策严重失误，造成损失重大、社会影响恶劣的干部，应当倒查责任，实行终身责任追究。如果是干部执行出错，则应当重在容错并纠正错误，要最大限度地宽容干部在改革创新中出现的失误，保护干部担当作为的积极性。同时也要及时指出干部在工作中存在的问题，提出纠正意见，责成并督促其认真整改，推动其正确作为、积极作为。也只有敢于容错又积极纠错，才能既引导干部敢于担当、积极创新，又注意有错必纠、有过必改，防止小毛病演变成大问题。

第五，新区容错不仅在于宽容错误，更在于激励工作创新。明确该点是十分重要的，这是容错纠错的核心与根本。容错纠错机制的建立出发点不仅仅在于宽容错误，更应该是通过容错纠错激励干部进行工作创新，改进工作方式，创造工作新流程，探索新区新业务，坚持更好地为人民群众服务。新区应当注意总结容错纠错案例的经验和教训，以此作为创新工作的基础，通过借鉴错误案例，新区可以站在更高的高度看待问题、考虑问题和解决问题，提高工作创新能力，使新区的工作进步。同时，容错案例对工作创新的推动也在一定程度上会降低干部在工作中发生类似犯错的可能性，从而达到容错与纠错并行的良好效果。

第六，通过容错纠错不断明晰新区内法纪与创新的界限。在新区层面，清晰法纪与创新两者的界限可以使干部更加明确其工作原则，发挥出更大的热情推动新区发展。要充分利用 MOAP 理论框架，从行为与结果两个层面加强对容错纠错机制中"错"的分类评价，认真落实习近平总书记提出的"三个区分开来"，科学运用"四种形态"，不断找准容错纠错机制中"错"的边界，进一步明晰新区内法纪与创新的界限，尤其是对于违背党纪国法但产生积极后果的错误要深入分析问题根源，从中发现进一步完善党纪国法的重要线索，着力解决干部不愿为、不敢为、不能为等问题，推动干部担当作为、履职尽责，形成激浊扬清、干事创业的良好政治生态。

第二节　容错、纠错、问责与激励

无论是理论指向还是实践调查，容错纠错机制建设过程中的难点之一就是容错纠错的边界不清晰。究竟哪些错该容，哪些错该纠，哪些行为后果必须由行政问责甚至法律问责，哪些"因好心办坏事"的行为值得商榷后给予肯定与激励，目前尚缺少统一的理论解释。除了上一节的理论分析外，本节将对容错、纠错、问责与激励的概念与关系做出界定，从而从理论视角为容错纠错提供更加清晰的逻辑指向。

一、容错、纠错、问责与激励的概念内涵

(一)容错

容错概念最早来源于信息系统,它是被用来衡量信息系统整体效能的核心参考指标[①]。后来容错概念被延展至政治系统中,用来评估政治系统的有效运行程度,即在系统中,可容纳失误的边界究竟有多大。一般意义上,如果要打造一个富有韧性的政治系统,那么该系统必须保有健康科学的容错机理,从而给予系统合理的容错矫正空间。近年来,随着我国国家治理体系的完善与治理能力的提升,尤其是针对官僚系统中显露的"不作为"等问题进行的调整和纠偏,习近平总书记在十九大报告中明确指出,将"建立容错纠错机制"作为激发改革发展潜能和整饬官僚系统不良作风的重要抓手。容错机制的本质目的是激励干部队伍,释放干部人员的积极性和创造性,激发广大干部务实创业的"精气神";本质含义是通过制度的出台落实,对某些领导干部在工作过程中出现的失职行为进行责任追究,同时允许领导干部在推进改革的过程中发生错误。具体而言,容错有两个层面的含义:一个是从刚性的政治组织系统来看,它是激发干部队伍保持积极干事、务实创业的精气神,既可以促进官僚队伍的有效作为,同时避免不担当、不作为的情况出现;另一个是从柔性的组织关怀角度来看,容错是既给予当事人合理的组织关怀,同时又向组织中其他干部释放出"只要积极进取,出于为民服务的公心,组织必为敢为者有为者担当保障"的强烈信号[②]。容错能够让官僚系统拥有合理的矫正空间。

---

① 杜兴洋,陈孝,丁敬.容错与问责的边界:基于对两类政策文本的比较分析[J].学习与实践,2017(5):53-62.

② 陈朋.容错机制发挥激励作用的影响因素分析[J].江淮论坛,2019(4):70-76.

（二）纠错

纠错是指行政机关及其工作人员工作过程中出现了违反国家行政法规以及行政规范、行政纪律的情况下，有关行政监督部门所进行的活动。纠错制度制定的目的在于通过对事件的调查分析，明晰事件的真相，从问题本身和责任相关方出发，制定出合理可行的整改措施，从而对事件所产生的后果进行弥补、纠正，减少不当损失，在最大范围内减小事件影响。"纠错"是在厘清错误源头和性质之后，对错误本身的纠正和改造，正所谓亡羊补牢，犹未晚也。片面地强调容错免责，非但无助于事情的解决，还可能影响党和政府在人民群众中的威望。运行有序的事后纠偏机制要做到有错必纠、违法必查，这既有利于容错纠错政策的切实履行，也有利于容错纠错机制的自我完善和发展。

（三）问责

问责就是对各级党政组织和干部的职责履行情况进行责任追究，其核心是对权力行使进行必要的监控，以防止出现权力滥用和以权谋私等行为。问责机制主要指向官僚干部"不会为"的问题，"不会为"与干部因能力不足、本领恐慌等导致的不作为或乱作为相关。责任政府是现代民主政治的基本价值理念，这要求政府官员对民众负责，那么由此产生责任政府的核心——官员问责。责任政府和问责制的概念来源于 20 世纪 60 年代西方新公共管理运动中的"委托-代理"理论。在该理论中，政府是公众的代理人，作为民选出来的利益代表者，所执行的公共任务需要向公众汇报，对公众负责。政府和公众之间的委托-代理关系要依赖于一种基于双方权利交换的关系，由此所产生的责任机制便是一种交互式的制度安排①。国内学者普遍认为问责制是指对公共权力主体进行程序追究和责任承担的制度办

---

① 陈朋.容错与问责的逻辑理路及其合理均衡[J].求实，2019（1）：48-62，110.

法，即对未履行职责或者职责履行不当造成严重社会影响的公共权力执行主体进行责任追究，使其承担政治、法律或者道德责任，并对其进行相应的政治和行政处罚。现代民主政治的重要环节之一就是问责，问责制是推动民主政治建设的重要途径，对整个政治文明体系的完善具有重大意义①。就行政价值体系而言，问责制有利于树立公共部门的责任意识，形成务实的行政文化和为人民服务的价值取向；就行政组织发展而言，问责制的建立有利于进一步提高党和政府的执政能力、行政能力，提高官僚体系履行公共职责的水平和能力，是提升我国治理体系中官员队伍行政力和公信力的重要体现；就组织个体而言，问责制有利于约束官员干部行为，完善干部管理制度，提高官员干部的整体素质，促进官员干部的作风转变。

(四) 激励

管理学相关理论认为，激励就是组织通过设计适当的外部奖酬和工作环境等形式，以一定的行为规范和保障性措施，借助信息沟通来激发、引导、保持和规范组织成员的行为，以有效地实现组织及个人目标的过程。从官员容错纠错机制的全体系搭建上来讲，官员激励机制侧重于"事前预防"。可以说，激励机制的核心在于将干部的责任意识和责任感唤醒，在工作中促使干部追求高绩效的积极性的提高，解决干部改革创新动力不足的问题，让能干事、干成事的干部得到褒奖以及重用。从功能角度来看，激励机制侧重于解决官员干部"不想为"的问题，影响干部"不想为"的因素主要有个体看待创新实践的态度、改革创新的动力、事件中的获得感等，要想解决"不想为"的现实难题，需要根据官员干部多样化的合理诉求，发挥激励要素的合力作用，建立系统化且有针对性的组织激励结构，从氛围渲染、规范制度、技术激励三个组织要素的角度，推动官员队伍激励体系的有效性和长效化改革。除此之外，在官员队伍中建立有效的干部激励机制，还需

---

① 鲁丽莎.行政问责制之困境及对策探究[J].辽宁行政学院学报，2008(8)：11-12.

在合理的干部选拔任用、正确的工作考核评价、适当严谨的职务晋升等多个层面努力[①]。

二、容错与纠错、问责、激励的关系

(一) 容错与纠错的关系

容错与纠错作为容错纠错机制的两个主要概念，彼此之间既有联系又有不同。首先，容错的出发点在于通过宽容领导干部改革创新过程中所犯的错误来激励他们积极作为、主动创新。纠错的出发点是积极挽回损失和不良影响，降低错误行为和事件带来的消极影响。其次，容错不是最终目的，容错可以成为实施纠错之前的重要一环，不是工作的终点。纠错既可以独立进行，又可以在容错之后进行，目的在于使领导干部及时意识到错误，采取积极措施主动改正错误，最大限度地减少损失、消除负面影响。最后，容错之"错"与纠错之"错"既可能是同一个错，又可能是不同的错。有的错"容而不纠"，能够帮助我们发现改进程序、完善政策制度乃至完善法律的重要线索；有的错"先容再纠"，既可以保护干部工作的积极性，又能够帮助我们发现完善工作方法和措施的重要依据；有的错"不容必纠"，可以帮助我们更清晰地认识行为规范和行为底线。因此，容错和纠错又可以在方向设置上相互补充。对于有些错误而言，没有纠错机制的补充，容错机制很有可能变成权力的自我救赎，失去容错机制作为前置的纠错机制也可能影响权力的潜在效力。由此可见，容错机制能够让我们更深刻地理解纠错的对象，以此完成对权力行使程序与结果的合理调配与科学配置。纠错机制则能更好地展现容错机制的价值观点，进而形成宽容、有为的理性权力观。

[①] 葛蕾蕾，保津.新时代地方政府激励干部担当作为的探索与思考[J].行政管理改革，2019(4)：84-88.

就容错纠错机制的目的来看，王炳权认为出台容错机制最直接的动因或者说根本目的就是医治干部担心"干事者出事"的心病，解决党员干部因顾虑出错而不敢作为及不愿担当的问题①。容错机制的制度目标在于着力解决党员干部顾虑改革创新过程中出现失误而不敢担当、不愿作为等问题，旗帜鲜明地支持和保护勇于干事、积极有为的干部②。因此，搭建容错机制的目的在于"容许犯错"，重点是更加充分地、恰当地认识改革创新中发生的失误，即面对任务艰巨、难度高、风险大的全面深化改革重大任务，为广大党员干部创造一个更舒适的谋事创业空间，鼓舞和保证广大党员干部奋发图强，勇于担责，敢于尝试，以此推进深化改革的进程。所以在深化改革的新背景下，容错机制是指每当党员干部在创新改革、勇担重责的过程中发生失误时，容错纠错制度实时更正错误和偏差，以此鼓励改革创新和主动有为，并按照容错免责条件对单位和个人依法依纪免于或从轻处理，让有关单位或个人在面临相关考核和评价时，不受负面影响。纠错机制的目的是"知错即纠"。在改革创新中发生错误时，准确发动有关纠错机制和程序，对失误的根源、经过及结果进行科学评价，找出缘由，确认性质，修正制度设计，及时创新，把可能产生的损失降到最低点。

从容错纠错机制的制度设计来看，"容错"是在发生错误后对干部主体责任的检查和结果审定。从容错纠错机制的现实意义来看，"容错"在于给干事创业的主体创造宽松氛围、解开干部思想疙瘩、激励干部干事创业的积极性。而"纠错"则在于当错误发生之后的救助改正措施，"有错改之，无则加勉"将使政府的公信力大大提升，有效地对中国特色社会主义现代化建设事业的健康发展起到促进作用。

（二）容错与问责的关系

责任政府建设是现代国家治理体系和治理能力现代化的内在要求，问

---

① 王炳权.各地容错纠错机制的优点与不足[J].人民论坛，2017(26)：45-47.

② 丰存斌.建立容错机制，推动形成良好的用人导向[J].中国党政干部论坛，2016(8)：20-23.

责也要相应地成为国家治理现代化的重要标识和相应条件。同时也应该认识到,问责本身并不能绝对化,而是有其范围、条件和限制的。辨析容错与问责的边界,更有助于容错与纠错制度的合理化与常态化发展。如果说问责是通过事后惩戒来界定权力的运行边界,那么容错便是通过事后激励来界定权力运行边界。

首先,容错和问责的着重点不一样,问责的着重点是行为约束,容错的着重点是行为激励。问责的处理方式主要是对失职渎职行为进行责任追究,例如责令公开道歉、停职检查、引咎辞职、责令辞职、免职等。容错则大不相同,它主要是通过容许试错、免于担责的方式来进行激励,从而有效推动组织及个人目标实现①。其次,容错和问责适用的场景不一样。虽然问责和容错的行为主体都是权力行使者,但是具体是问责还是容错的现实场景有差异。按照《中国共产党问责条例》,问责主要适用于决策严重失误、工作失职、管理监管不力、滥用职权、对群体性突发性事件处置不当、违反干部选拔任用工作有关规定以及其他失职行为等。而容错目前大部分要按照"三个区分开来"的要求执行,容错机制所要容的并非是"主观犯错",而是改革创业过程中出现的"探索性失误"②。最后,容错和问责的目的不同,容错的目的是为广大党员干部创造一个更舒适的谋事创业空间,鼓舞和保证广大党员干部奋发图强,勇于担责,敢于尝试。问责的目的是加强反腐廉政建设,加强党政干部队伍的管理和监督水平。

容错和问责之间虽存在差异,但是从根源上讲二者是存在联系的。第一个联系点是都可以有效促进权力的规范化使用,注重权力运用过程中的科学化。只是容错是从积极方面进行规范,问责是从消极层面进行规范,最终目的都是促使公共权力在正确范围内科学合理地运行。第二个联系点是二者相互依存,不可分割。如果只谈问责不谈容错,容易降低党员干部

---

① 刘宁宁、郝桂荣.新常态下如何科学构建容错机制[J].党政视野,2017(2):57-58.
② 陈朋.容错与问责的逻辑理路及其合理均衡[J].求实,2019(1):48-62,110.

在改革创业过程中的主动性和积极性；如果只谈容错而不谈问责，则容易导致一些思想不坚定的党员干部在行使权力的过程中徇私枉法、胡乱作为。

分析容错与问责边界可以从四个方面进行：行为动机、决策过程、社会影响、主导因素①。行为动机是出于公共利益需求和人民群众的利益需求方面的考虑，可以纳入容错免责范围。如果是谋求个人及团体利益，应当追究责任。如果决策过程合乎法律法规，切实做到了科学化民主化，可以纳入容错范围。如果决策过程既违反了决策的客观规律，也不符合党的决策原则，那对于这样的错误必须进行问责。对于因改革创新未能取得预期效果而产生的损失，党员干部能主动消除负面影响，甚至能够挽回全额损失的，则可以考虑进行容错。如果社会影响恶劣且后果严重，则要考虑进行问责。如果有不可抗力原因导致了改革创新的不成功，应不追究其责任。如果不可抗力因素并不是导致改革不成功的重要因素，而是其他人为因素酿成不良后果，则要严格进行问责。

(三)容错与激励的关系

容错的本质目的是增强领导干部的自主性和能动性，容错机制是一种健康有效的综合型激励方式。"正确的路线确定以后，干部就是决定性因素。"在处置公共事务，尤其是在发展社会经济的过程中，地方干部起着十分关键的作用。因此，如何有效地激励地方干部，让其主动实现国家和地区的优良治理，是处于改革转型时期的中国在处理公共事务程序中必须有效解决的现实问题之一。容错机制便是如此，它既能减少处罚以发扬激励效果，还能鼓舞干部用更具有能动性的方法参与公共事务治理，从而展现激励效能的内在品格。

激励机制强调的是从正面角度加以激励和引导，例如通过运用褒奖、

---

① 杜兴洋，陈孝，丁敬. 容错与问责的边界：基于对两类政策文本的比较分析[J]. 学习与实践, 2017 (5)：53-62.

鼓励、认可等正面因素，引导干部队伍形成正确的价值观和行为方式。而容错除了目的的正向性外，还包含负面清单的出台和落实，即容错纠错机制是将正面与负面的刺激有机结合起来，通过制度对行为进行引导，促进行为由负面向正面的转化。

第三节　容错纠错与工作创新

政府创新和工作创新的本质是人的创新。各级领导干部是深化改革的中流砥柱，其素质和能力对开拓创新局面具有重要影响。目前，政府创新的环境不仅受到行政体制、法律以及政策条款的限制，还受到传统行政文化的阻挠，干部队伍厌恶风险，习惯于按部就班、循规蹈矩，信奉"多干多错、少干少错、不干不错"。为打破此局面，中共中央办公厅发布《关于进一步激励广大干部新时代新担当新作为的意见》，明确指出要切实为敢于担当的干部撑腰鼓劲，建立激励机制和容错纠错机制，进一步激励广大干部在新时代的新担当新作为。

差错是一种不符合操作规范或工作标准，不利于目标达成的行为，多由主观因素造成，带有无意识的内隐成分①。在快速变化的环境中进行探索与创新，每个组织都可能受到差错的困扰，行政组织内也是如此，差错无法被完全杜绝。政府不仅需要注意防范和减少差错，也需要正确对待和处理差错。有学者提出差错管理的概念，即组织处理差错的程序与方式②。差错管理气氛可分为正向和负向两个维度，正向的差错管理氛围以宽容失败、差错学习为导向，负向的差错管理氛围则以厌恶风险、注重惩罚为导向。新区政府建立并完善容错纠错机制，就是要在组织内部形成鼓励探索、

---

① 洪自强，王重鸣.工作情景中差错概念与差错取向因素分析[J].心理科学，2000(5)：542-546，637.
② 王重鸣，洪自强.差错管理气氛和组织效能关系研究[J].浙江大学学报(人文社会科学版)，2000(5)：111-116.

宽容失败的正向差错管理气氛，进行有效的差错管理，从而促进工作创新。接下来，本节将从计划行为理论、社会交换理论以及社会认知理论的角度对此进行阐述。

一、计划行为理论视角下的分析

Ajzen 在理性行为理论的基础上提出了计划行为理论[①]。他认为个人行为不仅受行为意向的影响，还受执行行为的现实控制条件的制约，例如个人能力、机会、社会资源等。个体拥有大量有关行为的信念，这会成为个体行为态度、主观规范和知觉行为控制三方面的情绪基础。一系列的现实因素会通过行为信念来影响态度、主观规范和知觉行为控制三个变量，从而最终决定个体的行为意向和行为。行为态度是个体对执行某特定行为喜爱或不喜爱程度的评估。知觉行为控制是指个体感知到执行某特定行为容易或困难的程度，它反映的是个体对促进或阻碍执行行为因素的知觉[②]。主观规范是个体在决策是否执行某特定行为时感知到的社会压力，它反映的是重要的他人或团体对个体行为决策的影响，更多地体现在外部环境氛围层面。

从行为态度来看，领导干部的差错取向会受差错管理气氛的影响，而组织处理差错的方式影响着差错管理氛围的形成。差错取向是指个体处理差错的态度和行为[③]。组织处理差错的程序和方式会影响领导干部对待差错的态度和价值观，在正向差错管理氛围的影响下，其对待差错的态度和行为是积极的。在容错纠错机制中，"错"不再只是能力不足的代名词，多了一层勇于尝试的含义。容错的过程降低了差错带来的负面效果，展现了

① Ajzen. Perceived behavioral control, self-efficacy, locus of control and the theory of planned behavior. Journal of Applied Social Psychology, 2002, 32(4): 665-668.
② 段文婷, 江光荣. 计划行为理论述评[J]. 心理科学进展, 2008(2): 315-320.
③ 张宁俊, 袁梦莎, 付春香, 等. 差错管理氛围与员工创新行为的关系研究[J]. 科研管理, 2015, 36(SI): 94-101.

差错带来的积极意义。纠错的过程可以与容错过程相辅相成，采取有效途径对差错进行处理，组织后续的教育和回访，并在制度细节上明确干部在评优、晋升、考核等方面不受影响。干部在创新过程中的差错得到宽容，体现着上级在人事管理上严管厚爱的管理导向，种种举措让一心为公的领导干部改善了对差错的态度，真正实现了在差错中学习和提高。因此，容错纠错制度会减少干部对创新风险的消极情绪，以积极的差错取向对待差错，减少对风险的厌恶，从而更愿意做出创新行为。

从知觉行为控制来看，控制信念和知觉强度，即个体能感受到的促进或阻碍执行行为的因素，以及因素所能起到的促进或阻碍作用的程度，会通过知觉行为控制对执行行为产生影响。领导干部在探索和创新的过程中，主要面临着未知带来的风险、制度和相关规定的限制、传统行政组织文化下的思维局限、旁人的质疑和组织期待带来的压力等困难。在容错纠错机制下，如果个体感知到的是正向差错气氛，意味着感知到了来自组织和他人的支持与理解，这会使改革过程中的困难迎刃而解，减少了预知的障碍。在良好的差错管理氛围下，人们不会将差错与能力不足联系起来，制度的保障反而会为领导干部的创新提供组织支持，克服一系列潜在的障碍。因此，促进因素及其所带来的正面影响逐渐凸显，领导干部在行为和心态上都更勇于探索，降低了心理压力，勇于突破。

从主观规范来看，领导干部在进行探索创新的过程中会感受到不同程度的集体规范的作用，受到行政文化潜移默化的影响，其行为被组织的制度、规章、文化所约束。个人的行为不仅由自身选择意向决定，而且受到实际条件的影响。相比较而言，改革的进程和推进速度非常快，制度的更迭通常都稍滞后于改革发展。干部在创新过程中先试先行，一些办事过程或许不符合当前的规章制度和流程，这一点在处理历史遗留问题上尤其突出。虽然干部是一心为民，但从实际条件出发谋划的解决措施并不是"正确"的做法，并会因此感知到集体制度带来的压力，甚至有如履薄冰之感。组织文化作为主观规范的一个类型是非常重要的一方面，影响着领导干部的行为决策。不同类型的组织文化背景下，上级会形成不同的领导风格。我国传统的行政组织文化由于行政系统的封闭性、保守性而衍生为厌恶风险型的文化①。在传统行政组织文化的影响下，领导干部更倾向于按照既定的规则来办事，不愿作为，生怕犯错，得过且过，创新的意愿极低。保守的思想和领导风格不仅会使其自身不作为，而且会束缚其他改革者的创新意识。

容错纠错制度是在组织内建立正向的差错管理文化。容错纠错机制的建立，有利于打破传统的保守主义文化氛围，形成强调创新、倡导法治的新行政组织文化，也让行政系统的运行变得更为灵活，适合创新行动的开展。同时，容错纠错制度也使行政问责制得到优化。问责并不是要遏制领导干部的创新，而是要作为监督措施，防范胡作为、乱作为的情况。容错与问责互相统一，使问责和容错纠错更具科学性和可操作性。在容错纠错机制下，组织文化包含正向的差错管理文化，有助于营造宽容失败的科学环境，使得创新过程中的"错"不再无法容忍，从而减少领导干部在探索过程中面临犯错风险时的负面情绪，激发干部的改革热情，增强成功改革的信心，并最终推动政府致力于社会创新发展。

二、社会交换理论视角下的分析

从社会交换理论的角度来看，组织与干部之间并非只有经济交换，还有社会交换。组织的容错行为与干部的创新行为之间可以视为一种社会交换过程。Blau②将交换行为定义为个体受到交换者的激励而产生的自愿行为，在交换过程中，个体认为可以从另一方那里获得回报。这种社会交换成功的前提是交换必须具备共同的价值观。同时，两者之间还需要相互信任、互相需要。Gouldner③认为社会交换需要遵循互惠原则才能顺利进行。

---

① 黄丽.政府创新的影响因素与容错机制的构建[J].中共云南省委党校学报，2014，16（5）：152-154.

② Blau P M. Exchange and power in social life[M]. New York：John Wiley and Sons, 1964.

③ Gouldner, A. W. The norm of reciprocity：A preliminary statement[J]，American Sociological Review，1960（25）：161-178.

在容错纠错机制下的差错管理氛围会起到正向的调节作用，即包含差错管理的行政组织文化能够潜移默化地形成稳定的价值共识，组织与干部之间可以维系一种对于创新与犯错的长期且稳定的信任关系，因此具备展开社会交换的前提。并且，容错纠错机制的主体与客体之间在情感上具有依赖、忠诚等特征，满足互惠原则的基本要求。

容错纠错机制的建立能够激发干部通过有效创新来回报组织信任的心理动机。容错纠错机制可以让组织依据科学的程序与标准对差错进行合理判断，明确容错纠错结果的运用方式，并尽力消除差错带来的影响。这会让领导干部认为自己能够得到组织的宽容和理解，感受到组织的关心和支持，同时也会因为自己犯错而产生亏欠感，进而会对组织的宽容产生回报心理，更加努力地付出，表现出更多的创新行为。当干部认为自己在所处的社会政治环境中有影响力时，他们更有可能进行创新活动，不会因为感知上缺乏影响力而停止作为。得到上级的支持是在创新的过程中真正发挥自身影响力的关键因素。在容错纠错机制营造的差错管理氛围下，组织能够提供给干部较高的工作自主性，提升干部对工作方法、工作进程和工作考核标准的自主程度，减少传统工作模式对干部创新的约束，更好地发挥干部的创造力。因此，在容错纠错机制下，干部拥有更多的工作自主性，可以提高自身的影响力，感受到更强烈的心理安全和组织支持，更愿意以自己的创新行为作为对组织信任的回报。

工作嵌入在组织容错氛围与员工创新行为之间会起到中介作用。工作嵌入是指个体被嵌入一个存在各种联系的网络中，而关系的强弱影响员工的决策和行为[①]。工作嵌入理论认为个体在工作环境中存在多样的工作关系，个体就像工作关系网络中的一个个结点，通过工作关系连接在一起，形成一张网。容错纠错制度让干部拥有更多的工作自主性，相应的个体会不断地将自身融入工作环境中，工作关系也愈加复杂，便越来越"嵌入"这张

---

① 赵霞.组织容错氛围、工作嵌入对员工创新行为的影响[J].生产力研究,2018(4):136-139,160.

网中。并且，不同的关系还会给个体带来不同程度、不同方面的影响。正向的差错管理氛围能够提高干部的工作嵌入水平，进而促进干部创新。首先，良好的容错氛围能让干部减少后顾之忧，积极地投入工作中。其次，差错管理情境中的帮助行为有利于保持组织内良好的人际关系。当遇到差错时，符合容错规定的差错会得到宽容的处理，得到上级和同事的理解，并且能够对差错进行讨论和纠正。在处理差错的过程中，组织内的人际关系逐渐变得紧密。最后，随着差错管理不断深入人心，干部会成为组织中的高工作嵌入成员，同时获得更多的情感满足。依据社会交换理论，干部会愿意将更多的时间和精力投入工作中，发挥主观能动性，积极创新，推动组织的发展。容错纠错机制下形成的正向差错管理氛围会使领导干部感受到组织的支持，体会到强烈的组织归属感，由此产生社会交换和情感交换，从而产生更多的组织创新行为。

三、社会认知理论视角下的分析

心理学家班杜拉提出了社会认知理论，其理论框架将人的认知因素、行为和所处环境放在一个动态系统中进行考察，建立了三方互惠的模型。个人因素(信念、期望、态度以及知识)、环境因素(资源、行为结果、他人、榜样、教师以及物理设置)与行为因素(个体的行动、选择以及口头陈述)三者之间互相影响①。三者之间紧密相连，交互影响力及其作用模式在不同的情境下会有不同的表现形式。根据这个模型可知，个人因素与行为之间相互影响。一方面，个体的期望、信念、态度、知识等主体因素影响着个体如何行动，起着强烈的支配和引导作用。行为结果的反馈也会影响并最终决定个体思维的内容与情绪反应。人所拥有的理性能力不会允许思维随意发散，而是要根据行为结果所反馈的信息对个体因素进行调整。另一方面，环境也会系统地影响甚至改变人的认知。人的信念、期待、情绪反应习惯、

---

① 张佳.差错管理氛围对主动变革行为的影响研究[D].华东师范大学，2019.

认知能力等的发展与变化，是榜样示范、社会劝导等社会影响力的结果。同时，人又以其生理的、心理的以及社会的主体特征影响他所在的社会环境①。

行为因素和环境因素之间也存在交互影响关系。行为是个体与环境之间的中介，个体通过行为来改变环境，使其适合人的需要，并改造人与环境之间的关系。因此，行为不仅会改造环境，而且受到个体需求的支配和客观条件的限制。而环境并不会主动地对行为产生影响，当人采取某种行为时，环境被影响之后才会做出反应，在被影响之前这个反应是潜在的。在行为因素和环境因素的交互影响下，人既是环境的产物，又是环境的创造者。

依据社会认知理论，容错纠错机制下差错管理氛围环境、个人信念、创新行为之间互相影响。差错管理氛围是个人对组织管理差错的相关理念和原则的共同感知，创新行为是个体的行为，创新自我效能感是个体对于自己能否取得创新成果的信念②，三者之间存在着交互影响的关系。创新自我效能感在差错管理氛围和创新行为之间起中介作用。个体感知到的正向差错管理氛围使创新自我效能感增强。员工的创新效能感越高，在应对创造性活动中遇到的困难和结果的不确定性时，会表现得更积极，从而有更好的创造力表现③。因此，容错纠错机制不仅营造了差错管理文化，而且能够有效提高领导干部的创新自我效能感，从而在工作过程中遇到困难时，能够勇于灵活调整，而非循规守矩，有较强的创新意识。

容错纠错制度对"错"有明确的定义，对差错的包容有合理的边界。在执行过程中，新区政府要将政策落到实处，激励敢为人先的干部进行积极

① 姜兆萍，张海滨.试论班杜拉的社会学习理论与人的发展[J].烟台教育学院学报，2003(02)：52-55，90.
② 朱颖俊，裴宇.差错管理文化、心理授权对员工创新行为的影响：创新效能感的调节效应[J].中国人力资源开发，2014(17)：23-29.
③ 顾远东，彭纪生.组织创新氛围对员工创新行为的影响：创新自我效能感的中介作用[J].南开管理评论，2010，13(1)：30-41.

的创新和探索。从分析过程中可以发现，容错纠错制度之所以能够促进工作创新，是因为鼓励创新且宽容失败导向下形成的正向差错管理氛围在组织内起着非常重要的作用。在正向的差错管理氛围下，个人差错认知发生了积极的改变，干部的心理压力减小，增强了成功创新的信心和为民服务的激情。并且，干部能更为深入地"嵌入"组织，形成长期且稳定的忠诚态度，大胆地发挥自身才能，与组织共同发展。在这样的组织中，具有不同思维方式的人都得到了心理鼓舞，领导干部在面对工作时调整了心态，形成了积极的差错取向，同时降低了对风险和困难的预估，在自我认知上会有更多的创新自我效能感，能够主动打破固定的思维方式。在实践中，干部的工作自主性得到了提高。领导干部还会感受到组织的支持和尊重，个体与组织之间的关系在工作关系和内心情感上都会变得更加紧密，领导干部更有归属感。组织内的创新环境可以从各个方面影响个体的态度和行为，从而鼓励领导干部进行思维创新，激励着领导干部进行实践探索。以激发创新思想为目的，制度应该成为探索的推动力，而不能束缚人的手脚。容错纠错制度能够从心理层面对人产生影响，由内而外地激发干部的创新精神，从根本上激发领导干部探索的积极性，勇于先试先行，实现个人与组织的双赢。

第四章　容错纠错的政策现状

国家级新区作为承担国家重大发展和改革开放战略任务的综合功能区，在容错纠错机制建设的过程中也发挥着改革创新的作用。建设国家级新区容错纠错机制，首先要在政策领域进行充分的探索。因此，本章重点探讨在国家级新区容错纠错机制建设的过程中，地方性容错纠错相关政策的现状、各新区的容错纠错政策的现状以及新区的特色政策。

第一节　地方性容错纠错政策的现状

在探究国家级新区容错纠错政策建设的状况前，首先要对地方性容错纠错政策建设的状况进行简要的梳理。

一、地方性容错纠错政策的出台状况

容错纠错政策制度的出台是一个逐步推进的过程。2018 年 5 月 20 日，中共中央办公厅出台的《关于进一步激励广大干部新时代新担当新作为的意见》是目前唯一的中央层面出台的有关容错纠错机制的政策。它将鼓励干部干事创业、考核评价、容错纠错、关心关爱等措施融为一体，为新时代的干部营造了敢担当敢作为的良好氛围。其中，对于容错纠错内容的阐述

也进一步细化,明确了"三个区分开来",提出了对错的认识与把握、容错的结果运用、澄清正名制度等内容,这一文件从而成为国家级新区与大多数省市出台容错纠错政策的指导性文件。2019 年 12 月国务院办公厅印发的《关于支持国家级新区深化改革创新加快推动高质量发展的指导意见》的第十六条指出:"要建立健全激励机制和容错纠错机制,培养担当敬业、干事创新的干部队伍。"这一意见与《关于进一步激励广大干部新时代新担当新作为的意见》共同成为国家级新区容错纠错机制建设的政策指导。

目前各级政府的容错纠错政策的出台进程不一,因此本节对地方性容错纠错政策的探究集中在省级层面。从省级容错纠错政策出台的时间来看:2015 年,甘肃省在全国范围内首先进行了容错纠错的先行探索;2016年和2017 年,有 5 个省份出台了相关政策;2018 年 5 月,在中央出台了《关于进一步激励广大干部新时代新担当新作为的实施意见》指导文件后,各个省份的容错纠错政策建设达到高峰。图 4-1 展示了地方性容错纠错政策出台数量的趋势。

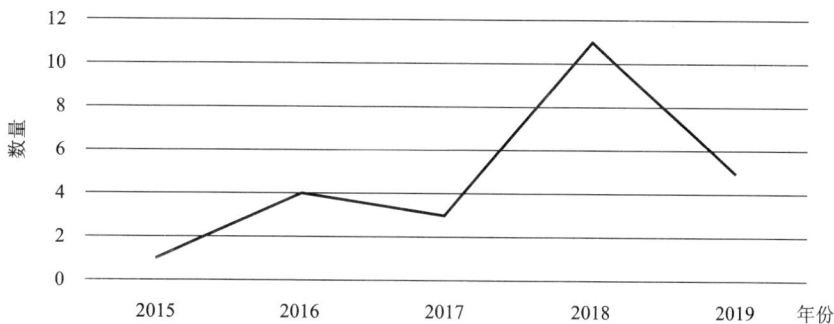

图 4-1　地方性容错纠错政策出台数量折线图

来源:作者根据从网络上收集到的资料绘制

截至 2019 年,共有 29 个省份在省级层面出台了党政干部容错纠错或含有容错纠错详细内容的政策制度,详细信息如表 4-1 所示。

表4-1　地方性容错纠错政策的出台状况

省份	时间	文件名称
甘肃省	2015 年	《甘肃省鼓励改革创新干事创业容错纠错实施办法(试行)》
	2018 年	《关于进一步激励广大干部新时代新担当新作为的实施意见》
	2019 年	《甘肃省鼓励改革创新干事创业容错纠错实施办法(试行)》
四川省	2016 年	《关于充分调动干部积极性激励改革创新干事创业的意见(试行)》
	2018 年	《关于进一步激励全省广大干部新时代新担当新作为的实施意见》
陕西省	2016 年	《陕西省党政干部容错纠错办法(试行)》
宁夏回族自治区	2016 年	《关于支持干部干事创业建立容错纠错机制的办法(试行)》
	2019 年	《关于响应"社会主义是干出来的"伟大号召 激励广大干部新时代新担当新作为的实施方案》
山西省	2016 年	《山西省支持干部改革创新合理容错办法(试行)》
浙江省	2016 年	《关于完善改革创新容错免责机制的若干意见》
	2019 年	《关于建立健全"干部为事业担当、组织为干部担当"良性互动机制的意见》
内蒙古自治区	2017 年	《关于建立容错纠错机制激励干部改革创新干事创业的意见》
	2018 年	《关于进一步关心关爱干部的意见》
江苏省	2017 年	《关于建立容错纠错机制激励干部改革创新担当作为的实施意见(试行)》
	2018 年	《江苏省进一步健全容错纠错机制的办法》
山东省	2017 年	《关于激励干部担当作为干事创业的意见(试行)》
	2018 年	《关于激励干部担当作为实施容错纠错的办法(试行)》
黑龙江	2018 年	《关于进一步激励广大干部新时代新担当新作为的实施意见》
吉林省	2018 年	《关于进一步激励全省广大干部新时代新担当新作为的实施意见》
	2019 年	《关于建立容错纠错机制激励干部担当作为的办法(试行)》
安徽省	2018 年	《关于进一步激励广大干部新时代新担当新作为的实施意见》
	2019 年	《安徽省党政干部容错纠错办法(试行)》

省份	时间	文件名称
新疆维吾尔自治区	2018年	《贯彻落实(关于进一步激励广大干部新时代新担当新作为的意见)的实施意见》
	2019年	《新疆维吾尔自治区干部容错纠错暂行办法》
福建省	2018年	《关于进一步激励广大干部新时代新担当新作为的实施意见》
上海市	2018年	《关于进一步激励广大干部新时代新担当新作为的实施意见》
广西壮族自治区	2018年	《关于进一步激励广大干部新时代新担当新作为的实施意见》
	2019年	《容错纠错办法(试行)》
云南省	2018年	《关于进一步激励广大干部新时代新担当新作为的实施意见》
	2020年	《云南省容错纠错办法(试行)》
河北省	2018年	《关于激励广大干部新时代新担当新作为的实施意见》
青海省	2018年	《关于进一步激励广大干部新时代新担当新作为的指导意见》
重庆市	2018年	《关于进一步激励广大干部新时代新担当新作为的实施意见》
海南省	2018年	《关于在海南全面深化改革开放中激励干部新担当新作为的实施意见》
湖北省	2018年	《关于进一步激励广大干部新时代新担当新作为的实施意见》
	2019年	《关于鼓励和保护干部干事创业的意见》
江西省	2018年	《关于进一步激励广大干部新时代新担当新作为的实施意见》
	2019年	《关于推行容错纠错机制的实施办法(试行)》《关于为受到不实举报对象澄清正名的实施办法(试行)》
贵州省	2018年	《关于进一步激励广大干部新时代新担当新作为的实施意见》
湖南省	2018年	《关于进一步激励广大干部新时代新担当新作为的实施意见》
	2019年	《关于建立容错纠错机制激励干部担当作为的办法(试行)》
河南省	2018年	《关于进一步激励广大干部新时代新担当新作为推动中原更加出彩的实施意见》
	2019年	《关于建立容错纠错机制激励干部担当作为的办法(试行)》
北京市	2020年	《关于激励干部担当作为实施容错纠错工作办法(试行)》
辽宁省		暂缺

续表4-1

省份	时间	文件名称
天津市	2018	《关于充分调动干部积极性激励担当作为创新竞进的意见(试行)》
广东省	2016	《关于落实"三个区分"原则激发省属企业改革创新活力的意见》
	2017	《关于贯彻"三个区分开来"治理为官不为的意见》
西藏自治区		暂缺

来源:作者根据从网络上收集到的资料绘制

从时间线上来看,2018年,出台数量出现了高峰,这表明在中央文件指导下,地方政府对容错纠错进行了有效的探索并产出了较为丰富的成果。从地域分布上来看,全国各地区普遍开展了容错纠错政策的探索建设,并无明显的地域差别。

目前,虽然仍有个别省份还未出台省级层面的容错纠错政策文本,但很多地级市与县级市已经出台了容错纠错政策,其中市一级出台的政策的数量最多。总结这些政策的出台状况,呈现出了"全面开花"和"上下贯通"的特点。第一,"全面开花"是指政策出台的范围大,几乎所有的内陆省份都已经从省级层面出台了容错纠错政策或相关政策,无论政策名称是否含有"容错纠错"的字样,其内容一定含有容错纠错工作的相关要件,这说明容错纠错工作在全国范围内已经得到了重视与推广。第二,"上下贯通"是指不同层级出台的政策之间的路径贯通,在实践中既有从省到市县的"自上而下"的出台路径,也有从市县到省的"自下而上"的出台路径。如西安市在陕西省《党政干部容错纠错办法(试行)》出台后制定了《西安市党政干部容错纠错实施细则(试行)》,在省级政策的基础上增强了可操作性。而四川省《关于充分调动干部积极性激励改革创新干事创业的意见(试行)》的出台就是典型的"下试上行"路径,它是基于广安市2008年出台的《规范澄清是非宽容失误的暂行办法》试行几年的实践经验,在2015年以后自贡市、巴中市、德阳市、资阳市以及眉山市等地相继出台的相关文件的基础上，集中各地市的经验智慧而出台的。这两种路径相互贯通，不同层级的发布主体之间可以相互借鉴经验，并保留自身特点，形成更加完善的容错纠错政策体系。

二、地方性容错纠错政策的内容框架

经过对各地政府网站与网络信息的整理，我们收集到公开的省级容错纠错政策文本 22 份，利用学术分析软件 NVivo11 对 22 份政策的内容进行语句分解与归纳，形成了对省级容错纠错政策内容的整体把握。地方性容错纠错政策的整体内容与架构可以总结为表 4-2：

表 4-2　地方性容错纠错政策内容体系

主要内容	详细说明	政策举例
什么是容错纠错	多份政策文本中重点强调容错纠错工作"容"的是在改革创新、先行先试工作中的犯的"错"	容错纠错是指对有关单位和个人在履职担当、改革创新过程中，未能实现预期目标或出现偏差失误，但符合法律法规和政策规定，勤勉尽责、未谋取私利的，不做负面评价，及时纠错改正，免除相关责任或从轻减轻处理
为何要容错纠错	容错纠错政策出台的动机主要是激励干部担当作为，增强创新改革活力，营造积极良好的发展环境	为深入贯彻习近平新时代中国特色社会主义思想和党的十九大精神，围绕"追赶超越"定位和"五个扎实"要求，努力营造锐意改革、勇于创新、敢于担当、合理容错的良好环境，充分调动全省干部干事创业的积极性，根据中央《关于进一步激励广大干部新时代新担当新作为的意见》等有关规定，结合我省实际，制定本办法

国家级新区容错纠错机制发展报告

主要内容	详细说明	政策举例
什么错可以容	容错边界：容错边界是指容错纠错工作的必要条件，即错的底线	经过对政策的归纳，有以下几条容错边界：未触碰法律与纪律底线、程序正当、非重复性错误、未谋取私利、未造成重大事故、无失职行为、无其他不予容错的情形等
	容错情形：容错情形是指在容错边界之内，容错纠错工作研判的具体错误类型	经过对政策的归纳，有以下集中容错情形：（1）主观型，改革探索、过失性错误、经验不足、未谋取私利、进行重大项目攻坚、主动纠错、追求工作效率；（2）客观性，程序正当、贯彻上级政策或在执行过程中前后政策规定模糊变动、突发紧急状况或自然灾害、历史遗留问题；（3）其他可以容错的情形
如何容错谁来容错	容错纠错的工作通常分为四个程序：①提出申请、②调查核实、③事实认定、④结果处理，不同的政策文本中程序或名称略有不同。容错纠错工作的主体主要以党委（党组）为领导，纪检监察和人事部门负责具体容错纠错工作	容错认定按照下列程序进行：（一）提出申请。……（二）调查核实。……（三）认定结论。……（四）结果反馈。……（五）资料报备。……各级党委（党组）要切实加强对容错纠错工作的组织领导，树立上级为下级担当、组织为干部担当、干部为事业担当的鲜明导向。各级党委（党组）主要负责同志要支持纪检监察机关、组织（人事）部门按照有关政策规定开展容错纠错工作

续表4-2

主要内容	详细说明	政策举例
容错的结果运用	容错的处理分为两大类：免责处理和追责处理。免责处理中，干部后续的考核提拔等不受影响；追责处理中可以适当减轻、从轻处理	对给予容错免责的干部，在以下方面同样看待、不受影响：1. 平时考核、年度考核、目标责任考核、绩效考核、任期考核、任职试用期满考核等各类考核；2. 干部提拔任用、职级职称晋升；3. 评先评优、表彰奖励；4. 党代表、人大代表、政协委员和后备干部资格。对给予容错酌情从轻、减轻处理的干部，有影响期的，期满后根据工作需要和干部的德才素质、现实表现，按照有关规定，及时合理安排使用
纠错制度	有部分省份在政策中明确了纠错机制，做好了容错的"后半篇文章"	坚持有错必纠、有过必改，对苗头性、倾向性问题早发现早纠正，对失误错误及时采取补救措施，帮助干部吸取教训、改进提高。做出容错免责决定时，要提出纠错要求，责令限期整改，并采取适当方式跟踪了解整改情况。对整改不力或拒不整改的，按照有关规定予以问责
配套机制	大多数省份的政策在容错纠错工作的基础上又配套制定了相关机制：问责机制、关心关爱、谈心谈话、澄清保护、防错机制、部门协同等	完善保护机制。建立举报线索综合研判机制，建立澄清、保护等制度，落实函询回复采信制度。规范问责机制……建立回访机制，加强对被问责干部的后续管理、关心帮助。落实谈心谈话制度。各级党组织按照干部管理权限，有计划地与所管理的干部谈心谈话，每年至少谈话一次。建立干部关爱机制。坚持严管和厚爱结合，政治上激励、工作上支持、待遇上保障、心理上关怀、生活上关心，最大限度提升干部干事创业精气神。改善基层干部工作生活条件。建立完善关爱救助干部长效机制

来源：作者根据从网络上收集到的资料绘制

从对于 22 份政策内容的解读来看，省级层面的容错纠错制度已经较为完备。以上框架体系也构成了省级层面对容错纠错工作的共识，包括容错纠错的概念和目的、"错"的区分和判断、容错纠错的程序与结果运用，以及配套机制的建设等内容。地方政府对容错纠错工作在认识上也存在一定差别。例如，不同省份之间在"什么错可以容"这一问题上仍然存在分歧。一方面，有些省份的政策模糊了容错边界和容错情形的概念，没有区分容错的必要条件和充分条件；另一方面，不同省份对于错误边界和错误情形的规定也不尽相同，使得对于错的把握出现了宽严不同的尺度。另外，有些省份的政策同时配套设置了结果运用、关心关爱、澄清正名等内容，形成了容错纠错机制，而有些省份的内容仅对容错纠错工作加以规定，还未开始机制建设。

总体而言，省级层面容错纠错政策的出台是对中央精神的领会贯彻，体现了地方政府在中央文件精神指导下对容错纠错工作的探索创新。容错纠错制度的建立破除了干部"不敢为"的思想禁锢，为干部干事创业提供了宽容的环境，推动了新时代的改革创新工作。同时，多数省级政策文件在2018 年中央文件的基础上完善了工作方案与实际操作流程，为各地区容错纠错政策的出台与容纠工作的开展提供了参考与指导。

第二节　国家级新区容错纠错政策的现状

在中央与各地方政府相继发布容错纠错相关政策文本的过程中，各国家级新区也在不断探索与容错纠错相关的政策，并与其所在的省市级政府相互借鉴、共同发展。通过对网络信息的检索与前期线下对各新区的调研访谈，我们获取了国家级新区的容错纠错政策文本，本节重点分析国家级新区容错纠错政策建设的现状与内容特点。

一、新区容错纠错政策建设的状况

中央提出要建立系统的容错纠错机制以来，全国 19 个国家级新区的纪工委通过廉政党课、中心组学习等形式，组织各新区内党员干部认真学习《中央办公厅关于进一步激励广大干部新时代新担当新作为的意见》和国务院办公厅《关于支持国家级新区深化改革创新加快推动高质量发展的指导意见》，各新区积极贯彻当地上级政府出台的容错纠错实施办法，在此基础上出台了各新区层面的容错纠错机制政策文件。例如，在中共湖南省委办公厅 2018 年印发《关于进一步激励广大干部新时代新担当新作为的实施意见》之后，湘江新区于 2019 年印发了《关于激励广大干部新时代新担当新作为的实施意见》，明确了新区干部干事创业过程中涉及的选拔任用、绩效考核、干事创业防错、容错纠错、风险备案、澄清保护以及关心关爱干部等机制。中共江苏省委办公厅在 2018 年印发《江苏省进一步健全容错纠错机制的办法》之后，江北新区的《江北新区进一步健全干部创业容错纠错机制的实施办法（试行）》等"1+3"系列文件也出台落地。

国务院办公厅在 2020 年发布了《关于支持国家级新区深化改革创新加快推动高质量发展的指导意见》，对国家级新区的改革创新发展提出了七个方面十七条的指导意见，在第十六条中指出"要建立健全激励机制和容错纠错机制，培养担当敬业、干事创新的干部队伍"。这为国家级新区的容错纠错工作提出了进一步的指导方向，容错纠错在改革创新工作中的作用也更加重要。在此指导意见出台之前，16 个新区出台了明确的容错纠错相关政策，部分新区已经建立了比较完善的容错纠错机制，充分展现了国家级新区在改革创新进程中大胆开拓地走在前列的作风与精神。表 4-3 是截至 2020 年国家级新区容错纠错政策的出台状况。

表4-3　国家级新区容错纠错政策的出台状况

国家级新区	出台时间	文件名称
1. 西海岸新区	2014 年	《青岛市黄岛区(西海岸新区)关于进一步激励干部干事创业的办法》
	2015 年	《青岛西海岸新区干事创业容错免责庸政懒政严肃追责暂行办法》
	2017 年	《关于为被错告诬告陷害党员干部澄清正名的实施办法》
	2020 年	《深化运用监督执纪"第一种形态"工作实施办法(试行)》
		《关于对受处分人员开展关爱回访工作的实施办法(试行)》
2. 西咸新区	2016 年	《关于建立党员干部改革创新容错免责机制的实施办法(试行)》
3. 浦东新区	2016 年	《浦东新区机关工作人员作风问责和容错免责实施办法(试行)》
4. 滨海新区	2016 年	《滨海新区激励干部改革开放创新勇于担当容错免责实施办法(试行)》
		《滨海新区干部容错免责评审工作细则》
	2019 年	《滨海新区激励干部新时代新担当新作为容错免责实施办法(试行)》
5. 舟山群岛新区	2016 年	《舟山市机关工作人员改革创新容错免责机制的实施办法(试行)》
		《关于明确新区建设改革创新容错免责启动程序流程的通知》
	2019 年	《关于建立对受处分党员干部回访关爱制度的实施意见》
6. 南沙新区	2016 年	《中共广州南沙开发区(自贸区南沙片区)工委中共广州市南沙区委关于落实"三个区分"大力支持先行先试探索创新的若干意见(试行)》
	2019 年	《关于贯彻"三个区分开来"治理为官不为建立容错纠错机制激励担当作为的实施意见》
		《关于贯彻落实"三个区分开来"治理为官不为建立容错纠错机制激励担当作为的实施方案(试行)》

国家级新区	出台时间	文件名称
6.南沙新区	2020年	《2020年南沙区关于贯彻落实"三个区分开来"治理为官不为健全容错纠错机制激励担当作为的实施方案》
7.兰州新区	2016年	《中共兰州新区工委会关于支持保护和激励党员干部改革创新担当有为的意见》
	2019年	《兰州新区纪工委监工委关于查处诬告陷害类信访举报为干部澄清正名暂行办法》
8.两江新区	2016年	《两江新区支持改革创新容错纠错办法(试行)》
9.贵安新区	2017年	《贵安新区容错纠错实施办法(试行)》
	2019年	《贵安新区改革试点容错纠错实施办法》
10.天府新区	2017年	《天府新区关于建立容错纠错机制进一步激励干部改革创新干事创业的实施办法》
11.金普新区	2017年	《金普新区党政干部容错免责暂行办法》
12.湘江新区	2017年	《湖南湘江新区机关事业单位岗位廉政风险等级》
	2018年	《推进领导干部选拔任用工作条例(试行)》
	2020年	《关于开展容错纠错工作的实施办法(试行)》
		《关于开展改革创新风险备案工作的实施办法(试行)》
		《关于廉政风险防控动态管理工作的实施办法(试行)》
		《对受处分人员关爱回访工作办法(试行)》
		《中共湘江新区纪律检查工作委员会失实检举控告澄清工作办法(试行)》
13.赣江新区	2018年	《赣江新区关于建立容错纠错机制激励干部改革创新担当作为的实施意见(试行)》
14.哈尔滨新区	2019年	《哈尔滨新区江北一体发展区容错纠错免(减)责实施细则(试行)》
15.江北新区	2019年	《江北新区进一步健全干事创业容错纠错机制的实施办法(试行)》

续表4-3

国家级新区	出台时间	文件名称
16. 长春新区	2020 年	《长春新区鼓励担当作为激励干事创业容错纠错实施办法(试行)》
目前无明确政策出台的新区：福州新区、滇中新区、雄安新区		

来源：作者通过网络收集、各新区调研、部分新区线上反馈整理绘制

　　按照各国家级新区首次出台容错纠错政策的时间以及近几年在容错纠错政策领域的探索进度两个维度考察，可以将 19 个国家级新区分成四种类型(如图4-2 所示)：①发展较早不断完善：西海岸新区、滨海新区、舟山群岛新区、南沙新区、兰州新区、贵安新区；②发展较早完善较慢：西咸新区、浦东新区、天府新区、金普新区；③发展较晚不断完善：湘江新区、哈尔滨新区、江北新区；④发展较晚完善缓慢：赣江新区、长春新区、福州新区、滇中新区、雄安新区、两江新区。尽管通过线下调研发现存在容错纠错实践与政策建设不同步的状况，但是这一分类依然体现了国家级新区在容错纠错政策建设中的不同进度，尤其是在一定程度上反映了不同的国家级新区对容错纠错机制建设的重视程度。

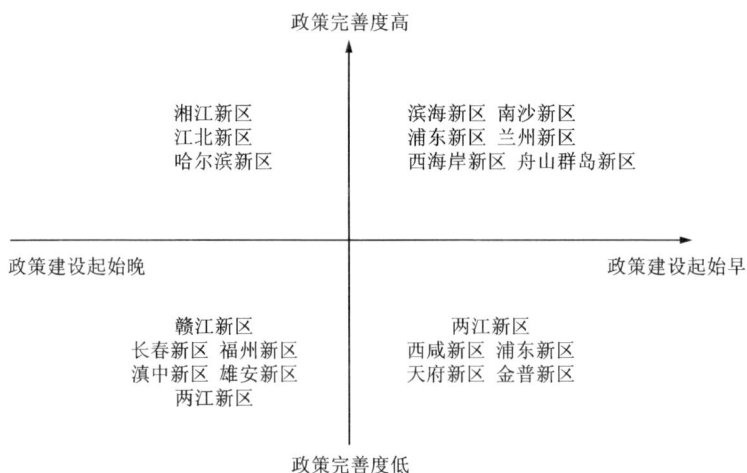

图4-2　国家级新区容错纠错政策建设的现状

来源：作者通过网络收集、各新区线上反馈整理绘制

总结表4-3与图4-2的内容可知，国家级新区容错纠错政策的总体建设状况呈现出以下几个特点：

（1）先行先试。2016年，中央首次提出建立容错纠错机制，明确要"宽容干部在工作中特别是改革创新中的失误"。从16个已出台容错纠错政策的新区来看，相较于多数省级层面的政策集中在2018年左右出台，有11个新区在2018年之前就已经完成了容错纠错政策的探索。这表明国家级新区能够快速领会消化中央政策精神，同时能够彰显出干部队伍建设对于新区改革创新的重要性。例如，西海岸新区在容错纠错理念提出之初就进行了大胆的尝试并进行了制度化，甚至早于中央对容错机制的思考，体现出了国家级新区在制度建设方面先行先试的先进理念。

（2）逐步完善。部分新区在出台容错纠错政策之后，结合容错纠错工作的实际开展状况又进行了完善与修订，将工作中的经验融入政策中。以南沙新区为例，2016年出台了政策，规定了12类容错情形，2019年创新推出容错正面清单，将10类61种情形划入"容错白名单"，将6类22种情形划入为官不为的负面清单。2020年，南沙新区又根据新的发展目标与实际状况进行了更新，出台了新的正负面清单。一方面，政策的逐步完善体现出国家级新区对容错纠错机制建设理念的认识不断深化；另一方面，容错纠错政策的不断更新体现了容错纠错工作的深入开展，为政策的发展提供了宝贵的实践依据。

（3）机制健全。目前，国家级新区已经出台的容错纠错政策不仅在容错纠错方面有完善的规定与探讨，多个新区配套建设了澄清正名、关心关爱、鼓励激励、"四种形态"、风险报备、问责等机制，形成了完备的容错纠错机制，为新区干部改革创新干事创业营造了宽容氛围。

国家级新区容错纠错政策出台的时间普遍较早，且处于动态发展的过程中，建立了日益完善的容错纠错机制，体现了国家级新区在机制建设领域的领先作用。容错纠错政策的出台为新区干部打造了干事创业的舞台，对新区经济与社会建设起到了助推作用，同时也为全国各省市容错纠错制度的建设提供了良好借鉴。

二、新区容错纠错政策的内容剖析

根据前期的实地调研结果，在目前已经出台容错纠错政策的 16 个新区中，我们获取到了 15 个新区的完整的容错纠错政策文件。为了进一步探究国家级新区容错纠错政策的内容，借助学术分析工具 NVivo11 对 15 份政策文本内容进行解构编码，提取出国家级新区容错纠错政策中的相似点与不同点。本小节通过对 15 份新区容错纠错政策的编码，按照容错纠错内容体系和容错纠错工作流程两个方面对新区政策文件进行梳理。

(一) 容错纠错内容体系

容错纠错内容体系是以容错纠错工作为核心，配有澄清正名、关心关爱、风险报备、防错纠错、问责等工作的完善体系。如图 4-3 所示，容错纠错、干部能上能下、鼓励激励构成了三项机制，是推动干部大胆干事创业的推动力。除了容错纠错工作之外，还配套建设了一系列机制。从事前角度来看，风险报备制度提出了风险预警，要报备可能存在的工作风险；防错机制能够针对干部在工作过程中容易犯的错误提前警示，减少失误概率。从事中角度来看，四种形态与容错纠错相结合，可以开展多种形式的容错纠错。从事后角度来看，对于容错的干部进行澄清正名和关心关爱，体现了对干部的人文关怀，能够消除干部的后顾之忧；对不予容错的干部要进行减责处理并开展纠错处理，坚决不能容的错误要给予问责。这几项配套机制围绕着容错纠错这一核心，共同构成了完善的容错纠错机制，同时形成了三项机制中的重要一环，成为干部干事创业的底线保障。

容错纠错完善的内容体系构成了容错纠错工作所需要的环节与流程，同时也形成了三项机制中的完整一环。与省级容错纠错政策内容相比，国家级新区的政策体系更加完善、流程更为科学，同时融入了许多创新机制，体现了国家级新区在政策探索中的先行作用。

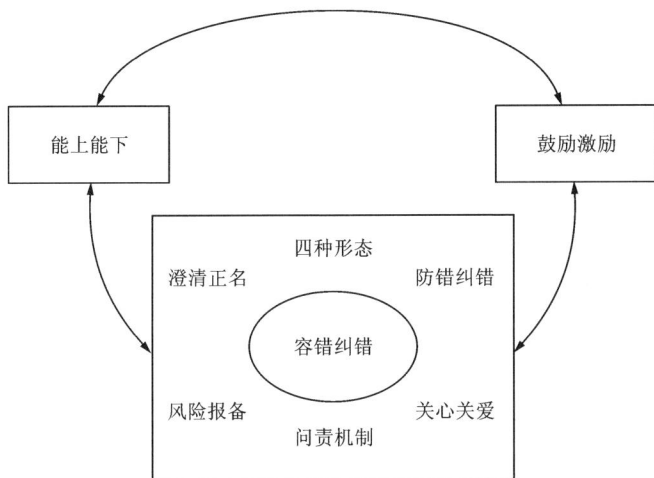

图4-3　国家级新区容错纠错政策内容体系

来源：作者根据15份国家级新区容错纠错政策文本内容整理绘制

(二)容错纠错程序

容错纠错程序可分为五个环节(具体流程参见图4-4)：启动/申请—调查核实—结果认定—结果反馈—结果运用，五个环节前后衔接、相互贯通。启动/申请程序是容错纠错工作的起点，启动和申请分别代表自上而下和自下而上的两种通道，保障容错纠错工作能够顺利开展。调查核实阶段是容错纠错工作的主体和关键，对"错"的判断会直接决定案件性质以及处理结果。结果认定要基于调查核实工作的结论，通常要形成书面容错认定结果与报告说明书，以此作为对当事人和当事单位进行结果反馈和解释说明的材料。结果运用是容错纠错工作的终点，也是其他工作——如后期需要开展的关心关爱、澄清正名等——的起点。这套程序中的五个环节相互贯通，形成了完整的容错纠错工作流程。需要指出的是，通过实地调研也发现，在实际工作过程中，也存在程序省略或融合的情况，部分新区在完成结果运用环节后，无后续关爱与澄清工作，尚未形成完善的容错纠错机制。

国家级新区容错纠错程序

同步建设防错机制、风险报备机制、"四种形态"结合机制等

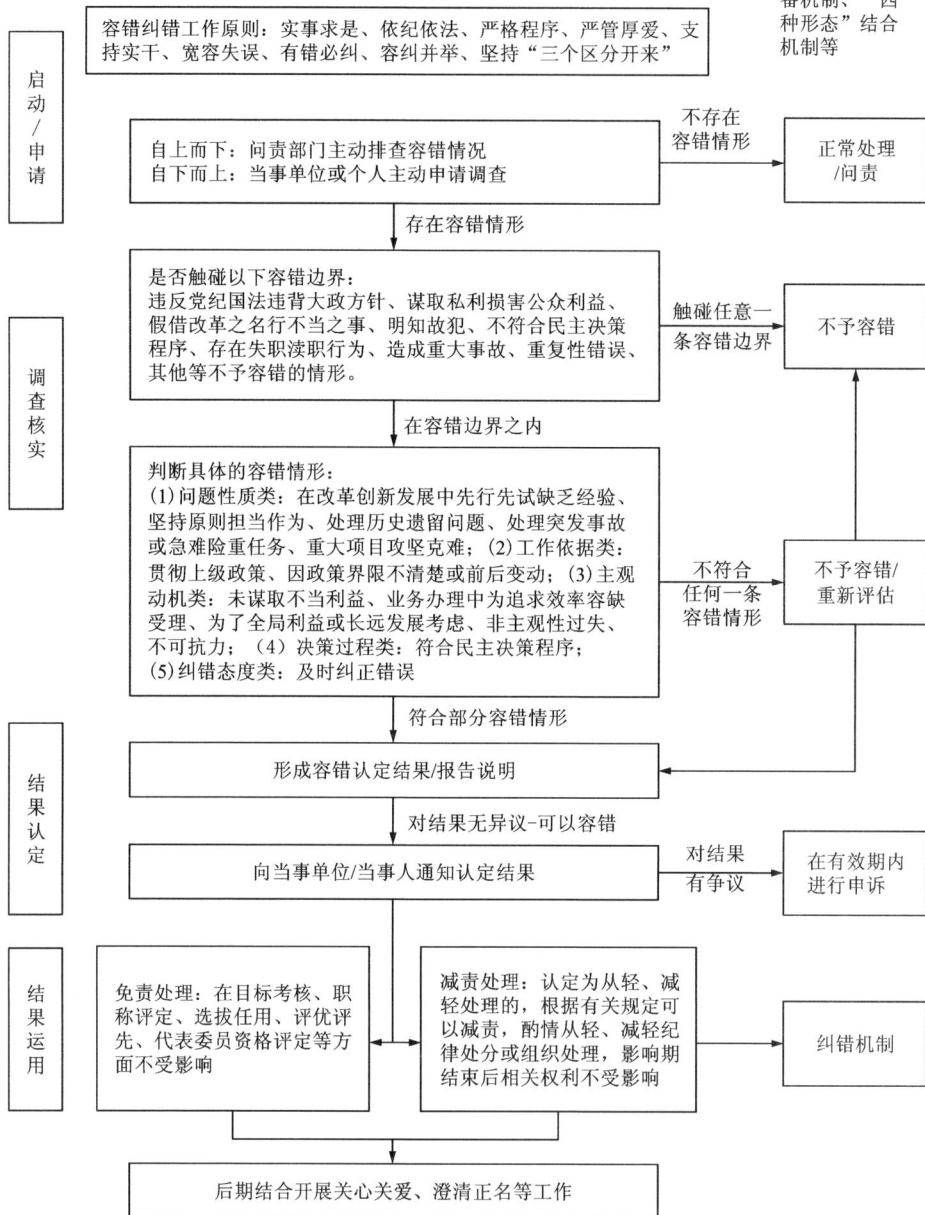

容错纠错工作原则：实事求是、依纪依法、严格程序、严管厚爱、支持实干、宽容失误、有错必纠、容纠并举、坚持"三个区分开来"

启动/申请

自上而下：问责部门主动排查容错情况
自下而上：当事单位或个人主动申请调查

不存在容错情形 → 正常处理/问责

存在容错情形

调查核实

是否触碰以下容错边界：
违反党纪国法违背大政方针、谋取私利损害公众利益、假借改革之名行不当之事、明知故犯、不符合民主决策程序、存在失职渎职行为、造成重大事故、重复性错误、其他等不予容错的情形。

触碰任意一条容错边界 → 不予容错

在容错边界之内

判断具体的容错情形：
(1)问题性质类：在改革创新发展中先行先试缺乏经验、坚持原则担当作为、处理历史遗留问题、处理突发事故或急难险重任务、重大项目攻坚克难；(2)工作依据类：贯彻上级政策、因政策界限不清楚或前后变动；(3)主观动机类：未谋取不当利益、业务办理中为追求效率容缺受理、为了全局利益或长远发展考虑、非主观性过失、不可抗力；(4)决策过程类：符合民主决策程序；(5)纠错态度类：及时纠正错误

不符合任何一条容错情形 → 不予容错/重新评估

符合部分容错情形

结果认定

形成容错认定结果/报告说明

对结果无异议-可以容错

向当事单位/当事人通知认定结果

对结果有争议 → 在有效期内进行申诉

结果运用

免责处理：在目标考核、职称评定、选拔任用、评优评先、代表委员资格评定等方面不受影响

减责处理：认定为从轻、减轻处理，根据有关规定可以减责，酌情从轻、减轻纪律处分或组织处理，影响期结束后相关权利不受影响

纠错机制

后期结合开展关心关爱、澄清正名等工作

图4-4 国家级新区容错纠错工作程序图

来源：作者根据15份国家级新区容错纠错政策文本内容绘制

三、新区容错纠错政策的内容特点

在对国家级新区容错纠错政策文本内容进行分析之后，我们总结出了国家级新区容错纠错政策的内容特点。它集中反映出了在容错纠错工作的探索过程中，国家级新区敢于依靠实践不断创新的工作作风。

（一）国内标杆

国家级新区的容错纠错政策文本不但在出台时间上走在国内前列，在很多内容的探索与创新上也是国内容错纠错工作的标杆。例如，2015年西海岸新区发布了国内第一份容错纠错政策文件，其中详细地提出了七种容错具体情形："1. 积极主动落实工委区委、管委区政府的领导批示、决策部署，所做工作有利于新区改革、发展、稳定的；2. 经过民主决策程序，没有为个人、他人或单位谋取私利的；3. 为了破解难题、推进工作，创新方式方法、突破固有模式的；4. 积极、主动、及时解决项目推进中出现的问题，按有关规定进行容缺受理、容缺审查，促进项目快办理、快开工的；5. 对突发事件的处置及其他急难险重工作不推诿、主动承担的；6. 对历史遗留问题和职责不明确事项不拖不靠，想方设法解决的；7. 其他认为应当免责的情形。"西海岸新区在中央"三个区分开来"的基础上首次提出具体的容错情形，而其他新区与省份的容错纠错文件中的容错情形大多也是在这七种情况的基础上进行的补充与完善。这表明国家级新区对干部建设工作保持着高度的敏感与形势感知意识，而且在政策落实过程中有着有益的探索与创新。

（二）差异显著

不同的国家级新区容错纠错政策虽存在大量共识，但也存在一定的分歧，主要分歧点表现在以下方面（见表4-4）：

表4-4 国家级新区容错纠错政策内容的分歧点

指标	区别	文本举例
前置条件	无	长春新区：容错纠错是指对有关单位和个人在履职担当、干事创业过程中出现的……
	粗略	天府新区：本办法所称容错纠错是指单位或个人在改革创新、破解难题、先行先试方面……
	详细	贵安新区：容错纠错是指当事人（单位或个人）在推进新区高端化、绿色化、集约化发展，开展土地、金融、财税、投融资、用人、生态环保、营商环境等领域改革试点过程中出现失误或错误。
容错边界	宽松	西海岸新区：没有发生重大安全生产责任事故、重大群体性事件以及其他严重损失或恶劣影响的事件，予以容错免责。
	严格	滨海新区：明确八种不予容错情形
配套机制	完善	湘江新区：建立容错纠错、关爱回访、风险备案、澄清保护等机制。
	缺乏	西咸新区：仅局限在容错工作，缺乏其他配套制度
容错程序	简易	赣江新区：对干部在工作中特别是改革创新中的失误错误进行容错，一般按以下程序进行：（一）启动……（二）调查……
	复杂	西咸新区：（一）申请；（二）核实；（三）认定；（四）暂缓；（五）报备。

来源：作者根据15份国家级新区容错纠错政策文本内容绘制

此外，不同新区对于容错情形的规定也存在一定差别。例如，滨海新区的六种容错情形中的每一条都有特定的前置条件："在打造服务京津冀协同发展示范区攻坚行动中，努力推动世界一流港口、绿色港口建设，积极主动承接非首都功能疏解，但由于外在因素或体制机制限制，出现失误、未能达到预期效果的。"分歧的存在一方面说明各新区能够结合自身实际构建多元化的政策。由于各新区的战略定位和发展目标存在差异，新区内的工作特性有别，不同的容错情形能够更加贴合各新区的实际情况。新区根据自身的工作特点制定容错情形，更加实用灵活，更有利于容错纠错工作的开展。另一方面，分歧的存在也说明国家级新区在容错纠错工作中存在核心概念认识模糊、容错标准宽严不齐等问题，这恰恰是容错纠错工作未来应该逐步明晰的事项。

(三)亮点突出

不同新区结合自身实情开展容错纠错工作，政策亮点突出。目前出台的国家级新区容错纠错政策中出现了很多在制度探索过程中的亮点。例如，滨海新区的地区分离机制、湘江新区的风险报备制度、湘江新区的监督与追责制度、南沙新区的正负面清单制度等。这些都是各新区提出的创新性机制，能够对未来容错纠错工作提供探索方向与借鉴经验，具体分析会在下一节详细展开。

总体而言，国家级新区在容错纠错政策建设方面具有出台速度快、更新进程快、内容体系相对完善等特点，各国家级新区在建设容错纠错政策方面已经具有了各自的实践经验，且总体领先于其他地方性政策建设的进度。这与国家级新区本身的功能定位是相关的，即国家级新区承担了优先发展经济的作用。在这个过程中，为企业提供便捷良好的营商环境需要新区全体工作人员和干部的敢作敢为、大胆尝试，需要倒逼所有新区为干部创造充满激励性、宽容性的工作环境。

第三节 国家级新区的特色容错纠错政策

在国家级新区容错纠错政策建设的过程中，有很多具有创新探索性质的政策条例，体现了新区的智慧。本节以滨海新区、南沙新区、湘江新区、西海岸新区、长春新区为例，介绍在容错纠错政策建设过程中涌现出的政策创新点与特色。

一、滨海新区——区内有别

滨海新区于2016年制定了容错纠错工作实施办法，并结合实际工作不断进行了完善，形成了目前实行的《滨海新区激励干部新时代新担当新作为容错免责实施办法（试行）》。该《实施办法》亮点颇多，值得关注的是其第三章的内容。

在该《实施办法》中，第二章明确了15种免责情形、4种减责情形、8种不予容错的情形，实施对象为滨海新区全区的党政机关和法定机构等。第三章鉴于自贸试验区和五大开发区在滨海新区经济发展中的地位和作用，单独对自贸试验区和五大开发区的容错免责做出了相对宽泛的要求，在第二章所列可以申请容错免责事项的基础上，增加了有关产业发展、深化改革、市场发展和营商环境改善等方面可以申请容错免责的情形。"对自贸试验区和各开发区的容错免责，除上述情形之外，采取相对宽泛的标准。"这就将滨海新区的自贸试验区与各开发区等具有经济发展与经济管理功能的主体与普通行政机关区别开了，给予了自贸区与开发区更宽泛的容错标准，实际上增强了经济区主体行使职权的能力与权力范围。这样的分离制度体现了滨海新区将自贸区与开发区视为新区之"新区"的设计，表明了经济建设对滨海新区的重要意义。同时，对自贸区与开发区的放宽标准也并非放任不管。与第二章相比，增加的五种容错情形每一条都具有详细严苛的前置条件与边界，如："在抢占产业链制高点，大力扶持智能科技、高端装备制造、生物医药、集成电路、5G、融资租赁等产业，促进高新技术企业发展中，制定优先发展政策，采取特殊支持手段，现有制度规定没有明文禁止，或虽有限制性要求，但与形势发展相脱节的。"这一情形本质上仍然是对"制度创新"这一行为的容错，但却限定为具体的服务产业，限定了相关的工作目的。虽然针对自贸区和开发区增加了五种容错情形，但是也设置了更为详细的边界，容错的范围也仅限为推动经济发展这一行为，保证了自贸区与开发区在合法边界之内具有更多的行动自主权。

大多数国家级新区都同时具有社会管理与经济管理的职能，但推进经济发展与社会治理工作的难点和重点有所不同。滨海新区将不同的功能区剥离开来，再根据工作性质的特点设置了不同的容错情形，将容错纠错"定制化"，形成了区内有别的容错纠错工作机制。这既能使干部在实际工作中有更规范的行动指南，也使得容错纠错工作更加具有侧重点。其难点在于在政策制定的过程中如何因区制宜，这是政策制定部门应该思考的。除了将不同功能区的容错情形分开之外，滨海新区也特别区分了"免责"和"减责"这两种情况，并列出了 15 种免责情形和 6 种减责情形，进一步对容错纠错内部的相关概念进行了完善的界定。

二、南沙新区——正负面清单制度

2016 年南沙新区在广州市率先出台《落实"三个区分开来"大力支持先行先试探索创新若干意见》，通过制度创新，焕发干部干事的创业激情。2019 年，根据中央、省、市相关精神，南沙新区将原来的原则性意见细化为具体行为规范，出台了贯彻落实"三个区分开来"的实施意见和年度试行方案，构建了"正面清单激励、负面清单问责"的工作机制。2020 年，又针对试行过程中发现的部分清单表述相对笼统、针对性不强、覆盖面不够广等问题，在广泛征集清单内容、座谈交流、研究修改、征求意见、集体讨论的基础上，进一步修订实施方案，更新了正负面清单（正负面清单节选见表 4-5），确保清单的每一项内容清晰具体、有时限、可衡量，更具现实性、指导性和可操作性。

实施方案明确了适用对象，划分了 3 类 15 种容错情形、职责分工、治理范围，列明了涵盖创新探索、湾区建设、营商环境、政商关系、行政行为、人事人才、城乡治理等 7 类 51 项的容错纠错正面清单，以及涵盖重大项目、环境保护、违规整治、乡村振兴等 5 类 35 项治理为官不为负面清单。在实施方案中，容错情形就是"定范围"，正负面清单就是"划重点"。两者结合既突出了重点工作任务，又打破了清单无法面面俱到的局限性。

南沙新区的行为清单制度是容错纠错机制实践中的一个创新。行为清单将本年度的工作任务、目标与容错情形结合，做到了奖优罚劣，鼓励真抓实干、担当作为，将"两个维护"落实到了深化改革创新、推动经济社会高质量发展的具体行动中。值得注意的是，行为清单制度可能造成干部的日常工作以行为清单为准绳，行政行为仅局限于负面之上、正面之下。但是，总体来说，南沙新区正负面清单制度创新了容错情形的新形式，丰富扩大了容错的内涵，是国家级新区在探索容错纠错工作中的一个创新点。

表4-5　南沙新区正负面清单节选

治理为官不为负面清单		
类型	序号	行为清单
重大项目	12	12月底前，为实现规模以上工业企业研发机构覆盖率超47%。
环境保护	19	12月底前，未完成建设污水管网34.11公里目标。
民生实事	23	12月底前新增公办学校不足3所，新增优质学位不满7000个。
违建整治	30	12月底前，未完成全年拆除违建400万平方米目标
乡村振兴	35	12月底前，未完成村级工业园整治提升"三个一批"项目80公顷以上。
容错纠错正面清单		
创新探索	1	先行先试探索社会信用体系建设、信用领域创新、信易+应用等有关工作中出现的失误或错误。
	9	在海岸带保护与综合示范区等创新工作中出现的失误或错误。
湾区建设	20	根据省、市、区关于大湾区发展的决策部署，积极贯彻落实《粤港澳大湾区发展规划纲要》，要探索粤港澳三地标准化、认证检验检测创新工作方面出现探索性失误或未达到预期效果。
营商环境	24	推进"一照一码走天下"改革、建立"湾区通"企业登记和监管互认机制、"易注册"系统建设等先行先试工作出现的失误或错误。
政商关系	31	在推进招商引资过程中，经批准后利用我区自然环境、资源进行宣传推介。
行政行为	37	在策划实施产业扶贫项目过程中，事前已经过充分可行性调研分析，但因非主观因素导致的失误或错误。
人事人才	43	在开展招聘港澳籍专业人才、高层次人才引进等人才队伍建设探索创新的工作中，由于政策不够明确等原因出现的失误或错误。
城乡治理	50	由于野鸟迁徙、运输传入等非主观或不可预见因素造成外源性输入重大动物疫情。

来源：《2020年南沙区关于贯彻落实"三个区分开来"治理为官不为健全容错纠错机制激励担当作为的实施方案》

三、湘江新区——风险备案制度/监督与追责机制

湘江新区在容错纠错政策机制建设的过程中涌现出了多个创新点，并且不同的创新做法相互融合，形成了一个完整的有机体。本小节重点分析风险备案制度、监督与追责制度。

湘江新区在推进容错纠错体系建设中，为充分调动和保护新区干部改革创新、敢闯敢干、先行先试的积极性、主动性和创造性，深化容错纠错机制的运用，制定了改革创新风险备案制度。风险备案制度是指对工作中有较大突破性、探索性的改革创新事项，只要不触犯党规党纪和法律、行政法规禁止性规定，相关单位严格按有关规定，进行民主决策，进行风险评估论证，经新区管委会分管领导审核同意的，可向纪工委（监察室）进行改革创新风险备案。改革创新风险备案制度明确了六个报备范围、三条实施步骤和纪律监督的事项。报备范围举例："在产业发展、招商引资、项目建设、征地拆迁、土地供应、国际贸易、股权投资、基金管理、污染防治、城乡规划、精准扶贫、国企经营管理以及新区管理机构选人用人、绩效激励等方面的开拓性、创造性举措"。

风险报备的范围与容错纠错的情形大致重合，但风险报备是在事前进行的风险评估与预判，将防错工作融入进来，提高干部在干事过程中的警惕性与防范意识，减少失误的产生。风险报备制度的提出表现出了国家级新区在容错纠错制度探索中的超前意识与事前思维，能够鼓励广大干部在工作中开拓创新、担当实干，提前进行事态风险的预判报告，最大化地减少可能出现的损失，提高干部干事的能动性。改革创新风险备案制度是具有积极意义的一个探索。

监督与追责制度同样展现了湘江新区在政策建设中的创新精神。湘江新区的《关于廉政风险防控动态管理工作的实施办法（试行）》建立了监督与追责制度，政策指出："廉政风险防控动态管理工作在新区党工委、管委会的统一领导下进行，各级党组织主要负责人是第一责任人，要对本单位

廉政防控动态管理工作负总责，领导班子其他成员要切实履行'一岗双责'，认真抓好分管范围内的廉政风险防控动态管理。各级纪检监察机关要切实履行组织协调和监督检查职能，积极协助党组织抓好协调指导、监督检查、工作评价和考核评估等工作，确保廉政风险防控动态管理各项工作落到实处。要分级分层落实廉政风险防控动态管理责任，建立覆盖全面、权责相宜、责任明确的责任体系。"《关于廉政风险防控动态管理工作的实施办法(试行)》还对失职渎职以及不履行监管责任的行为进行了责任认定。这一制度实际上是对容错纠错工作的再容错纠错，即针对容错纠错的工作过程进行监督追责，属于事中监督，可以保证容错纠错工作尽量不出错。这一制度保证了容错纠错工作本身的公正廉洁，也保障了容错纠错处理结果的正当性，守护了容错纠错工作的底线，体现了湘江新区在容错纠错制度建设中的严谨性。

四、西海岸新区——护航政务新生态

西海岸新区容错纠错工作的亮点体现在与新区工作的深度融合上。2020年5月，西海岸新区开展打造精简高效政务新生态改革攻坚行动和护航政务新生态监督整治专项行动，通过梳理落实两个行动"五张清单"的目标任务，对新区营商环境实施改革攻坚，并对落实具体措施进行了严格监督，进一步建设一流营商环境，高质量打造精简高效政务新生态。

打造精简高效政务新生态的改革攻坚行动，立足于对标国内最高标准、最好水平的目标，实行清单管理、坚持重点突破，把企业和群众感受作为第一评价。行动围绕打造精简高效政务新生态，分别制定了改革攻坚任务清单、涉企惠企政策落实清单、高频和重点民生服务事项优化清单等"目标清单"。为确保行动的开展，西海岸新区对照攻坚任务台账实行一周一调度、一月一认定，销号管理、跟踪问效。坚持激励与惩戒并举，开展护航政务新生态监督整治专项行动，并出台了《护航政务新生态监督整治专项行动攻坚方案》，提出了两张"措施清单"，包括"打造精简高效政务新生态监督清

单"和"打造精简高效政务新生态激励和惩戒措施清单"。通过"清单制"的形式，加大了监督执纪问责的力度，坚决查处政务新生态建设中的"末梢梗阻"问题，进一步提升了企业的获得感和群众的满意度。

在"打造精简高效政务新生态激励和惩戒措施清单"中，制定了 10 项激励和惩戒措施清单。其中激励措施 5 项，包括表彰奖励、政治激励、挂职锻炼、跟踪培养、选拔使用等；惩戒措施 5 项，包括充分运用监督执纪"第一种形态"、加大组织处理力度、严查违法违纪案件、严格问责追责、公开通报曝光等。这增强了广大党员干部"等不起、坐不下"的紧迫感和危机感，促使其不讲条件、不讲困难地完成各项任务。

西海岸新区的激励与惩戒清单与南沙新区的正负面清单有类似的功能。相较而言，南沙新区的正负面清单更具有针对性，行为清单也限定在容错纠错这一框架内。而西海岸新区的正负面清单实际上是将容错纠错工作与护航政务新生态这一工作相结合，使容错纠错工作可以更好地服务于政务建设，发挥了容错纠错的作用。通过实地调研发现，西海岸新区的容错纠错工作也呈现出了这一特点。容错纠错工作与日常行政工作高度融合，一方面能够使容错纠错工作更加具有操作性、更容易推行。另一方面，也存在容错纠错工作边界模糊、程序不规范的问题。但是，将容错纠错程序与日常政务工作融合，依旧是未来容错纠错制度建设的一个方向，这样才能更好地发挥容错纠错的作用，加强对容错结果的运用。除此之外，西海岸新区也形成了一套完善的容错纠错相关机制，包括容错纠错、关爱回访、澄清正名、运用"第一种形态"等，体现了容错纠错工作与日常工作的联动融合。

五、长春新区——首违不罚

长春新区在建设容错纠错政策的过程中，为了进一步规范行政执法行为，深入推进"放管服"改革，营造优质高效的营商环境，促进全区招商引资项目的建设和企业的发展，按照有关法律法规，借鉴外地经验，制定了

《关于对招商引资项目和企业轻微违法行为首违不罚的规定》。其中规定："首违不罚的含义是指行政执法主体按照法律法规和规章的规定,对于行政相对人初次且轻微违法行为,采取教育、规范为主,不予行政处罚的执法方式。"首违不罚适用于长春新区全区招商引资项目和企业在建设或经营中发生的初次且轻微的违法行为。首违不罚适用的三种情形:(1)违法行为不是主观故意且初次;(2)情节轻微没有造成危害后果;(3)经教育、规范能够及时纠正。首违不罚的处理方式:(1)行政指导,向行政相对人讲清有关法律法规和违法事实及危害,使其配合执法行政机关主动纠正违法行为;(2)行政告诫,对经批评教育仍不改正的,向行政相对人下达责令整改通知书。

长春新区首违不罚的对象是新区内的企业与招商引资项目,这是更加聚焦于目标的"容错纠错",体现了长春新区对于经济发展的重视。首违不罚给企业划定了一定的试错范围,鼓励企业在营商活动中大胆尝试、勇于创新,为新区的企业营造宽容的环境。长春新区的首违不罚政策与西海岸新区运用"第一种形态"监督执纪的政策有一定的相似之处,都是对一些轻微的问题采取批评教育等形式的纠错方式,体现了严管厚爱的原则。但是两者的行为客体不同,长春新区针对企业,而西海岸新区针对新区的工作人员。无论是"首违不罚",还是"第一种形态",都是针对初期错误或轻微性错误的处理方式,体现了对容错客体的宽容与爱护,可以为干部干事创业营造良好的氛围。一方面,对于首次犯错给予更多的容错空间,另一方面对不同程度的错误分开处理,体现着包容与宽容的思想,充分展现了容错纠错的意义。

本节讨论的六项具有特色与借鉴意义的机制都表明,在容错纠错机制建设进程中,国家级新区进行了有效的探索与创新,这与国家级新区在经济建设与社会建设中积累的大量先进经验密切相关。这些容错纠错中的制度创新也为全国其他地区的容错纠错政策建设提供了借鉴经验。

第五章　国家级新区容错纠错机制案例

容错纠错机制的重点在于确定"容什么""如何容"以及"容的结果"。过程管理中的 I-P-O（input-process-outcome）模型是一个经典的信息处理分析框架，其构成要素"输入""处理""结果"与容错机制中的"容什么""如何容"以及"容的结果"这三个关键步骤正好相对应。本章将借助 I-P-O 模型，分析容错纠错机制建设相对成熟的湘江新区、南沙新区、天府新区与滨海新区，以及实践出色的哈尔滨新区与江北新区的案例。

第一节　湘江新区的容错纠错机制

湘江新区的容错纠错机制建设走在了全国前列，尤其是通过制度创新制定了一系列保障措施，形成了"五位一体"的综合保障体系。湘江新区自2016 年开始探索和实践容错纠错制度机制的建设工作，并于近两年陆续出台了激励干部担当作为的实施意见、容错纠错实施办法，以及廉政风险防控、改革创新风险备案、澄清保护制度、关心关爱制度等政策文件，为广大干部勇于开拓创新、敢于担当实干提供了必要的制度保障。

一、机制构建

湘江新区容错纠错机制建设经历了初步探索、拓展延伸和发展创新三个发展阶段，机制建设逐渐成熟。

(一)初步探索

2016 年 8 月，长沙市印发《实行容错纠错鼓励干事创业暂行办法》，新区当时的主要领导同志在《人民日报》发表了题为《让容错机制助推改革》的文章，开启了新区容错纠错机制的探索之路。湘江新区于 2016 年开始探索和实践覆盖新区全体工作人员的容错纠错机制建设工作，致力于为新区广大干部和工作人员的勇于开拓、敢于创新提供必要的机制保障，培育宽容失误、敢于干事创业的良好政治生态。此时，湘江新区虽未出台容错纠错相关制度文件，但已具备相关思想，为后续的容错纠错机制建设奠定了基础。

(二)拓展延伸

1.执行上级政策

2018 年 11 月，中共湖南省委办公厅印发《关于进一步激励广大干部新时代新担当新作为的实施意见》(湘办发〔2018〕34 号)，从突出思想政治引领、树立正确用人导向、加强能力建设、建立完善工作机制、落实落细关爱措施等方面，对激励干部担当作为做出了系统部署。

2019 年 7 月，中共湖南省委办公厅颁发《关于建立容错纠错机制激励干部担当作为的办法(试行)》，明确了容错纠错的基本原则、具体情形、具体要求、结果运用和组织保障。

2.新区自主探索

2016 年 8 月 2 日，湘江新区印发了《湖南湘江新区廉政风险点排查工作实施方案》。

2017 年 11 月，湘江新区根据廉政风险排查工作的相关经验，印发了《湖南湘江新区机关事业单位岗位廉政风险等级》，其中廉政风险等级按岗位廉政风险评分排序，共划分了 45 个一级廉政风险岗位、64 个二级廉政风险岗位、92 个三级廉政风险岗位。

2018 年 4 月，湘江新区根据《中华人民共和国公务员法》和《中共中央关于印发〈干部教育培训工作条例〉的通知》（中发〔2006〕3 号）的规定，结合新区实际，制定并印发了《湖南湘江新区干部教育培训管理细则》，其中包括管理机制、实施管理、培训保障、责任纪律等方面的内容。

2018 年 11 月，为进一步从严管理湘江新区干部队伍，推进干部能上能下，鞭策广大干部重实干、强担当，湘江新区根据中共中央办公厅《推进领导干部能上能下若干规定（试行）》和省委办公厅《推进领导干部能上能下实施细则（试行）》精神，制定并印发了《推进干部能上能下实施办法（试行）》。其中明确规定 9 条能下情形、6 项能下程序、4 种能下措施等，重点解决"批评教育不管用、纪律处分够不上、不贪不腐但不为"等不涉及问责和党纪政务处分情形、不适宜担任现职干部的能下问题。

在该阶段，新区在依托省、市级文件开展工作的基础上，重视自行探索，强调容错纠错相关的联动机制，新区容错纠错建设逐步进入发展创新阶段。

（三）发展创新阶段

2020 年，中共湖南湘江新区工作委员会根据中共中央办公厅《关于激励广大干部新时代新担当新作为的意见》（中办发〔2018〕28 号），明确了干部干事创业过程中涉及的选拔任用、绩效考核、干事创业防错、容错纠错、风行备案、澄清保护机制以及关心关爱干部等机制。2020 年，湘江新区出台《湖南湘江新区容错纠错实施办法》，并相继出台了《关于激励广大干部新时代新担当新作为的实施意见》《湖南湘江新区机关事业单位廉政风险等级》《高廉政风险岗位履职检查若干规定（试行）》《关于常态化推进廉政风险防控工作的通知》《关于改革创新风险备案的实施办法(试行)》《容错纠错实施办法(草稿)》《关于建立干部澄清保护机制的实施办法(试行)》《对受处分人员关爱回访工作办法(试行)》《湖南湘江新区干部教育培训管理细则》《推进干部能上能下实施办法(试行)》《湖南湘江新区2020年度绩效考核办法》《关于切实做好向上级党组织请示报告工作的通知》等相关政策文件,围绕容错纠错机制打造廉政风险防控、改革创新风险备案、容缺审批与备案、澄清保护机制和关心关爱机制等五位一体的综合保障体系,为激励新区党员干部及工作人员始终保持实干苦干、敢想敢干的奋进姿态,营造了履职尽责、担当负责的良好工作氛围。上述文件的出台意味着湘江新区容错纠错制度建设进入了相对成熟阶段,新区容错纠错相关工作的开展有了更切实的依据。

二、机制运行

(一)输入——"容什么?"

1.容错情形

湘江新区明确规定,主观上出于公心、矢志改革发展,没有违反法纪政策的故意,客观上经过调研论证,履行相关程序,没有谋取私利,没有造成重大损失、影响或者事故(事件),符合下列情形之一的,可以实行容错纠错:

(1)落实上级和新区党工委、管委会重要决策、重点工作和重大项目,因担当履职、大力推进、开拓创新,出现失误或造成负面影响的;

(2)在推动改革创新过程中,大胆探索、先行先试,因缺乏经验出现失误错误或未达预期效果的;

(3)在发展"四新"经济、招商引资、项目建设、征地拆迁、土地供应、国际贸易、股权投资、基金管理、污染防治、城乡规划、精准扶贫以及国企经营管理等工作过程中,为促进发展,主动担当,着力创新突破,出现一定

偏差、损失或负面影响的;

(4)为了完成上级或新区党工委、管委会交办的某些任务,针对解决某些特殊问题而突破常规、采取创新性举措,出现了一定偏差、造成了一般损失,但有相关交办依据且实施了内部审批程序的;

(5)在服务项目、服务企业、服务群众、服务基层等服务工作中,为提高工作质效、优化营商环境,突破现有的操作规范、流程,采取容缺受理、容缺预审等创新性措施,并在事后进行跟踪监督,但仍出现失误、偏差的;

(6)在解决历史遗留问题、化解矛盾焦点过程中,攻坚克难、破除阻碍,打破固有利益出现失误或造成负面影响的;

(7)在承担应急工程、抢险救灾、群体性事件、重大舆情处置等急难险重任务、风险较大工作以及各类紧急、突发事件中或者直面实际工作中的特殊情况,因突破常规和惯例及时应对处置,合乎当时情理,出现一定失误、损失的;

(8)在推进全面从严治党,落实管党治党主体责任中,坚持原则、敢抓敢管、担当作为,出现失误、错误或造成负面影响的;

(9)在推进某些复杂的工作中,因政策界限不明确,导致执行政策出现偏差的;

(10)在出现失误或偏差后,积极主动采取有效措施整改,最大限度挽回损失或者消除负面影响的;

(11)因受自然灾害、国家政策调整或上级决策部署变化等不可抗力、难以预见、难以避免因素影响,导致失误错误或造成负面影响、损失的;

(12)法律法规和政策规定没有明确限制,或者尚无具体办法可循,贯彻上级方针政策、指示精神,探索性试验中出现失误错误的;

(13)经新区党工委、管委会研究决定可以容错免责的其他情形。

2. 不予容错情形

有下列情形之一的,不予容错:

(1)违反有关政治纪律的;

(2)违反有关廉洁纪律的;

(3)故意违反党规党纪、法律法规的;

(4)造成了重大安全责任事故、严重环境污染、重大群体性事件、重大损失或恶劣影响的。

(二)过程——"如何容?"

1.容错主体

湘江新区容错纠错相关工作主要由纪工委(监察室)和党政综合部两个部门为主导,其他部门和企事业单位为辅助机构。

(1)纪工委(监察室)主要协助党工委、管委会抓好管委会机关及其所属单位的党风廉政建设,监督、检查党员领导干部党风廉政建设责任制落实和廉洁自律等情况;负责抓好管委会机关及其所属单位的预防和惩治腐败工作,按照权限牵头或协助抓好违纪案件、信访举报的受理和查处工作;负责或协助抓好管委会机关及其所属单位的效能、财务、执法、作风等监察工作,受理有关单位和个人对管委会工作人员相关问题的投诉和处理;负责监督管委会直接投资的项目建设,受理有关单位和个人对管委会工作人员相关问题的投诉;负责严明新区组织纪律、容错纠错制度建设、风险备案等工作。

(2)党政综合部负责党工委、管委会日常工作,承办公文、机要、保密、档案、会务、宣传、财务、人事劳资、审计、信访等工作;负责上级党委、政府及党工委、管委会重大决策部署的督促检查和督办落实;负责法律事务、经济环境优化、党(群)建设等工作;指导协调湘江新区社会事务管理等工作;主要负责新区价值引领、干部选拔、绩效考核、干事创业防错制度建设、关心关爱干部等工作。

2.容错原则

(1)总体原则

第一,依规依纪依法、实事求是;

第二，鼓励开拓创新、担当实干；

第三，客观公正、从宽相待；

第四，有错必纠、立行立改。

（2）"五看"标准

湘江新区实行容错纠错制度时坚持"五看"标准：看问题性质，是探索创新还是有令不行、有禁不止，分清是失误错误还是违纪违法；看工作依据，是界限不明还是故意曲解、随意变通，分清是先行先试还是肆意妄为；看主观动机，是出于公心还是假公济私、以权谋私，分清是无心之过还是明知故犯，是主动担当、开拓进取还是无视规律、急功近利；看决策过程，是民主决策还是个人专断、一意孤行，分清是依规履职还是滥用权力；看纠错态度，是及时补救还是消极应对、放任损失，分清是主动纠错还是坐视不管。

（3）"三同步"原则

湘江新区实施容错纠错制度坚持"三同步"原则：

第一，同步启动。调查核查组或相关问责机关启动相关调查或问责程序时，统筹考虑、同步调查有无容错情形、是否具备容错条件，同步启动容错调查核实工作。同时，也可由当事人提出申请，相关单位或干部在因出现工作失误或错误受到相关调查或问责追责时，认为符合容错情形的，可向纪检监察机关或相关问责机关提出书面容错申请。

第二，同步调查。在案件审查调查或相关问责追责过程中，应当同步开展容错纠错可能性调查，既调查可以容错的情形，也要调查是否具有不予容错的情形，并认真听取被调查单位和相关干部的意见，认为符合容错情形的，应当在报告中同步提出容错建议。

第三，同步认定。在案件审理过程中，应根据事实和证据及相关规定，对相关审查调查报告中提出的容错纠错意见进行审理，并在审理报告中提出有关容错纠错的审理意见。

按照湘江新区的实践经验，实施容错纠错要广泛收集相关证据材料，听取当事人和所在单位的解释说明，征求相关关联方的意见；意见不统一或者较为复杂时，可征求上级有关单位的意见，或者邀请相关专家、党风政风监督员等共同商议，必要时可将容错纠错处置意见在一定范围内公示，听取公众意见。

3. 容错程序

湘江新区纪工委（监察室）按照干部管理权限，由业务承办部门对符合容错情形的当事人进行调查审查，提出初办意见，提交纪工委（监察室）班子会议研究，形成容错认定结论。对于情况复杂、影响较大、社会关注度较高的，由纪工委（监察室）认定，并报党工委审批。

湘江新区纪工委（监察室）在做出容错认定的同时，一并对当事人提出纠偏纠错要求，责成有关人员限期进行纠偏纠错。容错纠错认定结论做出后，在3个工作日内反馈给当事人。当事人对认定结论有异议，可以提出申诉，纪工委（监察室）另行组成核查组进行复核，并按原认定程序进行认定，一般应在10个工作日内反馈申诉结果。

对新区市管干部实施容错纠错时，由新区纪工委（监察室）报请新区党工委研究同意后，再请示上级纪委监委、组织人事部门，在获得上级相关部门同意授权后，新区纪工委（监察室）启动容错纠错核查、审查调查工作，结果报党工委、管委会审议，党工委、管委会审议后提出相关建议，报市委或者市纪委监委、市委组织部等相关部门。

(三) 结果——"容的结果"

1. 容错的结果运用

根据湘江新区的文件规定和实践经验，对容错的当事人，除从轻、减轻或免除党纪、政务处分和组织处理之外，还可在以下方面减轻或免除责任：

(1) 党风廉政建设、平时考核、绩效考核、任期考核、试用期满考核等各类考核不受影响；

(2) 对于免除责任的，干部提拔任用、职级职称晋升时不受影响；对于给予从轻、减轻处分处理，有一定影响期的，影响期结束后的提拔任用不受影响；

（3）评先评优、褒奖激励等不受影响；

（4）党代表、人大代表、政协委员和后备干部资格不受影响；

（5）经济责任审计不受影响；

（6）管委会认为不受影响的其他事项。

2. 纠错的后果

对积极主动纠偏纠错，没有产生不良影响或没有造成损失的，有关机关在实施容错认定时对当事人可以免责或减责。

3. 不纠错的后果

在纠偏纠错过程中，当事人不积极、不及时、不到位，欺骗组织的，有关机关可对其不予容错。情节严重的，可对当事人从重追责。

三、联动机制

（一）选拔任用制度

1. 优化干部标准

（1）在制定干部标准时，突出信念过硬、政治过硬、责任过硬、能力过硬、作风过硬，大力选拔敢于负责、勇于担当、善于作为、开拓创新、实绩突出的干部，对在重大项目、援藏援疆等重要工作推进过程中表现突出的干部，优先考虑提拔使用。

（2）从对党忠诚的高度看待干部是否担当作为，注重从精神状态、作风状况考察政治素质，既看日常工作中的创新与担当，又看大事要事难事中的表现。

（3）坚持有为才有位，突出实践实干实效，让那些想干事、能干事、干成事、不出事的干部有机会有舞台。

2. 落实能上能下机制

2018年，湘江新区制定了《推进领导干部能上能下若干规定（试行）》（湘新发〔2018〕18号），规定了干部的能下情形、能下程序、能下措施等。在日常考察、年度考核、巡视巡察、特殊时期等工作中，发现敢于担当敢于负责的干部，要重点考虑提拔重用；对不担当不作为的干部，根据具体情节该免职的免职、该调整的调整、该降职的降职，使能上能下成为常态，让担当有为者有位，也让消极无为者失位。

3. 完善选人用人机制

积极探索实施岗位聘任制，进一步拓宽选人用人渠道。深入推进干部交流轮岗工作，重点加强关键岗位干部、年轻优秀干部的交流，探索新区机关干部与区县、园区、国有企业干部和优秀人才的交流机制。选派优秀年轻干部参与脱贫攻坚、巡视巡察等工作，选派到国家部委、省市机关跟班学习，到沿海发达地区、贫困边远地区和世界500强、中国500强、民营500强企业以及产业园区、金融机构锻炼，让干部在丰富的实践中提高本领、成长成才，探索创新新区管理机构选人用人和绩效激励机制。

4. 健全学习培训机制

按照建设高素质专业化干部队伍的要求，突出精准性和实效性，采取多种形式，按计划推动全员学习培训，进一步强化干部专业知识、专业能力培训，全面提高干部的学习本领、政治领导本领、依法执政本领、改革创新本领、高质量发展本领、群众工作本领、狠抓落实本领、驾驭风险本领等。2018年，湘江新区制定了《湖南湘江新区干部教育培训管理细则》，对学习培训的管理机制、实施细则、培训保障、责任纪律等做了详细规定。

（二）绩效考核制度

1. 完善考核评价机制

增强考核的科学性、针对性、可操作性，切实解决干与不干、干多干少、干好干坏一个样的问题，充分发挥绩效考核的指挥棒作用，使绩效考核真正成为调动干部开拓创新、担当作为积极性的强劲动力。注重平时考核，构建以年度考核为重点，以专项考核和绩效考核为重要内容的干部综合考核体系，突出对党中央和省、市、党工委管委会决策部署贯彻执行情况的考核，突出政治考核、作风考核、实绩考核、差异化考核，分领域分类型，合理设置干部考核指标。

2. 强化考核结果运用

将考核结果作为干部选拔任用、评先奖优、晋职晋级、问责追责的重要依据，使政治坚定、奋发有为的干部得到褒奖和鼓励，使慢作为、不作为、乱作为的干部警醒和受到惩戒。对年度考核连续三年评为优秀等次的干部，在晋职晋级时优先考虑；对年度考核基本称职或不称职的干部，及时进行提醒谈话、调整岗位；对受到组织处理或党纪政务处分，年度考核结果为不定等次的干部，要分情况确定受影响的范围和时间。

在湘江新区最新制定的《湖南湘江新区 2020 年度绩效考核办法》中，规定了考核体系、考核对象、考核等次、考核步骤、考核结果运用、相关实施细则、项目清单等。

四、机制创新——"五位一体"的综合保障体系

为保障容错纠错机制落到实处，湘江新区通过制度创新制定了一系列保障措施，形成了"五位一体"的综合保障体系。"五位一体"制度是指以容错纠错为重点，由廉政风险防控、改革创新风险备案、容缺审批与备案、澄清保护机制和关心关爱机制等五个机制形成的闭合回路。

(一) 廉政风险防控

湘江新区以严格查处违反《关于新形势下党内政治生活的若干准则》的现象为核心，制定了一系列廉政风险防控机制，加强对于高风险岗位人员的监督，对思想、作风、纪律等方面出现倾向性或苗头性问题的干部，及时运用谈心谈话、组织调整等措施进行提醒和处理。2016 年 8 月 2 日，湘江

新区印发了《湖南湘江新区廉政风险点排查工作实施方案》；2017 年制定了《湖南湘江新区机关事业单位岗位廉政风险等级》，将 9 个部门的岗位划分成为一级廉政风险岗位（45 个）、二级廉政风险岗位（64 个）、三级廉政风险岗位（92 个）；随后，制定了《高廉政风险岗位履职检查若干规定（试行）》，对相关情形进行了认定；2020 年制定了《关于常态化推进廉政风险防控工作的通知》，将廉政风险防控体系作为防错容错机制的重要组成部分。

（二）改革创新风险备案

为充分调动和保护新区干部职工改革创新、敢闯敢干、先行先试的积极性、主动性和创造性，深化容错纠错机制运用，湘江新区制定了《关于改革创新风险备案的实施办法（试行）》，原则性地规定了改革创新风险备案的六类报备范围，并制定了申报程序：申请—审核—反馈。

（三）容缺审批与备案

2019 年，国务院办公厅出台了《关于加快推进社会信用体系建设构建以信用为基础的新型监管机制的指导意见》，要求建立健全信用承诺制度。在办理适用信用承诺制的行政许可事项时，申请人承诺符合审批条件并提交有关材料的，应即时办理。申请人信用状况较好、部分申报材料不齐备但书面承诺在规定期限内提供的，应先行受理，加快办理进度。可见，容缺审批既是政府"放管服"改革的内在要求，也是激发市场主体活力的有力保障。容缺审批对于完善容错纠错机制也具有重要意义，使需要高效率的项目事项不受审批限制。然而，目前湖南省、长沙市和湘江新区尚未出台正式的"容缺受理"的文件，容缺审批暂时停留在经验层面。

（四）澄清保护制度

2020 年湘江新区制定了《关于建立干部澄清保护工作机制的实施办法》，确立了通过澄清、消除不良影响以保护干部干事创业热情、鼓励担当作为的目的。它规定了澄清保护工作机制的定义、对象、程序、方式，并明确了对诽谤诬告的处理方式，树立严肃了查处诬告陷害行为的导向。纪工委（监察室）应畅通举报渠道，鼓励党员群众实名举报、如实举报，并切实维护举报人的合法权益，防止打击报复举报人事件的发生。对经核实属诬告陷害行为的，及时会同有关部门依规依纪依法追究责任，严肃处理。

（五）关心关爱制度

2020 年，湘江新区制定了《湘江新区纪工委（监察室）对受处分人员关爱回访工作办法（试行）》，首先将关爱回访的对象确定为受到党纪和政务处分的人员，或受上级纪委监委委托回访的人员。其次规定了直接走访、委托走访、致函致电等 3 种关爱回访的方式。最后，指明了错误认识、评价反映、帮扶情况、决策执行落实、后续帮助等 5 个方面的关爱回访内容。

第二节　南沙新区容错纠错机制

南沙新区的容错纠错机制建设处于相对成熟的阶段，其构建的"正面清单激励、负面清单问责"工作机制，有助于明晰界限、激励担当。南沙新区于 2016 年 7 月 21 日开始探索容错纠错机制的具体建设，并在近两年通过出台、完善容错纠错的实施意见和年度试行方案，构建了"正负面清单"的工作机制。南沙新区可通过"原则定范围+清单划重点"的方式，压实责任、有的放矢。其中，负面清单树立目标导向，倒逼责任落实；正面清单解除包袱顾虑，激发创新活力。

一、机制构建

（一）起步阶段

2016 年 7 月 21 日，南沙新区在广州市率先出台《中共广州南沙开发区

（自贸区南沙片区）工委中共广州市南沙区委关于落实"三个区分"大力支持先行先试探索创新的若干意见（试行）》，通过制度创新激发干部干事创业的激情。

根据习近平总书记关于坚持"三个区分开来"的指示和《中共广东省委关于加强纪律建设推进全面从严治党的意见》（粤发〔20154〕号）、《中国（广东）自由贸易试验区条例》（省人大常委会 2016 年公告第 60 号）以及《关于建设廉洁南沙自贸试验区的意见》（穗办〔2016112〕号）的要求，为适应南沙新区和自贸试验区快速发展的需要，进一步激发广大党员干部，特别是领导干部干事创业的新活力，区委提出四大意见：深刻领会"三个区分"的目的意义，大力支持先行先试探索创新；加快制度创新，焕发南沙干事创业激情；正确运用"四种形态"，激发南沙干事创业活力；全面落实"两个责任"，确保"三个区分开来"落到实处。上述文件为容错纠错机制的建立提供了原则性意见，南沙新区由此开始了探索容错纠错机制的具体建设。

（二）发展、完善阶段

1. 细化实施意见

2019 年 4 月 24 日，中共广州市南沙区委办公室下发《关于贯彻"三个区分开来"治理为官不为建立容错纠错机制激励担当作为的实施意见》，将原来的原则性意见细化为具体行为规范。该文件明确提出了容错纠错机制激励担当作为的总体要求；从科学界定行为、日常监督、监督执纪、加强分析研判、加大查处力度等五大方面着力治理为官不为现象；支持容错纠错激励担当作为，明确了 3 个方面 15 种容错情形和 6 种不予容错的情形，营造崇尚创新、敢于担当、真抓实干的浓厚氛围；构建完善长效的保障机制，包括落实权责清单制度、健全跟踪跟办工作制度、完善教育培训制度、健全选人用人工作机制、健全考核激励机制，为容错纠错机制的具体落实提供了制度保障。

2. 构建年度试行实施方案

2019年4月24日，广州市南沙区党风廉政建设领导小组办公室下发《关于贯彻落实"三个区分开来"治理为官不为建立容错纠错机制激励担当作为的实施方案(试行)》，构建"正面清单激励、负面清单问责"的工作机制。该实施方案明确了容错纠错机制的适用对象、行为清单、启动程序、结果运用、防错纠错等内容，并确定了南沙新区2019年治理为官不作为负面清单中的重大项目、扶贫攻坚、扫黑除恶、违建整治、乡村振兴、环境保护共6大类22种行为，以及容错纠错正面清单中的创新探索、湾区建设、营商环境、行政行为、工程建设、扶贫攻坚、城乡治理、政商关系、历史遗留、人事人才等10大类61种行为，为容错纠错机制的具体落实提供了方法步骤。自此，南沙新区容错纠错机制建设进入了快速发展与逐步完善阶段，它以"正负面清单"为抓手，充分发挥监督保障制度的促进、完善、发展作用，激励担当成效逐步显现。

3. 相对成熟阶段

南沙新区在针对《关于贯彻落实"三个区分开来"治理为官不为建立容错纠错机制激励担当作为的实施方案(试行)》试行过程中发现的部分清单表述相对笼统、针对性不强、覆盖面不够广等问题，在广泛征集清单内容、座谈交流、研究修改、征求意见、集体讨论的基础上，进一步修订实施方案，更新了正负面清单，确保清单中的每一项内容清晰具体、有时限、可衡量，更具现实性、指导性和可操作性。

2020年5月9日，广州市南沙区党风廉政建设领导小组办公室下发《2020年南沙区关于贯彻落实"三个区分开来"治理为官不为健全容错纠错机制激励担当作为的实施方案》。该实施方案明确了适用对象、容错情形、职责分工、治理范围，在2019年的基础上进一步明确了容错纠错机制的指导思想，新增着力治理为官不为的具体原则，加入了3个方面15种容错情形，并更新了2020年治理为官不为负面清单和容错纠错正面清单，列明了涵盖创新探索、湾区建设、营商环境、政商关系、行政行为、人事人才、城乡治理等 7 类 51 项容错纠错正面清单，以及涵盖重大项目、环境保护、民生实事、违建整治、乡村振兴等 5 类 35 项治理为官不为负面清单，进一步深化了容错纠错机制的建设。南沙新区由此步入容错纠错机制建设的相对成熟阶段。

二、机制运行

(一) 输入——"容什么?"

南沙新区通过"原则定范围"和"清单划重点"相结合的做法，既突出了重点工作任务，又打破了清单无法面面俱到的局限性，明确了容错界限。

1. 容错情形

在符合党纪政纪、政策法规的前提下，最大限度地宽容干部在履职尽责，特别是改革创新中的失误，保护和激发干事创业的积极性、主动性、创造性，南沙新区根据"三个区分开来"提出了以下 15 种予以免责或减轻、从轻问责的情形。

(1)坚持把干部在推进改革中因缺乏经验、先行先试出现的失误或错误，同明知故犯的违纪违法行为区分开来。

1)严格执行民主决策各项规定和程序，认真执行请示报告制度，充分评估决策风险，切实履职尽责，仍然出现失误或错误的。

2)严格执行决策部署和制度规定，创造性开展工作，履职过程中无过失，因不可控因素造成工作延误等失误或错误的。

3)因缺乏经验或环境条件发生变化而出现一般性问题失误，或对出现的问题、错误及时有效处置，尽力减少损失，没有造成较大影响的。

4)为解决疑难复杂问题，在不违背大政方针的前提下大胆尝试，在具体制度或举措上有所突破，出现失误或错误但没有造成严重后果的。

(2)坚持把上级尚无明确限制的探索性试验中的失误或错误，同上级明令禁止后依然我行我素的违纪违法行为区分开。

5）根据上级部署进行探索性试验，结合实际制定的具体措施、配套制度等，与现行法律法规和政策精神不相冲突，方向和原则正确，但方式方法不够完善的。

6）对尚无明确限制性规定的领域和事项，进行探索性试验，主动做好制度设计、严格按制度办事，仍出现偏差的。

7）对群众反映强烈的历史遗留问题，在与现行政策和改革方向不相冲突前提下，坚持实事求是，积极想办法妥善解决，取得良好综合效果，但存在失误或错误的。

8）依据当时的政策制度规定，是被鼓励、允许，或没有被明确禁止的。

（3）坚持把为推动发展的无意过失，同为谋取私利的违纪违法行为区分开来。

9）贯彻落实创新、协调、绿色、开放、共享发展理念，制定实施相应的制度措施，对局部利益或具体工作有一定影响，但有利于全局利益和长远发展的。

10）在招商引资、推动产业转型升级发展过程中，坚持"亲""清"政商关系，积极作为、有效服务，非主观原因造成失误或错误，且努力避免、减轻或弥补损失的。

11）为推动经济社会发展和解决群众切身利益问题，勇于担当、积极作为，由于政策不够明确、配套措施不够完善，或政策尺度把握不够精准而出现失误或错误，但没有造成严重后果的。

12）为促进改革发展稳定，在权责不对等情况下积极履行属地或行业管理责任，非主观原因造成工作失误或错误，或工作效果没有达到要求的。

13）为及时有效处置重大突发性事件，在遵循事件处置基本原则的前提下，急事急办，全力保护群众生命财产安全或保持社会大局稳定而出现的失误或错误，且努力避免、减轻或弥补损失，事后及时报告的。

14）在落实党委、政府决策部署，特别在推动疫情防控、扶贫攻坚、扫黑除恶、营商环境、环境保护、治水拆违和乡村振兴等重点工作中，因维护全局利益，依法履职、大胆推进，出现工作失误或错误的。

15）其他予以容错的情形。

2.容错纠错正面清单

（1）清单构建

首先，各个职能部门根据日常工作，上报需要容错纠错的正面清单。纪工委征集清单后，与职能部门进行座谈。座谈内容包括职能部门提出需要容错的原因、纪工委给予是否采纳的结论，以及不予采纳的理由等。同时，双方也可修订清单内容，纪工委将协助职能部门将清单修改得更具普遍性。确立初稿后，纪工委向党政领导正式征求意见，此过程要求遵循"双签制"。最后，经过纪委常委会、党风廉政小组会、区委常委会的集体讨论，形成终稿。

（2）清单内容

2020年容错纠错正面清单，列明了涵盖创新探索、湾区建设、营商环境、政商关系、行政行为、人事人才、城乡治理7类51项的容错纠错情形（见表5-1）。

表5-1　南沙新区容错纠错正面清单（2020年）

类型	序号	行为清单
创新探索	1	先行先试探索社会信用体系建设、信用领域创新、信易+应用等有关工作中出现的失误或错误。
	……	
湾区建设	19	在贯彻落实《粤港澳大湾区发展规划纲要》和上级关于大湾区建设决策部署，推进重大议题方案制和上报工作中，由于非主观或不可预见因素出现的失误或错误。
	……	

续表5-1

类型	序号	行为清单
营商环境	24	推进"一照一码走天下"改革、建立"湾区通"企业登记和监管互认机制、"易注册"系统建设等先行先试工作出现的失误或错误。
	……	
政商关系	30	邀请商(协)会代表和企业界人士到党政机关驻地就地方经济、企业发展等事项进行调研和商议,确需就餐,参照公务接待标准安排工作餐。
	……	
行政行为	34	为及时有效处置劳动人事争议、突发性群体劳动纠纷事件、"三防"灾害事件、安全生产事故、消防安全事故、网络舆情事件等重大集体性、突发性事件,在遵循事件处理基本原则的基础上突破程序,急事急办,全力保护群众生命财产安全或保持社会大局稳定出现的失误或错误。
	……	
人事人才	41	在人事管理、处理干部人事问题等工作中,严格按照法律法规及规章制度,执行民主决策各项规定和程序,认真执行请示报告制度,切实履职尽责,仍然由于非主观或不可预见的因素出现的失误或错误。
	……	
城乡治理	49	在开展征地拆迁工作过程中,部分用地置换、补方案等问题未有效解决,需上级有关部门进步明晰用地置换、补偿方案等后才能开展,致使征地拆迁工作亦受影响难以推进。
	50	由于野鸟迁徙、运输传入等非主观或不可预见因素造成外源性输入重大动物疫情。
	51	在推进"四治"(治违、治乱、治气、治水)、乡村振兴战略、美丽田园专项整治、农村集体产权制度改革、农村土地承包经营权确权登记颁证等工作中,积极履职,但由于非主观或不可预见的因素造成的失误或错误。

来源:《2020年南沙区关于贯彻落实"三个区分开来"治理为官不为健全容错纠错机制激励担当作为的实施方案》

3.问责情形

主要对在贯彻落实以下重点工作过程中不担当、不作为、慢作为、乱作为、假作为等问题进行治理：

（1）省委省政府、市委市政府对南沙部署的工作任务；

（2）省委省政府、市委市政府主要领导召开专题会议及调研对南沙提出的工作要求；

（3）区委全会报告、区委常委会工作要点、区政府工作报告明确的重点工作；

（4）区委常委会议、管委会主任会议、区政府常务会议议定的工作事项；

（5）各部门各领域以区委（党工委）、区政府（管委会）名义下发至全区执行的工作方案、工作计划中的重点工作；

（6）区委、区政府主要领导召开的专题会议、调研会议明确的工作事项；

（7）各部门各单位"三定"方案明确的工作职责。

4.治理为官不为负面清单

（1）清单构建

结合年度重点工作及任务，建立年度治理为官不为负面清单（重点工作任务），及时进行动态调整。

（2）清单内容

2020年的治理为官不为负面清单列明了涵盖重大项目、环境保护、民生实事、违建整治、乡村振兴等5类35项问责情形（见表5-2）。

表5-2 南沙新区治理为官不为负面清单（2020年重点工作任务）

类型	序号	行为清单
重大项目	1	未按照《广州市发展改革委关于印发广州市2020年"攻城拔寨"项目计划的通知》完成由南沙区政府牵头推动的如南沙邮轮码头综合体项目、明珠湾大桥等重点项目年度投资计划。
	……	

类型	序号	行为清单
环境保护	19	12月底前，未完成建设污水管网34.1公里目标。
	20	蕉门、洪奇沥和官坦的国控断面水质未达到省水污染防治考核年度要求。
民生实事	21	10月底前，未实现南沙街水牛头垃圾临时中转堆放综合整治项目完工的目标。
	......	
违建整治	26	3月底前，未完成"两线""两区"500米范围内所有应拆"看护房"的清拆。
	......	
乡村振兴	33	7月底前，未完成碧道规划编制工作。
	......	

备注：

1. 因不担当、不作为、慢作为、乱作为、假作为，导致2020年各项重点工作任务未能如期保质完成的，区纪委监委根据具体情节予以严肃问责。

2. 受疫情等影响，经上级批准完成时间需调整的以调整后的时间为准。

来源：《2020年南沙区关于贯彻落实"三个区分开来"治理为官不为健全容错纠错机制激励担当作为的实施方案》

(二)过程——"如何容?"

1. 容错主体

根据南沙新区的实践经验，调查工作由区纪委监委牵头，视情况邀请相关部门、党代表、人大代表、政协委员、特约监察员等参与。

(1)各级党委(党组)要认真落实全面从严治党主体责任。切实学习贯彻《党委(党组)落实全面从严治党主体责任规定》，增强"两个维护"的政治自觉，强化守土有责、守土担责、守土尽责的政治担当，紧紧扭住责任制这个"牛鼻子"，不折不扣地落实全面从严治党主体责任。党委(党组)主要负责同志要切实履行好第一责任人职责，管好班子、带好队伍、抓好落实。

加强党的全面领导，不断提高履职尽责本领，努力提高战胜各种风险挑战的能力。

（2）各级纪检监察机关要全面履行监督责任，积极协助党委（党组）推进全面从严治党、加强党风廉政建设、组织协调反腐败工作。把握运用好监督执纪"四种形态"，突出抓好第一种形态，坚持抓早抓小、防微杜渐。对发生失误或错误但本人主动担当、积极改错纠错的，要酌情减免处理，激励干部积极作为。对被反映人或单位造成了不良影响的，采取适当方式在一定范围内予以澄清。定期对运用"三个区分开来"的案例进行总结分析。

（3）各部门要主动防错纠错。各职能部门要敢于监督、善于监督，对在日常工作中发现失误或错误的，应当及时指出存在问题，提出纠正意见，责成并督促有关单位或个人认真纠正整改，最大限度地减少或挽回损失，推动干部主动担当、积极作为。

2.容错程序

（1）提出与申请

单位或个人认为其履职行为符合相应容错情形和条件的，可向单位党组织提出书面申请。单位党组织按照干部管理权限，对该履职行为是否符合容错情形和条件进行审核。符合相应情形和条件的，应收集相关证据资料，经集体研究后，出具相关意见，报送区纪委监委。区纪委监委应当在收到申请之日起的 10 个工作日内决定是否受理，并书面告知相关单位或个人。

（2）调查核实

调查内容。按照"一事一核"的原则，调查工作应就有关单位提出或当事人申请的事项进行调查，不得随意扩大调查的内容和范围。

调查方式。采取书面审查、实地检查、听取当事人意见走访询问等多种方式开展调查。

调查时限。调查工作一般应在受理之日起 30 个工作日内完成。事项较为复杂的，可以适当延长调查时间，最长不得超过 15 个工作日。

结果认定。调查工作经区纪委监委集体研究后，做出具体的调查决定。

反馈意见。做出决定后，区纪委监委应当及时将决定情况向申请单位或个人反馈，并将容错登记表送达有关部门，作为党员干部问责、廉政评价、提拔交流、绩效考核的重要依据。

申诉途径。被调查对象认为审查结论有误，可以根据相关规定提出申诉。

(三)结果——"容的结果"

1.免予问责的，对当事人或提出单位按下列方式处理：

(1)在党风廉政建设责任制考核中免于扣分。

(2)在绩效考核和各项考核评比中免于扣分或处理。

(3)在干部任用中不影响提拔使用，在廉政审查中不做负面评价。

(4)不影响各类考核结果，不影响个人或单位评先评优。

以上结果的运用方式可以根据具体的容错情形单独或综合使用。

2.从轻、减轻处理的，根据决定结果对当事人或提出单位进行相应的问责。

3.不予容错的，依照《中国共产党纪律处分条例》《中国共产党问责条例》《中华人民共和国监察法》等党纪法规严肃进行问责。

三、机制创新——引入"正负面清单"制度

南沙新区于2019年出台了贯彻落实"三个区分开来"的实施意见和年度试行方案，构建了"正面清单激励、负面清单问责"的工作机制，并于2020年针对试行过程中发现的部分清单表述相对笼统、针对性不强、覆盖面不够广等问题，进一步修订了实施方案，更新了正负面清单，确保清单每一项内容清晰具体、有时限、可衡量，更具现实性、指导性和可操作性。正负面清单的出现为容错纠错提供了抓手。

（一）"原则定范围+清单划重点"，压实责任，有的放矢

实施方案明确了适用对象、容错情形、职责分工、治理范围，列明了涵盖创新探索、湾区建设、营商环境、政商关系、行政行为、人事人才、城乡治理等7类51项容错纠错情形的正面清单，以及涵盖重大项目、环境保护、民生实事、违建整治、乡村振兴等5类35项治理为官不为的负面清单。通过"定范围"和"划重点"相结合的做法，既突出了重点工作任务，又打破了清单无法面面俱到的局限性，做到了奖优罚劣，鼓励真抓实干、担当作为，将"两个维护"落实到了南沙深化改革创新、推动经济社会高质量发展的具体行动中。

（二）负面清单树立目标导向，倒逼责任落实

南沙区将贯彻落实党中央重大决策部署，特别是关于统筹疫情防控和经济社会发展、做好"六稳"工作、落实"六保"任务，以及年内必须启动或完成的重大项目列入负面清单，如"12月底前，未完成区内登记失业人员就业率达到70%以上的目标"，"6月底前，香港科技大学（广州）项目主体工程未能进场施工"等。这既让责任单位认识到了相关工作的重要性、紧迫性，起到了事先提醒、倒逼督办的作用，又划定了治理为官不为、庸懒散拖的标准红线，可以作为精准监督、严肃问责的重要依据。

（三）正面清单解除包袱顾虑，激发创新活力

为高标准建设"三区一中心"、打造新时代改革开放新高地，南沙新区以全球视野谋划推动创新，努力学习先进做法，但由于缺乏经验，难以精准预估相关创新做法的实践成效，犹豫等待观望俨然成了阻碍发展的绊脚石。为此，南沙新区明确了15种可予以免责或减轻、从轻问责的情形，将"在打造广州南沙粤港澳全面合作示范区过程中，对推进与港澳规则相互衔接、国际科技创新中心和综合性国家科学中心建设、金融创新发展、国际化人

才特区建设等工作中，因缺乏经验出现的失误或错误"等一系列行为纳入容错纠错正面清单，旗帜鲜明地鼓励创新，给广大干部吃下"定心丸"、打下"强心针"，为锐意进取敢于突破又没有利益输送、没有主观故意、没有不良后果的干部撑腰鼓劲。

第三节　天府新区容错纠错机制

天府新区的容错纠错机制建设起步较早，于 2017 年制定出台了《关于建立容错纠错机制进一步激励干部改革创新干事创业的实施办法(试行)》，并配有《分层分类谈心谈话制度》《党内问责事项工作规范(试行)》《执纪执法过错责任追究暂行规定》等相关政策，形成了"1+3"文件体系，构建了"清单制+责任制+项目化"工作机制。天府新区在具体实施过程中坚持事前容错清单申报、严格事中纠错认定程序、开展事后容错纠错结果评估的原则，通过全流程监控，确保容错纠错形成闭环。不过，天府新区后续并未持续进行文件的更新工作，未来应基于实践经验，与时俱进地出台新的政策。

一、机制构建

为深入贯彻党的十九大精神，认真落实省、市级部署，激励广大干部改革创新、锐意进取、敢为善成的工作积极性，天府新区在市纪委的支持和指导下，紧紧围绕习近平总书记"三个区分开来"重要思想，制定出台了"1+3"文件体系(《关于建立容错纠错机制进一步激励干部改革创新干事创业的实施办法(试行)》和《分层分类谈心谈话制度》《党内问责事项工作规范(试行)》《执纪执法过错责任追究暂行规定》)，形成了"清单制+责任制+项目化"的工作机制。其中，《关于建立容错纠错机制进一步激励干部改革创新干事创业的实施办法(试行)》包括总则、容错具体情形、容错实施程序、容错结果运用、纠错改正和澄清保护、组织保障、附则等 7 章 18 条。

二、机制运行

(一)输入——"容什么?"

1.前置条件

容错纠错应满足以下条件:

(1)党章、党规和法律、法规没有明令禁止,或法律法规虽没有明确规定,但符合中央、省、市和新区决策部署精神的;

(2)按规定经过决策程序,且原则上意见一致的;

(3)遵守廉洁纪律,没有与其他组织和个人串通,损害公共利益和他人正当利益,或利用职权为自己、他人和其他组织谋取不正当利益的;

(4)主动纠错,及时挽回损失或者消除不良影响的;

(5)未直接造成重大、特别重大安全责任事故和严重环境污染、生态破坏责任事故,或引发严重群体性事件的。

2.容错情形

单位或个人有下列情形之一的,可实行容错:

(1)在贯彻落实上级决策部署过程中,因创造性开展工作出现一定失误和偏差的;

(2)在推进改革创新过程中,大胆探索、先行先试,突破制约改革发展的思维定式和制度障碍,因缺乏经验而出现一定失误或未达到预期效果的;

(3)在实施创新驱动战略、推动产业生态圈建设过程中,因政策界限不明确或不可预知的因素,出现一定失误或未能达到预期效果的;

(4)在实施乡村振兴战略、推进基层发展治理过程中,因自加压力、主动提高工作标准,出现一定失误或未能达到预期效果的;

(5)在推进重大民生保障项目、重大基础建设项目、重大征地拆迁项目等过程中,突破常规、打破惯例,积极探索使用新机制、新方法、新模式、新技术,因大胆履职、大力推进出现一定失误或未能达到预期效果的;

（6）在推进项目落地、投资促进过程中，为了优化环境、争夺时效而采取的积极措施，出现工作偏差，造成一定损失或不良影响的；

（7）在服务企业、服务群众过程中，因着眼于提高行政效率进行容缺受理、容缺审查，积极创新改革，出现一定失误或偏差的；

（8）在加强安全生产、公共安全、环境保护、食品药品安全等执法工作中，为保护人民群众和公共利益，严格执法、大胆管理，出现一定失误或偏差的；

（9）在化解矛盾、解决历史遗留问题过程中，勇于破除障碍、触及固有利益，出现失误或造成影响的；

（10）在处置突发事件、抢险救灾等急难险重任务中，为维护国家、集体和人民利益，敢于担当、临机决断、紧急避险，且努力避免、减轻或弥补损失，事后及时履行报告程序的；

（11）因政策调整、自然灾害等不可抗力或难以预见的因素，导致工作未达到预期目标的；

（12）出现失误或错误后积极化解问题、挽回或减少损失的；

（13）其他符合"三个区分开来"精神的情形。

（二）过程——"如何容？"

1. 容错主体

（1）各级党组织应担负起容错纠错的主体责任，处理好全面从严治党和支持保护干部的关系，为敢于担当的干部担当，为敢于负责的干部负责，一级为一级负责，上级为下级担当。

（2）纪检监察机关要有效运用好监督执纪"四种形态"惩前毖后、治病救人，通过合理容错、及时纠错、澄清保护，消除干部思想顾虑，激励干部积极作为。

（3）组织人事部门要树立正确的选人用人导向，加强对干部的教育和管理，对认定符合容错情形的干部要客观评价、宽容理解、大胆使用。

(4)各单位要加强正面宣传引导，大力营造支持改革、激励创新、允许试错、宽容失误的良好氛围，形成敢于担当、争先创优、干事创业、竞相跨越的良好态势。

2.容错原则

(1)坚持依法依规，严守法纪底线。牢固树立党章党规和全面从严治党意识，坚持法治思维和法制方式推动改革创新，严格区分为公与为私、失误与失职、敢为与乱为、负责与怠慢，严守纪律底线不可踩、法律底线不可碰、政策底线不可违。

(2)坚持改革导向，激励干事创业。引导树立与全面深化改革相适应的思想作风和担当精神，既激励创新、表扬先进，也允许试错、宽容失败，进一步推动新区干部把担当体现在激情干事上，把形象树立在干净做人上，把本领展示在业绩创造上。

(3)坚持实事求是，客观公正评价。以事实为依据、以制度为准绳、以效果为考量，客观公正地看待和处理改革创新、干事创业中的失误与偏差，把严格管理干部与关心关爱干部结合起来，惩处违纪者、问责不为者，支持干事者、保护担当者。

(4)坚持容纠并举，促进问题整改。正确把握政策界限，处理好从严管党治党和保护干部积极性的关系，有效运用监督执纪"四种形态"，注重日常监督，强化警示教育，推动问题整改，防止小问题变成大错误。

3.容错程序

(1)提出申请。按照谁问责向谁申请的原则，在责任追究调查阶段，由被调查单位或个人根据容错清单事项向纪检监察机关或组织人事部门提出书面容错申请。责任追究实施后，容错申请不予受理。

(2)审核受理。纪检监察机关或组织人事部门接到容错申请后，应对照容错情形认真审核申请内容，对于符合容错情形的予以受理，对于不符合容错情形的不予受理并给予解释或答复。

(3)调查核实。纪检监察机关或组织人事部门受理容错申请后，具体调查核实犯错的主观动机、客观制约条件、结果危害程度等方面的情况，全面收集各方面的意见建议，充分听取被反映单位或个人的解释和说明，形成调查报告。对于一些涉及重大社会公共利益或重大过错的事项，可采取公开听证或第三方评估，综合考虑是否应当容错。

（4）认定反馈。调查核实结束后，对符合容错情形的，纪检监察机关或组织人事部门应按照规定程序做出明确的认定结论，向申请单位党组织和个人反馈，并向上级纪检监察机关和组织人事部门备案。属于免责的，应在一定范围内公开；属于减责的，应在处理意见中明确表述。

（5）跟踪回访。对做出容错认定结论的干部，自做出决定之日起，一年内由纪检监察机关和组织人事部门进行跟踪管理，定期回访谈心、教育疏导，关心工作生活和思想状态，帮助解决实际困难，鼓励干部放下包袱、轻装上阵、干事创业。

4.保障措施

（1）纠错改正机制

建立纠错改正机制，对被容错的单位或个人存在的过错或失误应当采取以下措施：

第一，抓早抓小，强化日常教育。各级党组织要加强对干部的教育监督管理，对苗头性、倾向性问题早发现、早提醒、早纠正。对普遍存在的共性问题，及时掌握动态，有针对性地教育引导，完善机制。

第二，查找原因，及时纠偏纠错。在巡察监督、审计监督、执纪审查等工作中发现需要提醒纠错的，应当采取巡察反馈整改、纪检监察建议、审计建议、提醒约谈、诫勉谈话等方式，督促有关单位或个人分析查找原因，制定整改措施，及时纠正偏差和失误，避免造成更大损失。

第三，强化监督，督促整改落实。各级党组织要运用批评教育、谈话函询、召开民主生活会等多种方式，督促指导相关单位和个人深刻剖析原因、落实整改措施、建立长效机制，避免类似错误再次发生。纪检监察机关要运用"四种形态"，对认错态度好、主动挽回损失和影响的，予以免责或从轻减轻处理；对认识不到位、措施不到位、纠错不到位的，应依纪依法追究责任；对心存侥幸、隐瞒问题、拒不改错、对抗组织的，应当从严查处。

（2）澄清保护机制

建立澄清保护机制，对认定容错或反映问题失实和诬告陷害他人的，可以采取以下措施：

第一，及时澄清通报处理意见。对认定容错或反映问题失实的，可以通过谈心谈话、召开会议和内部通报等方式，在班子和干部中通报核查结果和处理意见，必要时可进行公开澄清，及时消除负面影响。

第二，严肃查处诬告陷害行为。对诬告陷害他人的干部，应当根据干部管理权限严肃处理，涉嫌违法犯罪的，移送司法机关依法处理，对其他诬告陷害者，按照有关法律规定进行处理。

第三，依法保障举报人的合法权益。严格区分诬告陷害行为与错告误告行为的界限，严禁借机打击报复举报人。

（三）结果——"容的结果"

经认定予以容错被免责的，在党风廉政建设责任制考核中免于扣分；评先选优、表彰奖励、提拔任用、职级职称晋升不做负面评价；党代表、人大代表、政协委员和后备干部资格评定不受影响；单位工作绩效目标考核、个人年度考核不做负面评价。

经认定予以容错但仍需给予党纪政纪处分或组织处理的，根据有关规定和程序，可酌情从轻、减轻纪律处分或组织处理，影响期按照有关规定执行。

三、机制创新——全流程监控

（一）坚持事前容错清单申报

天府新区要求新区内各单位结合工作实际和行业系统特点，在年初制定改革创新容错清单、破解难题容错清单和先行先试容错清单,经单位领导班子集体研究,报纪检监察机关和组织人事部门备案,清单内容实行动态管理,原则上每年修订一次。2018年至今,各部门、街道及国有公司共梳理容错清单344项,做到容错纠错有据可依。如:2018年4月26日,习近平总书记在深入推动长江经济带发展座谈会上充分肯定了天府新区的生态文明建设成效。总书记指出:"我去四川调研时,看到天府新区生态环境很好⋯⋯当地政府计划在今年5月底前实现干流和重要支流无污水下河,最终彻底解决河段严重污染问题。"新区上下备受鼓舞、自加压力、创新工作,结合环保督察发现的问题开展集中排查。环保、水务等相关部门及时完成总投资约2亿元、日处理规模近4万吨的移动式一体化污水处理设施的建设安装工作,按期顺利完成污水不下河的目标任务。在污水处理设施的采购过程中,由于时间紧、任务重,新区采取比选方式进行采购,纪工委主动跟进、提前介入,将此行为纳入新区容错清单备案管理,事后未对该行为进行追责问责,有力地保障了项目按期完工。

(二)严格事中纠错认定程序

容错认定主体为纪检监察机关或组织人事部门,认定程序按提出申请、审核受理、调查核实、认定反馈、跟踪回访五个步骤进行。其中,细化、明确了谁问责向谁申请的原则,责任追究实施后,容错申请不予受理;多方听取意见,引入公开听证或第三方评估综合考量是否应当容错;强化结果公开,对做出容错认定结论的党员干部,在一定范围内公开容错纠错对象、事件、原因及结果等,主动接受干部群众监督,让容错纠错经得起时间和实践检验。如:新区工程建设项目多、每年渣土土方量达3000万至4000万方。某街道党工委书记在明知辖区农业项目未取得渣土倾倒相关审批手续的情况下,擅自决定收纳省级重点项目机场高速建设产生的渣土,造成了一定负面影响。纪工委在案件调查的过程中,认为该同志在落实党工委决策部署上存在主观过错,但未谋取个人私利,经集体研究,决定对其开展容错纠错,责令其做出书面检查,而未给予纪律处分。事后,纪工委也与其进行了谈心,并在新区范围内公开处理结果,接受群众监督。此案的处理对规范天府新区建设项目渣土管理和加强生态环境保护,既产生了警示教育效应,也发挥了积极的正面导向作用。

(三)开展事后容错纠错结果评估

天府新区强化容错纠错结果运用,明确免责或减责的情形,建立健全纠错改正和澄清保护机制,对经认定予以容错的单位或个人,由纪检监察机关和组织人事部门进行跟踪问效,定期组织回访谈心。同时,对容错纠错过程中发现的先行先试政策和经验进行评估和推广。如:为按期保障省级重点项目紫光芯城项目用地,煎茶街道在没有征地批文的情况下,创新实施"一下三上"工作法,通过推动群众自主搬迁,用3个月时间实现了1200户农民搬迁、交地7000亩的目标。在此过程中,新区纪工委收到群众信访反映,质疑征地举措的合法性。经调查核实,纪工委发现该街道积极引导群众自主搬迁,切实保障群众权益,获得了广泛支持和认可,未发现干部有谋取私利的情况。纪工委启动澄清保护机制,同时开展政策效果评估,及时上报党工委,在全区示范推广自主搬迁模式和"一下三上"经验做法,有力地促进了2020年近1.8万亩土地拆迁任务的顺利完成。审计署特派办、国土资源部成都督察局对天府新区采取群众自主搬迁模式、保障项目用地的做法给予了认可和肯定。

第四节 滨海新区容错纠错机制

滨海新区的容错纠错机制建设当前正处于相对成熟阶段,其于2016年率先出台《滨海新区激励干部改革开放创新勇于担当容错免责实施办法(试行)》和《滨海新区干部容错免责评审工作细则》。与其他新区不同,滨海新区在文件制定过程中考虑到自贸试验区和各开发区的特殊性,额外添加了四条容错免责情形，实现区内有别，鼓励干部作为。除此之外，滨海新区在澄清证明与回访教育方面均有所建树，为容错纠错落到实处提供了有力保障。然而，在结果界定方面，滨海新区的相关文件并未明确提及，未来应有所补充。

一、机制构建

2016 年，滨海新区纪委监委根据中央和市委、区委有关文件精神，结合容错免责实施过程中存在的新问题新形势新表现，牵头制定了《滨海新区激励干部新时代新担当新作为容错免责实施办法(试行)》(以下简称《实施办法》)和《滨海新区干部容错免责评审工作细则》，在全市率先启动容错免责工作。《实施办法》主要包括 6 个部分。第一部分总则对《实施办法》的制定背景、适用范围、概念界定、坚持原则和把握标准进行了详细说明。第二部分为适用情形，是《实施办法》的主干内容，结合滨海新区实际，针对改革创新、经济发展、行政审批、人才引进、生态建设、社会治理等方面着重列出了可以申请免责的 15 种情形、可以申请减责的 4 种情形以及不予免责的 8 种情形，为实践中如何界定符合容错免责的情形给出了明确要求。第三部分为自贸试验区和五大开发区容错免责，针对自贸试验区和五大开发区在滨海新区经济发展中的地位和作用，单独对自贸试验区和五大开发区的容错免责做出相对宽泛的要求，在可以申请容错免责事项的基础上，又增加了有关产业发展、深化改革、市场发展和营商环境改善等方面可以申请容错免责的事项情形。第四部分为操作规程，严格按照《天津市干部干事创业容错免责操作规程》的具体步骤，结合新区实际，对容错免责的启动、调查核实、认定、告知等程序进行了细化安排，增强了《实施办法》的操作性。第五部分为工作要求，此部分是对《中共中央组织部关于进一步激励干部担当作为有关具体措施的通知》中其他相关内容的细化和规范：一是精准科学实施问责；二是真诚关心关爱干部；三是健全完善防错纠错机制；四是严明纪律规矩。第六部分为附则，明确各部门各单位可结合实际，提出具体的落实举措。

总体而言,《实施办法》明确了容错免责的主体、原则、适用情形和操作规程等 27 项具体内容,特别是结合五大开发区法定机构改革的形势及任务要求设立专章,有针对性地提出了具体举措,以区委名义印发全区执行,并要求各单位结合工作实际,抓好贯彻执行。滨海新区积极探索实施容错免责,对在改革创新、先行先试、履职尽责过程中出现的偏差和失误,从性质、依据、动机、履职、程序、态度等六个方面进行综合分析,对该容的大胆容错,不该容的坚决不容。

二、机制运行

(一)输入——"容什么?"

1. 容错免责情形

下列情形可以申请免责:

(1)在推进建设世界一流产业创新中心攻坚行动中,努力打造先进制造业集群,建设金融创新集聚区,用好管好"两个一千亿"专项资金,提升产业层级、推动产业重构,积极作为、勇于探索,因政策界限不明确、不可预见因素或者缺乏经验,出现探索性失误的。

(2)在打造服务京津冀协同发展示范区攻坚行动中,努力推动世界一流港口、绿色港口建设,积极主动承接非首都功能疏解,但由于外在因素或体制机制限制,出现失误、未能达到预期效果的。

(3)在积极推进改革开放"尖刀团"攻坚行动中,努力推进法定机构改革、自贸试验区改革、行政审批制度改革、机关效能改革、市场化投融资改革、国有企业改革等重点领域改革,勇于先行先试,但由于缺乏改革样板,出现探索性失误或者未达到预期效果的。

(4)为深化"放管服"改革、"一制三化"改革,营造办事方便、法治良好、成本竞争力强、生态宜居的国际一流营商环境,采取场景式审批、智能化审批、信用承诺式审批、容缺后补、以函代证等便利化措施；对新出现的经营模式和业态给予行业许可和资金支持，加强事后监管防止造成重大损失或不良影响的。

（5）在打造创新驱动发展先导区攻坚行动中，努力加强前沿领域产业技术创新，积极引进、培育"航母级"科技领军企业、独角兽企业、高科技产业重大研发平台和龙头企业研发中心，但由于对前沿科技发展趋势判断不准，以及市场变化、外地竞争等因素，未能达到预期效果的。

（6）在招商引资，产业项目建设，扶持民营经济发展，争取政策、项目、资金等工作中，进行先期投入或者给予政策优惠，但因市场风险或者其他不可预见因素未达到预期效果的。

（7）在建设宜居宜业现代化海滨城市攻坚行动中，完善海滨城市发展布局，打造疏港交通与城市交通协同有序、集疏运结构合理、港城共同繁荣发展的综合交通网络，为抢抓时机、节约资源而大胆履职、大力推进，出现失误但未造成重大损失或不良影响的；在打赢蓝天、碧水、净土保卫战和渤海综合治理攻坚战过程中，为落实国家和天津市总体要求，积极履职尽责，采取果断措施，出现失误但未造成重大损失或不良影响的。

（8）在全面提升民生服务水平攻坚行动中，努力打造教育和医疗高地、促进房地产市场平稳健康发展、加强社会治理创新，为保护群众和公共利益，敢于决策、攻坚克难，出现失误但未造成重大损失或不良影响的。

（9）在积极防范和化解金融等各类风险中，积极担当作为，但因客观因素、工作方法等问题出现失误但未造成重大损失或不良影响的。

（10）在处置涉及安全生产、拆迁拆违、民族宗教等突发事件或者执行棚户区改造、农村城市化建设、重点工程建设、重大活动举办等急难险重任务中，为顺利推进工作，临机决断、主动揽责，出现失误但未造成重大损失或不良影响的。

（11）在解决信访积案、督查督办、涉法涉诉疑难复杂案件等历史遗留问题中，因时过境迁等原因，已无法按正规程序解决，为防止造成更加不利的局面，果断采取措施，化解矛盾焦点，出现失误但未造成重大损失或不良影响的。

（12）在打造人才特区攻坚行动中，努力引进高层次人才、探索户籍制度改革、强化人才住房保障，积极探索创新，出现失误但未造成重大损失或不良影响的。

（13）在相关法律、法规等政策规定未明确的情况下做出决策，实施后与后出台的法律、法规不一致，或者执行相关部门政策规定与其他部门政策规定不一致，但未造成重大损失或不良影响的。

（14）在招商引资、项目审批、城市规划、人才引进等工作中，借鉴深圳、上海浦东等先进地区做法，突破现有规范，出现失误但未造成重大损失或不良影响的。

（15）其他符合容错免责情形的。

2. 容错减责情形

（1）及时采取补救措施，有效挽回损失或者消除不良影响的。

（2）工作中由于失误、错误造成一定经济损失和社会影响，但同时又有较为突出立功表现的。

（3）失误、错误发生后，能够诚心悔改，主动向组织说清情况，积极配合问责调查工作，态度诚恳，主动承担责任的。

（4）党内法规规定的其他从轻、减轻情形。

3. 不予容错情形

（1）在落实国家和市委、市政府支持滨海新区高质量发展的意见，承接市政府下放滨海新区审批权限中玩忽职守、工作不力的，在支持自贸试验区、各开发区高质量发展过程中，推诿扯皮、贻误战机的。

（2）因失职失责，造成重大及以上安全生产责任事故、食品药品安全责任事故、严重环境污染生态破坏责任事故，以及造成重大及以上群体性事件的。

（3）应履行而未履行、不当履行、违法履行职责出现失职渎职，严重损害国家和集体利益、群众利益，造成重大损失、严重后果和恶劣影响的。

（4）打着改革创新的旗号，搞劳民伤财的"政绩工程""形象工程"，或者抬高办事门槛、损害群众利益、降低行政效能，损害党和政府形象的。

（5）不经论证盲目决策、不经法定程序违规决策而造成重大损失、损害群众利益的。

（6）在同一问题上重复出现失误错误造成损失，未采取积极改进措施，再次出现同样失误错误的。

（7）明知违纪违法依然我行我素，政策规定有明确限制仍然故意违反，或者假公济私，为个人、亲属、他人、单位谋取不正当利益的。

（8）其他不予免责的情形。

4.特定区域容错免责情形

对自贸试验区和各开发区的容错免责，除上述情形之外，采取相对宽泛的标准。下列情形可以申请免责：

（1）在抢占产业链制高点，大力扶持智能科技、高端装备制造、生物医药、集成电路、5G、融资租赁等产业，促进高新技术企业发展中，制定优先发展政策，采取特殊支持手段，现有制度规定没有明文禁止，或虽有限制性要求，但与形势发展相脱节的。

（2）在深化改革中，采取首创性、重构性、颠覆性制度创新，对现行体制机制有较大突破，成功实施可较大幅度促进发展，但存在一定风险的。

（3）为进一步树立市场化理念、实行市场化管理，积极推进优化机构人员、改革考核方式、实行绩效薪酬、实施城市管理和社会治理、放权赋能减负等工作，由于缺乏经验、先行先试，以及因顾全大局而损害小部分群体利益造成失误、引发信访等情况的。

（4）为打造国际一流营商环境，尽快实现项目落地、投产、增资和高端（特殊）人才引进等，在土地出让、启动资金、基础设施建设、税收减免等方面给予一定支持和保障，对积极推动项目引进和建设的投资商、中介机构或个人给予一定程度政策激励、资金奖励，或者对引进的高端（特殊）人才给予住房保障、子女就学、兼职兼薪等奖励性措施,但由于不可预见因素造成损失的。

(5)其他立足于自贸试验区和各开发区特殊情况,需要申请免责的情形。

(二)过程——"如何容?"

1. 容错主体

滨海新区各级党委(党组)按照干部管理权限,承担容错免责工作主体责任。纪检监察组织、组织人事部门以及其他具有问责职能的部门(以下简称"问责部门"),具体负责受理容错免责申请、开展调查核实等工作。

2. 容错原则

(1)总体原则

事业为上、反对无为。注重正向激励,实行各部门各单位目标任务量化考核奖惩机制,让干部有干头有盼头。坚持对不作为不担当问题的处理明显重于在实干中出现失误的情况,释放"可容工作过失,不容懒政怠政"的强烈信号。

严管厚爱、宽容失误。坚持激励与约束并重,惩戒与教育相结合,旗帜鲜明地支持和鼓励大胆探索创新,对改革创新中的失误应容尽容,真正卸包袱、减负担。

实事求是、依纪依法。坚持区别对待、一事一议,以事实为依据,以党章党规党纪和国家法律法规为准绳,具体问题具体分析,不搞一刀切、不划硬杠杠,不越纪律"红线"和法律"底线"。

集体决定、严格程序。严格按照规定程序开展容错免责,坚持公开透明、民主科学决策。

(2)"六看"标准

看性质,分清是在推进改革中因缺乏经验、先行先试出现的失误,还是明知故犯的违纪违法行为;看依据,分清是尚无明确限制的探索性试验中的失误，还是上级明令禁止后依然我行我素或者对政策故意曲解、随意变通；看动机，分清是出于公心为推动发展的无意过失，还是假公济私、以权谋私；看取向，分清是在决策实施中已经履职尽责，但因不可抗力、难以预见等因素造成的损失，还是没有竭尽全力积极作为造成的损失；看程序，分清是严格执行民主集中制，认真履行调查研究、集体决策、请示报告等必要程序，还是个人专断、一意孤行、无视程序，或是在集体决策中对错误决策提出明确反对意见或者保留意见，还是随波逐流、人云亦云；看态度，分清是真心反省、及时补救、主动纠错，还是消极应对、敷衍放任、坐视不管。

3. 容错程序

(1) 容错免责的启动

问责部门在启动问责程序或者责任调查过程中，应当主动考虑是否符合容错免责条件，对符合条件的应当予以免责或者减责。党组织、干部在工作中出现偏差和失误时，如符合容错免责情形和条件，问责部门应当启动容错免责程序，及时告知被调查对象，被调查对象或者所在党组织可在问责部门告知后七个工作日内向问责部门提交"容错免责申请"，申请应包括被调查对象的基本情况、有关事实、申请容错免责依据、免责建议等。

(2) 容错免责的调查核实

问责部门受理申请后，成立由 2 人以上组成的调查组开展调查。调查组要全面梳理汇总与判定容错免责有关的证据材料，写明调取过程和来源，加盖公章并由有关人员签字，全面听取相关党组织、单位、领导、同事、服务对象和干部本人的意见，形成调查笔录或者谈话记录。必要时，可由相关单位党组织和纪检监察组织、组织人事部门等出具书面意见。调查组综合分析调查核实获得的信息，综合考虑动机态度、客观条件工程序方法、性质程度、后果影响及挽回损失等要素，并与被调查对象一贯表现相互印证，形成书面报告，提出初步建议。

(3) 容错免责的认定

对符合容错免责条件的，按照干部管理权限，由调查组报问责部门领导班子集体研究。在问责部门权限内的事项，可直接做出容错免责或从轻、减轻处理的决定，需要同级党委(党组)审定的事项，问责部门提交同级党委(党组)领导班子审议决定。党委(党组)领导班子、问责部门领导班子应当集体研究提出容错免责意见，向上级纪检监察组织或者组织人事部门备案后执行。

（4）容错免责的告知

容错免责结论应在做出决定后五个工作日内，书面告知被调查对象及所在单位党组织。对从轻、减轻处理的，应在处理决定中予以体现。对予以免责的，应向提出申请的党组织和个人印发"免责决定书"，一般应包括被调查对象的基本情况、调查的事实、免责依据、免责结论、批准机关等。对予以免责的，问责部门依规停止执行处理程序，免于追责，并将"免责决定书"抄送同级纪检监察组织和组织人事部门。被问责对象对处理结论有不同意见的，自接到告知之日起 15 日内，可向做出结论的问责部门提出书面申诉。问责部门接到申诉后，应当在 30 日内做出申诉处理决定，以书面形式告知申诉人及其所在单位。申诉期间，不停止容错免责结论的执行。除法律法规规定不宜公开的事项外，做出容错免责结论的问责部门一般应当以会议、通报等方式将有关结论在一定范围内公开。

4. 保障措施

（1）加大落实关心关爱干部政策措施力度，完善和落实谈心谈话、带薪休假、定期体检、待遇保障等制度，科学配置工作力量，合理安排工作任务，减少干部节假日加班，对确因工作原因不能安排年休假的，按规定给予补助。开展深入细致的思想政治工作，及时解开干部心结，及时援助家庭困难干部，及时进行心理疏导，真正让干部安心、安身、安业。

（2）让"跌倒"的干部重新站起来。严格落实《天津市受问责干部管理办法(试行)》和《天津市受到处理或者处分党员帮扶回访工作办法(试行)》，帮助受处理干部重铸忠诚、重塑形象、放下包袱、轻装上阵。平等对待受处理的干部，不贴标签，不搞靠边站、边缘化。对知耻后勇、振奋精神、勤勉工作，符合重新任职条件的，该使用的及时大胆使用，表现突出的可以提拔或者进一步使用。

（3）严肃查处诬告陷害、恶意举报等行为，及时为受到失实举报或恶意举报的干部澄清正名、消除影响、挽回声誉，旗帜鲜明地为敢于担当的干部撑腰鼓劲。大力宣传容错免责典型案例，营造浓厚氛围，支持和保护干部干事创业的积极性。

（三）结果——"容的结果"

滨海新区相关文件中尚未明确规定容错结果，这将是该区完善容错纠错制度、促进容错纠错工作创新的重点。

三、机制创新——区内有别、激励保护

（一）实施区内有别、鼓励干部创新

滨海新区出台的《滨海新区激励干部新时代新担当新作为容错免责实施办法（试行）》针对自贸试验区和五大开发区在滨海新区经济发展中的地位和作用，单独对自贸试验区和五大开发区的容错免责做出相对宽泛的要求。在 15 条普适性容错情形的基础上，结合五大开发区法定机构改革的形势及任务要求设立专章，有针对性地增加了有关产业发展、深化改革、市场发展和营商环境改善等方面可以申请容错免责的情形，鼓励干部积极创新、敢于作为。

（二）做好澄清正名、严查恶意举报

滨海新区纪委监委注重做好容错免责的"后半篇文章"，严格落实《中央纪委国家监委关于做好失实检举控告澄清工作的意见》，建立澄清正名工作机制，狠利诬告陷害的歪风，为干事创业者保驾护航。对经核查认定检举控告失实的问题线索逐件逐人当面澄清，把好"澄清正名关"；对核查

失实后需要提拔评优的党员干部向组织澄清正名，把好廉政意见关；对在单位造成一定影响且核查失实的，向所在单位党组织负责人进行澄清反馈，由其在一定范围内澄清正名，把好"消除影响关"。2019年至今，区纪委监委为1014名干部及时澄清了问题，解除了干部的后顾之忧。同时，区纪委监委制定印发了《滨海新区纪检监察组织处置恶意举报行为暂行办法》，对认定属恶意中伤、诬告陷害、散布谣言的，依据规定移交有关部门从严从重查处，坚决抵制恶意举报歪风邪气，实事求是地为担当者担当、为负责者负责。

(三) 加强回访教育、激发干事活力

滨海新区纪委监委认真贯彻落实市委《关于受到处理或者处分党员帮扶回访工作办法》和市纪委有关部署要求，重点加强受处分人员帮扶回访工作，使受处分人员进一步认识错误，放下思想包袱，重新树立信心，激发干事创业的热情。2020年3月，区纪委监委采取"疫情防控监督+干部回访教育"方式，对受到处分的313名干部开展回访教育，将其在疫情防控中的实际表现作为受处分人员思想工作状况的现实检验情况。

第五节　哈尔滨新区容错纠错机制

哈尔滨新区在容错纠错制度建设方面有待提高，整体仍处于完善阶段，但其在容错纠错相关工作实践过程中依然有可取之处。哈尔滨新区于2019年开始容错纠错机制建设，相对其他新区而言起步较晚，然而迄今为止，已处理10起违纪事件、19名责任人员，颇具实践经验。通过实地调研与对政策文本的分析发现，哈尔滨新区容错纠错卓有成效的原因在于其自下而上起草的文件具有实际性，指标明确具有操作性，全面认定具有公平性，落实纠错具有激励性。

一、机制构建

(一)起步阶段

哈尔滨新区依据习近平总书记提出的"三个区分开来"原则、中共中央办公厅《关于进一步激励广大干部新时代新担当新作为的意见》、省委省政府《关于支持哈尔滨新区改革创新促进高质量发展的意见》(黑发〔2018〕48号)要求,为全面落实哈尔滨新区"三区一极"发展战略,进一步激发党员干部在哈尔滨新区高质量发展过程中干事创业的热情与活力,鼓励"先行先试、敢闯敢试"、消除干部顾虑、打破固有思维,区纪委监委主动担当,积极推动新区党工委破除干部思想藩篱,鼓励新区党员干部干事创业的激情,于2019年1月初成立了实施细则起草小组,研究相关事宜,确定了框架结构与主要内容。

(二)发展阶段

1. 文件制定

起草小组采取自下而上的方式,向区委办、政府办、财政局、安监局、执法局等区直部门及单位征求意见,由各单位部门自己开列容错清单,区纪委收集汇总后形成适合容错免(减)责的情形。起草小组先后召开4次讨论会研究起草,组织6次会议集中修改,于2019年1月底形成了初稿。区深改办先后两次审定初稿后,区纪委召开常委会议,原则通过了实施细则。2019年2月下旬,实施细则(征求意见稿)向区委、区人大、区政府、区政协、区法院、区检察院等的22位现职区级领导和区委办、组织部、政府办、政法委、招商局等区直部门和单位再次征求意见、建议。起草小组根据反馈的意见再次进行修改,形成实施细则送审稿。3月5日,经松北区委四届52次常委会议审议通过,提出对个别地方进行修改,并于3月下旬予以印发。2019年5月7日,小组对颁布施行的实施细则(试行)又一次进行了修改，于5月27日予以印发。

2.其他举措

2019年1月，为解决政府服务企业意识不强、懒政、怠政，不作为、乱作为等问题，新区纪委成立构建亲清政商关系课题组，积极推动新区构建亲清新型政商关系。经过深入调研和多方征求意见，新区出台了《哈尔滨新区江北一体发展区构建新型政商关系的实施意见（试行）》（哈新发〔2019〕1号），在黑龙江省率先推出政商关系正负面清单，建立政府与企业接触的"七准许""七不准"制度，为公职人员划清底线，为优质高效服务企业发展提供制度遵循。该项文件也为出台实施细则奠定了基础。

（三）不断完善阶段

哈尔滨新区于2019年5月27日印发《哈尔滨新区江北一体发展区容错纠错免（减）责实施细则（试行）》。该实施细则共有15条，具体内容主要包括了文件制定的目的、依据、含义、容错情形、容错程序、纠错机制、相关单位分工等。实施细则以清单形式明确了应当纳入容错免（减）责的10种情形，同时规定了5种不能容的问题。其主要特点如下：一是做到了容错纠错免减责"全覆盖"，适用于哈尔滨新区江北一体发展区各级党政机关、事业单位、国有企业党员干部及其他行使公权力的工作人员。二是在程序上引入了"评估"制度。在核实调查阶段，确有必要时，由调查部门组织被调查人所在单位相关人员及会计师事务所、审计事务所、造价公司等专业部门、机构，结合动机态度、客观条件、程序方法、性质程度、后果影响以及挽回损失等情况，对是否属于容错纠错免减责的范围进行第三方评估，评估结果作为调查报告的佐证材料。三是容错纠错免减责机制与"第一种形态"有机结合，通过谈话提醒、批评教育、责令整改、诚勉等方式，及时采取补救措施，纠正失误错误。

二、机制运行

(一)输入——"容什么?"

1.容错情形

根据哈尔滨新区政策文件和实践经验,有下列情形之一的,应当纳入容错免(减)责范围:

(1)为加快哈尔滨新区高质量发展,在落实上级党委、政府决策部署过程中,因无明确政策规定,由于缺乏经验出现失误错误,但已按程序集体研究、民主决策,没有为个人、他人或单位谋取私利,且积极主动消除影响或挽回损失的;

(2)因国家政策调整,上级党委、政府决策部署变化或客观形势发生变化,导致决策在执行中出现失误错误,没有造成严重影响的;

(3)在推动重大项目、重点工作过程中,为如期完成工作任务,大胆履职、大力推进、积极作为,因受条件限制,出现失误错误,但没有引发严重矛盾的;

(4)根据实际进行探索试验,突破制约改革发展的思维定式和制度约束,进行制度机制创新,在不违反法律法规的前提下,出台符合实际的政策措施,出现失误错误,但未造成严重影响的;

(5)在推进改革和体制机制创新中,因先行先试、探索经验而出现失误错误,造成负面影响的;

(6)在优化营商环境及行政审批等行政管理和服务工作中,为提高服务效率容缺受理、容缺审批,工作出现一定失误和偏差,但事后积极补齐手续的;

(7)在工作中遇到紧急情况,已经向上级机关报告但未得到答复前,因及时处置问题而引发矛盾但未造成严重影响的;

(8)在加强基层治理、维护社会稳定、处理历史遗留问题、征地拆迁等工作中，为维护政府诚信，从实事求是、解决问题的角度出发，已无法按正规程序解决而采取超常规措施，造成损失或者引发社会矛盾但未造成重大影响的；

(9)严格落实安全生产监督管理部门各项职责，依法依规制定各有关部门安全生产权力和责任清单，照单尽职后发生突发事件，为避免损失扩大或者事态蔓延，临机决断、主动担当揽责，出现失误，事后积极主动消除影响和挽回损失的；

(10)其他符合容错免(减)责情形的。

2.不予容错情形

落实全面从严治党责任不到位，发生生态环境损害事件、食品药品安全事故、安全生产责任事故、群体性事件处置不力等情况不予容错。

(二)过程——"如何容?"

1.容错主体

哈尔滨新区容错纠错制度建设主要由纪检监察机关负责，新区党风廉政建设和反腐败工作职能由松北区纪委监委承担。其内设机构8个，分别为办公室、组织和宣传部、党风政风监督室、信访(案管)室、案件审理室、第一纪检监察室、第二纪检监察室、第三纪检监察室。松北区纪委监委承担着哈尔滨新区江北一体发展区组织协调全面从严治党、党风廉政建设和反腐败宣传教育等工作职能，担负着监督、执纪、问责和监督、调查、处置等多项工作任务，履行着全区增强"四个意识"、坚定"四个自信"、做到"两个维护"的监督责任。

2.容错原则

哈尔滨新区的容错纠错免(减)责工作秉持"三个区分开来"、支持改革创新、依法依规处置、合理容错免(减)责的原则。

3.容错程序

申请：在问责实施过程中，调查组如发现存在容错免(减)本人认为被调查行为符合容错免(减)费情形的,应当予以调查核实;被调查人所在单位党组织或者本人认为被调查行为符合容错免(减)责情形的,可以提出书面申请。

核实:制定调查工作方案,听取者调查人及其所在党组织和其他人员意见,必要时进行第三方评估。结合动机态度、客观条件、程序方法、性质程度、后果影响以及挽回损失等情况,集体讨论后形成调查报告。

认定:错免(减)责调查报告经审理后形成审理报告,并征求组织(人事)部门和被调查人所在党组织的意见,区管干部应当提请区委常委会审议决定。对符合容错免(减)责情形的,下达"容错免(减)责决定书",及时向被调查人单位及其所在党组织反馈。

报备:及时将容错免(减)责认定结果上报市纪委监委和区委备案,并抄送组织(人事)部门,归入干部档案。对同一问题,已得到相关部门答复、解决的,且答复解决无明显错误,当时未有异议,又重复反映的,不予受理。

4.纠错方式

有管辖权的党组织认真落实主体责任,充分运用"第一种形态",咬耳扯袖、红脸出汗,加强日常教育监督管理,抓早抓小、防微杜渐。

按照失误错误的严重程度,采取谈话提醒、批评教育、责令整改、诫勉等措施,督促相关单位或者个人及时采取补救措施,纠正失误错误。

(三)结果——"容的结果"

经过免责认定的单位或个人,在以下方面不受影响:

(1)单位目标责任考核和政治生态建设成效考核;

(2)干部提拔任用、职级职称晋升;

(3)党代表、人大代表、政协委员和后备干部资格;

(4)单位和个人评优评先。

三、机制创新——容纠并举，立足实际

(一) 自下而上起草，立足于实际

实施细则起草小组采取自下而上的方式，向区委办、政府办、财政局、安监局、执法局等区直部门及单位征求意见，由各单位各部门自己开列容错清单，收集汇总后形成适合容错免(减)责的情形。自下而上的起草方式能够更好地把握实际情况，让容错制度切实发挥作用，体现制度人性化的同时，对容错情形进行了丰富和创新。其中，第六项情形体现出了哈尔滨地区的地域特征。由于纬度较高、严寒天多，哈尔滨新区工期短，而审批过程耗时长，为提高发展效率，实现"承诺即开工"，企业可以做出承诺，在一个月内将材料补齐，从而实现不影响工期。第七项情形让无意违规，且勇于承担、敢于作为的干部少了后顾之忧。

(二) 指标较为明确，可操作性更强

哈尔滨新区在制定《哈尔滨新区江北一体发展区容错纠错免(减)责实施细则(试行)》的过程中，不仅借鉴了其他地区的相关经验，结合了自身的特殊性，还在确定具体情形时参考了相关行业的规章制度，提高了可操作性。具体而言，在制定容错纠错指标时综合考虑到了问题性质、行为动机、行为心态、行为类别、行为过程、任务难度、时空条件、行为后果、纠错态度等方面。

(三) 进行全面认定，引入第三方评估

哈尔滨新区相关文件规定，在对一些具体事件进行情况认定时，为更好地对事件进行把握，必要时要进行第三方评估。认定主体不局限于上级组织和纪检监察部门，多方主体同步认知，减少对容错纠错边界认识的分歧。听取多方意见，全面考虑，科学决策。这样能够一定程度上约束认定

主体的自由裁量权,减少庇护犯错者的能力,减少"寻租"情况出现的可能。从目前的实践来看,新区尚未实施第三方评估,这是未来容错纠错工作创新的重要方向。

(四)纠错落到实处,激励干部作为

哈尔滨新区在纠错方面的落实情况较好,落实主体责任、加强日常监督教育、及时纠错改错、实现容错与纠错并重互补。此外,哈尔滨新区在纠错过程中非常重视回访教育,由此形成了激励与纠错改错双管齐下的制度合力,发挥了保护干部、激发干劲的作用,达到了容错纠错的根本目的。就具体过程而言,新区纪委先与纠错对象所在单位沟通,了解其近况,并通过个人谈话、手书自我认识等方式,全面把握思想动态。为便于交流想法,关心和鼓励干部作为,表明组织态度,新区纪委还会在组织座谈会后再向上级进行情况反馈。

第六节　江北新区容错纠错机制

江北新区虽在容错纠错制度构建方面起步较晚、存在提升空间,但其与哈尔滨新区相似,在实践操作层面拥有丰富经验。江北新区敢于为干部卸包袱、勇于为复杂问题开绿灯、甘于为干部及时兜底、善于具体问题具体分析、惯于考虑干部一贯表现,在社区工作、招标采购、招商引资等方面拥有多个容错免、减责典型案例。结合实地调研情况与典型案例可发现,江北新区做到了界限明确、宽严相济,使干部有干劲、敢作为、能担当、讲温情。

一、机制构建

(一)起步阶段

2018年5月21日,中共江苏省委办公厅印发《江苏省党政干部鼓励激励办法》《江苏省进一步健全容错纠错机制的办法》《江苏省推进党政领导干部能上能下办法》(苏办发〔2018〕19号)。文件中包含了完善容错纠错机制的适用范围、把握容错纠错机制的政策界限、掌握调查核实的总体要求、强化科学认定的关键环节、用好宽严相济的处置机制、发挥容错纠错机制的制度效应、形成统一领导、齐心协力的工作格局等内容,为江北新区的容错纠错机制建设奠定了基础。

(二)发展与不断完善阶段

为了进一步贯彻落实中央关于激励干部新担当新作为和省市"1+3"工作精神,2019年2月19日,江北新区党工委出台了鼓励激励容错纠错三项机制的实施办法。文件进一步明确了适用范围,把握政策界限,规范认定流程,完善配套机制,强化组织领导。新区纪工委监察工委,把容错纠错作为激励干部干事创业的办法,既要严的主基调,又要宽的软环境,牢牢把握"三个区分开来",贯通运用四种形态,激励干部担当作为。

二、机制运行

(一)输入——"容什么?"

建立干事创业容错纠错机制,要正确看待和评价干部在干事创业中的失误错误,对在履职担当、创新实干,推动高质量发展过程中,出现一些偏差失误的干部,只要不违反党规党纪和法律法规,不违背中央精神和省市委、新区党工委决策部署精神,勤勉尽责、未谋私利、及时纠错改正,不做负面评价，免除相关责任或者从轻减轻处理，帮助干部打消顾虑、放下包袱、轻装上阵，激励干部担当作为、干事创业。

江北新区重点关注改革创新、推进发展、管党治党等领域，鼓励新区广大干部在贯彻新发展理念、推动体制机制创新中积极探索、先行先试；鼓励新区广大干部在对标找差、创新实干，推动高质量发展，建设"两城一中心"，打造"六个新区"等决策部署中履职尽责、攻坚克难；鼓励新区各级党员领导干部在落实管党治党主体责任、从严教育管理干部中坚持原则、敢抓敢管。

(二)过程——"如何容?"

1. 容错主体

坚持党的领导是确保干事创业、改革创新在正确轨道上运行的重要保证。江北新区坚持把加强党的领导贯穿于容错纠错全程，立足实际，主动对标全面从严治党新要求，努力构建统一领导、统筹协调、部门联动的工作格局。

(1)各级党(工)委要主动担负主体责任。江北新区加强对干事创业容错纠错工作的统一领导，旗帜鲜明地为敢于担当的干部担当、为敢于负责的干部负责，着力强化各级党(工)委的领导和把关作用。根据调查核实结果，对属于容错情形、符合容错条件的，相关问责机关或者部门提出容错纠错初步意见，报同级党(工)委集体研究认定。情况复杂、涉及面较大、社会关注度较高的，报新区党工委审核把关。

(2)各级纪检监察机关要支持干部担当作为。按照中央和省市委、新区党工委要求，新区各级纪检监察机关要认真执行干事创业容错纠错机制的有关规定和办法，对属于容错纠错的问题，认定程序要规范公正、评估论证要科学合理、政策把握要精准到位，充分体现干事创业容错纠错机制的要义和导向。新区纪工委要加强指导，注重案例引领，定期梳理汇编容错纠错典型案例，做出示范引导，既要避免不敢容不会容，又要防止突破党纪国法底线,推动干事创业容错纠错机制真正落到实处。

(3)各级组织部门要树立正确用人导向。坚持好干部标准,突出信念过硬、政治过硬、责任过硬、能力过硬、作风过硬,大力选拔敢于负责、勇于担当、善于作为、实绩突出的干部,大胆使用个性鲜明、坚持原则、敢抓敢管、不怕得罪人的干部。对给予容错的干部,考核考察要客观评价,选拔任用要公正合理。对不担当不作为的干部,根据具体情节该调整的调整、该降职的降职、该免职的免职,使能上能下成为常态。

(4)各级宣传部门要创造良好舆论氛围。统筹运用各类媒体资源,大力宣传支持保护干部干事创业的政策措施;加强正面引导,大力选树一批改革创新、干事创业的先进典型,激励新区广大干部见贤思齐、锐意进取,推动新区上下形成崇尚创新、敢于担当、真抓实干的浓厚氛围。

2. 容错原则

(1)总体原则

根据江北新区实践经验,实施干事创业容错纠错机制,要妥善把握实事求是、依纪依法、容纠并举等原则,正确看待和评价干部在干事创业中的失误错误,把干部在推进改革中因缺乏经验、先行先试出现的失误和错误,同明知故犯的违纪违法行为区分开来;把上级尚无明确限制的探索性试验中的失误和错误,同上级明令禁止后依然我行我素的违纪违法行为区分开来;把为推动发展的无意过失,同为谋取私利的违纪违法行为区分开来。

(2)"七看"原则

江北新区容错纠错工作坚持"七看"原则。看性质,是探索创新、先行先试,还是有令不行、有禁不止、肆意妄为;看初衷,是出以公心、担当尽责,还是假公济私,为本人、他人或者单位谋取不正当利益;看取向,是符合中央和省市委、新区党工委的决策部署精神的开拓创新,还是上有政策、下有对策,急功近利;看程序,是集体研究、科学决策、民主决策、依法决策,还是滥用职权、个人独断、一意孤行;看情形,是无心之失或者因不可抗力、难以预见等因素造成的失误错误,还是主观故意、明知故犯、无视规律；看影响，是仅产生轻微负面影响，还是造成了不可挽回的严重危害；看处置，是积极主动采取措施消除影响、挽回损失，还是消极应对、掩盖过失、知错不改。

3.容错程序

（1）推行"同步调查"

按照干部管理权限，相关问责机关或者部门在对干部的履职行为启动问责程序或者责任调查过程中，无论当事人是否申请，应当同步考虑当事人履职行为是否存在《关于建立干事创业容错纠错机制的实施办法（试行）》（宁委办发〔2017〕64号）规定的容错情形、是否符合容错条件。干部个人和所在单位认为符合容错情形，可向相关问责机关或者部门提出申请。

（2）严格"一事一核"

在核实阶段，相关问责机关或者部门应当就当事人提出容错纠错申请的具体事项进行调查核实，不得随意扩大调查核实的内容和范围，以打消当事人申请容错纠错时的顾虑。

（3）开展"两评价"

在核实阶段，针对申请容错纠错涉及的具体事项，征求当事人所在单位业务主管部门以及其他相关人员的评价意见，必要时也要听取行业专家、管理和服务对象的评价意见。就其本人的一贯德才表现及前期接受调查处理的情况，征求其所在单位党（工）委的书面评价意见，既查清失误错误的原因、性质及危害程度，又广泛了解当事人的一贯表现，确保做出全面客观准确的判断和认定。

（4）组织联席会商

相关问责机关或者部门要及时召集纪检监察机关、组织部门、当事人所在单位党（工）委以及相关职能部门对当事人有无容错情形、是否符合容错条件等内容进行会商，形成一致意见。会商意见不一致时，向同级党（工）委请示，并向上级主管部门报告。

（5）及时沟通反馈

相关问责机关或者部门做出认定结论后，应当在 3 个工作日内反馈给当事人及其所在单位。对符合免责情形时，应当在一定范围内公开。对认定结论持有异议的，当事人有权提出申诉，必要时可以请其他人员为自己作证或者辩护。相关问责机关或者部门应当认真组织复核，及时沟通反馈。

4. 保障制度

（1）改革风险防范及备案审查机制

承担重大改革任务、开展上级尚无明确限制的探索性实验以及推进改革创新、先行先试，应当按照有关规定进行风险评估和论证，评估论证材料、决策过程记录应作为容错的重要参考。实施问题复杂、存在较大风险的改革创新项目，应当在事前将方案报上一级党（工）委、政府、主管部门备案审查。各级党（工）委、政府和主管部门可通过专家论证、公众听证、第三方评估等方式，及时发现、纠正存在问题，必要时停止实施改革工作方案。

（2）纠错改正机制

各级党（工）委要加强对干部的日常监督管理，对履职担当、改革创新过程中出现的失误错误，要及时研究整改纠错，并向新区党工委进行汇报，迅速采取补救措施，消除负面影响，最大限度地减少或挽回损失。对存在失误错误的个人，要及时谈心谈话，既指出存在问题，又明确改进方向。要常态化运用监督执纪"四种形态"，注重抓早抓小，对苗头性、倾向性问题，早发现、早提醒、早纠正；对普遍存在的共性问题，深入分析原因，举一反三、堵塞漏洞，健全相关制度，从源头上杜绝失误错误重复发生。新区纪检监察机关要切实加强专责监督，采取提醒谈话、诚勉谈话、专责监督意见书、监察建议书等方式督促有关单位或者个人分析查找失误错误产生原因，制定改进措施，及时纠正偏差和失误，推动问题整改。

（3）权益保护机制

相关问责机关或者部门在调查认定过程中应当注重保护当事人的合法

权益,在调查核实、提出初步意见等重要环节充分听取当事人陈述,认真分析、细致甄别。对给予容错纠错的干部,应当进行回访教育、跟踪管理,及时了解其思想动态,帮助其放下思想包袱,体现组织的关心关爱。对诬告陷害行为应当严肃查处,对受到不实反映的当事人应当澄清证明、消除顾虑。

正向激励机制。结合有关鼓励激励、能上能下的政策措施,通过给敢于改革创新者容错,加大治庸治懒力度,鼓励探索创新、鼓励先行先试、鼓励大胆实践,形成允许改革有失误,但不允许不改革,允许创新有失败,但不允许因循守旧,允许担当有过失,但不允许为官不为的鲜明导向。

跟踪评估机制。新区纪工委、党群工作部应当对新区实施干事创业容错纠错机制的情况定期进行跟踪评估,运用科学、系统、规范的评价方法,对容错纠错机制执行后的效果做出客观、公正的综合评定,及时发现问题、解决问题,总结推广好的经验做法,根据评估结果。

(三)结果——"容的结果"

对及时发现错误、中止错误,主动挽回损失和消除不良影响的干部,可以免除相关责任或者从轻处理。

三、机制创新——形成"1+3"工作办法

(一)宽严相济,激励作为

为深入学习贯彻习近平新时代中国特色社会主义思想和党的十九大精神,落实中央《关于进一步激励广大干部新时代新担当新作为的实施意见》和省市委关于鼓励激励、容错纠错、能上能下"三项机制"具体办法等文件精神,充分调动新区广大干部的积极性主动性创造性,凝心聚力推动高质量发展,实现"两城一中心"建设任务和"三区一平台"发展目标,江北新区结合工作实际,就建立健全新区崇尚实干、带动担当、加油鼓劲的正向激励

体系，形成了《关于进一步激励新区干部新时代新担当新作为的实施意见》，此为"1"。与之匹配的《江北新区党政干部鼓励激励实施办法（试行）》《江北新区进一步健全干事创业容错纠错机制的实施办法（试行）》《江北新区推进领导干部能上能下实施办法（试行）》则为"3"。自"1+3"工作办法实施以来，新区纪工委监察工委把容错纠错作为激励干部干事创业的办法，既要严的主基调，又要宽的软环境，牢牢把握"三个区分开来"，贯通运用四种形态，激励干部担当作为。

（二）"七看"原则，明确界限

"1+3"工作办法进一步明确了容错纠错中需要把握的具体问题，明确政策界限、规范实施程序，便于基层操作和实践，主要是在"三个区分开来"的基础上做到"七看"：看性质，是探索创新、先行先试，还是有令不行、有禁不止、肆意妄为；看初衷，是出以公心、担当尽责，还是假公济私，为本人、他人或者单位谋取不正当利益；看取向，是符合中央和省市委、新区党工委的决策部署精神的开拓创新，还是上有政策、下有对策，急功近利；看程序，是集体研究、科学决策、民主决策、依法决策，还是滥用职权、个人独断、一意孤行；看情形，是无心之失或者因不可抗力、难以预见等因素造成的失误错误，还是主观故意、明知故犯、无视规律；看影响，是仅产生轻微负面影响，还是造成了不可挽回的严重危害；看处置，是积极主动采取措施消除影响、挽回损失，还是消极应对、掩盖过失、知错不改。

（三）既有"尺度"，又有"温度"

江北新区坚持容错与纠错相结合，在容错基础上坚持有错必纠、有过必改，充分吸取教训，坚持立行立改、注重完善制度、强化正向激励，把规则定在前面，最大限度地避免犯错、少走弯路，提高自我纠错、自我提高、自我完善能力。健全容错纠错机制重在落实，江北新区规范容错调查、认定、处置等程序，确保在实际工作中具有可操作性。认真细致地开展调查核实，是实施容错纠错机制的关键。"1+3"工作办法明确，要协同开展调查，客观公正地收集相关证据材料，充分听取各方意见建议。尤其在认定环节，要坚持以事实为依据，以纪律规定和法律法规为准绳，科学做出容错纠错认定结论。对该容的大胆容错，不该容的坚决不容，既要避免不敢容不会容，又要防止突破党纪国法底线，推动制度真正贯彻落实到位。形成认定结论后，要根据不同情形区别对待、妥善处置，强化教育，用好"四种形态"，真诚关心关爱，充分体现惩前毖后、治病救人的方针，解开干部思想扣子，让干部轻装上阵、积极工作。

第六章　国家级新区容错纠错机制解析

　　容错纠错机制是容错纠错各要素之间的结构关系和运行方式。在容错纠错理论与政策分析基础上，结合国家级新区实地调研情况，对容错纠错机制进行整体构建与分析，能够为国家级新区容错纠错工作的开展提供更加具有系统性与发展性的理论指导。本章主要涵盖容错纠错实施思路、国家级新区容错纠错机制的横向比较以及国家级新区容错纠错的经验与成效。首先，本章以事前、事中、事后的时间顺序，结合容错边界、组织架构、容错程序、纠错程序、结果应用以及保障措施对容错纠错实施思路进行详细解释。其次，在实施思路维度的基础上构建容错纠错机制运行模式，以此为标准对各新区容错纠错工作进展进行评价与打分，将国家级新区容错纠错工作发展情况划分为起步探索阶段、快速发展阶段、瓶颈突破阶段、相对成熟阶段以及成熟创新阶段。再次，根据新区实地调研报告及官方公开报道，总结八项国家级容错纠错实践经验以供各新区参考。最后，总结国家级新区在容错纠错机制本身发展和衍生影响两大方面的显著成效。

第一节　国家级新区容错纠错的实施思路

　　本节主要结合 19 个国家级新区的容错纠错实践，整合性地概括容错纠错实施思路，包括两个部分的内容：容错纠错实施思路总括、容错纠错实施思路详解，主要以事前、事中、事后的时间顺序结合容错边界、组织架构、容错程序、纠错程序、结果应用以及保障措施6项内容进行分析。本章后两节内容参考本节实施思路进行展开分析。

一、容错纠错实施思路总括

在容错纠错实施过程中，我们要厘清几个重要因素及其之间的关系，它们是容错边界、组织架构、容错程序、纠错程序、结果应用以及保障措施。建构好这几项因素是推进容错纠错机制的系统化、制度化、法律化构建的必然要求。每个国家级新区都会依据国家总体政策以及自身的发展条件，并结合所在地区的大环境制定容错纠错的实施思路。在制定容错纠错实施思路时，应该有的放矢。首先，要把握好容错纠错制度本身的制定目的是什么；其次，要结合国家的大政方针，不违法违规；最后，要依据各自国家级新区的特点，制定具有自身特色的容错纠错实施思路。容错纠错要把握好事前准备、事中执行以及事后反馈，同时要以自我反思、自主上报为主，充分发挥社会的监督作用。

二、容错纠错实施思路详解

实地调研发现，国家级新区在实施容错纠错过程中基本秉持着事前、事中、事后的实施思路。事前即容错边界的界定，只有制定出清晰的容错纠错边界，才能使得容错纠错顺利进行，"有法可依"；还有组织架构的完善，完善的组织架构能保证容错纠错过程中的责任到人。事中主要是容错程序和纠错程序两个流程。事后是结果运用和保障措施两个板块。（如图6-1所示）

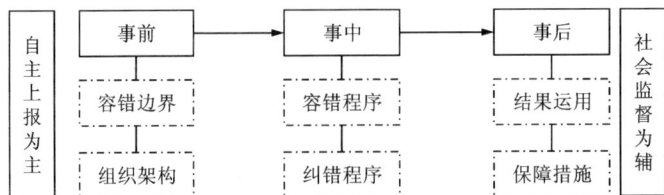

图 6-1　容错纠错实施思路

来源：作者自绘

（一）事前准备

1.设置前置条件，明确容错边界

容错边界是一个抽象概念，容错纠错赋予公务员的权利不是内生权利，如果容错纠错的边界不够清晰，那么容错纠错就很容易成为一句空话。将容错纠错边界规定好，能解决领导干部"在哪里干"的问题。通过实地调研发现，容错边界具体落实在实践中主要分为实施原则、可容情形以及不可容情形清单，这也是目前实施容错纠错制度最直接的依据。容错纠错的实施首先要遵循"三个区分开来"的标准，以此来确定容错对象的边界，抓住矛盾的普遍性。通过各新区实地调研，总结得出以下示例，见表6-1：

表 6-1　容错纠错前置条件示例

序号	前置条件
（1）	党章、党规和法律、法规没有明令禁止，或法律法规虽没有明确规定，但符合中央、省、市和新区决策部署精神的
（2）	按规定经过决策程序，且原则上意见一致的
（3）	遵守廉洁纪律，没有与其他组织和个人串通，损害公共利益和他人正当利益，或利用职权为自己、他人和其他组织谋取不正当利益的
（4）	主动纠错，及时挽回损失或者消除不良影响的

续表6-1

序号	前置条件
(5)	未直接造成重大、特别重大安全责任事故和严重环境污染、生态破坏责任事故，或引发严重群体性事件的
(6)	失误或错误是在先行先试、探索创新中发生的
(7)	当事人主观方面是出于公心，且积极、主动履行职责
(8)	客观方面因历史遗留问题、上级政策调整、不可抗力、难以预见等因素造成
(9)	程序方面严格执行民主决策、严格遵守请示报告制度

来源：《2020年南沙区关于贯彻落实"三个区分开来"治理为官不为健全容错纠错机制激励担当作为的实施方案》

　　容错纠错的前置条件是在"三个区分开来"的指导下，部分新区自行探索并运用于容错纠错过程中的相关规定。如果"三个区分开来"是一级纲要，那么前置条件就是二级纲要，容错情形示例就是三级纲要。第三级纲要是新区结合自身发展得来的更具体的要求。调研发现，南沙新区对"三个区分开来"的要求落实得较为具体，其正负面清单十分清晰地列出了在国家级新区探索创新中可容与不可容的错误情形。

　　除结合"三个区分开来"的原则之外，新区还要结合本省的条例规定，各地方条例规定，新区所在辖区内的法律、法规和各项政策以及新区发展建设中的主要目标，把握好政策标准，抓住矛盾的特殊性（如表6-2所示）。

　　2.明确组织架构，职能职权明晰

　　容错纠错边界的划分可以使干部知道容什么错纠什么错，组织架构的设立（见图6-2）就是为了让干部知道谁来容错和纠错。因此，组织架构要十分明确，其实质就是界定容错主体与对象，容错主体部门的职权职责等。

　　（1）各级党组织应担负起容错纠错的主体责任，将容错纠错作为推动工作的重要举措，一级对一级负责，上级为下级担当，支持干部放手大胆工作。

　　事前：重大事项决策程序、请示报告与公示公开。各级党组织要坚决执行重大事项向上级党组织汇报的原则。上级党组织要监督执行本项政策。除此之外，各级党组织的日常工作也要落实到位，包括对党员进行监督，督促党员干部和其他任何工作人员严格遵守国法政纪，加强党风廉政建设，严格执行党的纪律，坚决同腐败现象做斗争，协助党组(党委)管理机关基层党组织和群众组织的干部，配合干部人事部门对机关行政领导干部进行考核和民主评议，对机关行政干部的任免、调动和奖惩提出意见和建议。

表6-2　具有地方特色的可容清单、不可容清单

可容清单	不可容清单	新区
• 先行先试探索社会信用体系建设、信用领域创新、信易+应用等有关工作中出现的失误或错误。在用海审批、水务工程建设管理、信息网络安全和信息化、先进制造业、扶持人工智能应用等方面，开展简化环节、优化程序等制度设计并在实施过程中出现的失误或错误。 • 作为全国首个试点项目实施地区，先行先试探索我市与深圳市婚姻登记联城通办试点工作，在业务办理过程中因缺少经验等原因导致出现的失误或错误。	• 未按照《广州市发展改革委关于印发广州市2020年"攻城拔寨"项目计划的通知》，完成由南沙区政府牵头推动的如南沙邮轮码头综合体项目、明珠湾大桥等重点项目年度投资计划。 • 4月底前，未编制自贸区加快打造新时代改革开放新高地的意见。 • 6月底前，未实施建设工程项目审批2.0改革，未推广实施"交地即开工。"	南沙新区
•《关于对招商引资项目和企业轻微违法行为首违不罚的规定》		长春新区
• 在打造服务京津冀协同发展示范区攻坚行动中，努力推动世界一流港口、绿色港口建设，积极主动承接非首都功能疏解，但由于外在因素或体制机制限制，出现失误、未能达到预期效果的。		滨海新区
……	……	

来源：作者自制

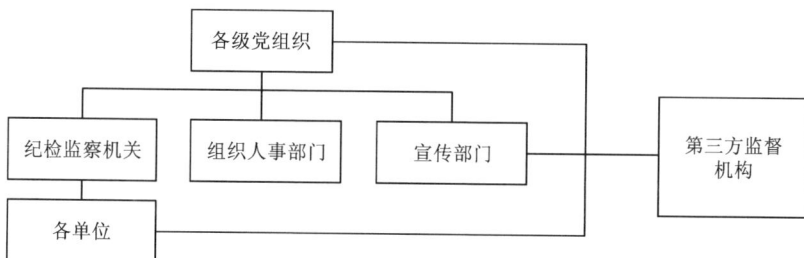

图 6-2　容错纠错组织架构图

来源：作者自绘

事中：党组织主要接受容错纠错申请。单位党组织按照干部管理权限，对该履职行为是否符合容错情形和条件进行审核，符合相应情形和条件的，应收集相关证据资料，经集体研究后，出具相关意见报送区纪委监委。

事后：各级党组织按照干部管理权限，有计划地与所管理的干部谈心谈话，了解干部工作状态，掌握干部工作进展，激励干部工作动机。

（2）纪检监察机关要承担容错纠错直接责任，严格执纪监督，把握政策界限，通过合理容错、及时纠错、澄清保护，消除干部思想顾虑，鼓励干部积极作为；有效运用好监督执纪"四种形态"，惩前毖后、治病救人；全面履行监督责任。

事前：纪检监察机关是组织内部监察机关（区别于外部的社会监督）。监督是纪委监委的第一职责，要把监督寓于日常工作中，见人见事见细节，从苗头性、倾向性问题抓起，深化运用监督执纪"四种形态"，既重力度又重尺度，实现监督工作政治效果、纪法效果和社会效果的最大化。

事中：纪检监察机关职责主要体现在容错程序与纠错程序中。纪工委（监察室）按照干部管理权限，由业务承办部门调查审查符合容错情形的当事人，提出初办意见，提交纪工委（监察室）班子会议研究，形成容错认定结论。情况复杂、影响较大、社会关注度较高的，先由纪工委（监察室）认定，并报党工委审批。因此，在容错程序中，除申报外，申请受理、调查核实、认定反馈的主体负责机关应当是纪检监察机关。

事后：对受到容错纠错甚至问责的领导干部进行集中回访、谈心谈话，开展心理关怀，卸掉干部心中包袱。

(3)组织人事部门要树立正确的选人用人导向，加强对干部的教育和管理。对认定符合容错情形的干部要客观评价、宽容理解、大胆使用。

事前：选正确的人，才能做正确的事。组织人事部门选好人，能够在根源上减少"错"的发生。即使有"错"发生，也只会是因为好的干部为了社会更好地发展而造成的无心之错。因此，组织人事部门要准确把握好干部标准，落实好领导干部政治素质考察办法，严把政治关。强化实践实干实效导向，以办成事为标准，大力提拔重用政治过硬、肩膀过硬、能力过硬、业绩过硬的干部。对在关键时刻、重大任务、突发事件、斗争一线豁得出来、冲得上去的干部，打破常规、大胆使用；创新选人用人方式，坚持大视野、大格局、大气度，积极探索干部选任在更大范围内统筹调配使用的办法，打破干部地域分割、部门所有、系统限制，加大干部交流力度，切实把最优秀的干部放到最重要的岗位上；注重知事识人，发挥考核指挥棒作用，健全日常考核、分类考核、近距离考核的知事识人体系，把履行岗位职责、解决实际问题、创造工作业绩等情况作为考核评价干部的基本内容，强化考核结果运用，对考核不称职的大胆做出免职、降职等组织处理，大力表彰宣传担当作为、实绩突出的干部，该奖励的及时奖励，符合条件的及时选拔使用，推动干部能上能下，树立"优者上、庸者下、劣者汰"的鲜明导向①。

事中：配合党组织以及纪检监察机关，积极参与"错"的认定。配合纪检监察机关，积极全面了解犯错误的党员干部的整体情况。

事后：事后对于结果的运用，也是组织人事部门职能所在。既要确保被容错干部再聘用、晋升等不受干扰，也要严格管理被处理干部的再聘用

---

① 李如海，门路.公务人员容错纠错的实施机制[J].中共石家庄市委党校学报，2019，21(10)：32-36.

与晋升。

（4）宣传部门需统筹运用各类媒体资源，加强正面引导，创造良好的舆论氛围[1]。宣传部门对适用容错纠错免（减）责机制干部典型案例进行客观理性报道，充分发挥典型案例的示范作用，树立激励创新、容许试错、敢于担当的鲜明导向。

事前："凡事宣传先"，必须把宣传工作摆在各项工作的首位。基层工作必须首先根据年度中心工作，把握大局方向，列清重点，分析工作难点，制定具体的宣传计划。将容错纠错各项计划、各地区往年案例典型、好的学习经验等，进行集中并且广泛的宣传。不能让容错纠错在人民群众中甚至组织内部"污名化"。

事中：事中以信息透明、程序公开为主要职责。及时将处理方式以及对于犯错干部的调查进行公开。

事后：对已发生的案例进行客观理性的报道。对有私心的干部进行警戒，对有担当、敢作为、勇创新的干部进行激励。让有担当、敢做为的党员干部能够放开手、大胆干。

（5）各单位要主动防错纠错。各用人单位大力营造支持改革、激励创新、允许试错、宽容失误的良好氛围，形成敢于担当、争先创优、干事创业、竞相跨越的良好态势。各单位主要起辅助作用，帮助各个主体完成容错纠错工作。

（6）第三方监督在容错纠错过程中，要坚持公开透明原则。因此，应该引进第三方监督机构（包括社会、媒体等监督方式）。第三方监督应该贯彻到容错纠错事前、事中以及事后，同时对容错纠错主要实施主体进行及时有效的监督。事前要建立完善的督查督办制度（对决策执行进行全程跟踪了解、督查督办），开展执行力评价（对领导干部贯彻落实重大决策部署、推进重点工程、依法行政、规范执法、工作效能、工作实绩等情况，定期开

---

① 薄文广，殷广卫.国家级新区发展困境分析与可持续发展思考[J].南京社会科学，2017（11）：9-16.

展评价测评），强化决策执行公开（通过报刊、电视、公众信息平台等载体，动态地公开决策执行情况和执行效果）[1]，完善决策评估反馈制度（收集意见建议工作，开展决策效果评估，为决策纠错、调整和延续、终止提供依据），体系建立完成后，仍旧出现"错"时，启动容错纠错机制。参见以下资料和图6-3第三方监督两线图。

资料：超越职权范围同意企业临时用地

黑龙江坤腾房地产开发有限公司（下称"坤腾公司"）开发建设的坤腾综合体项目，是新区招商引资重点项目。2019年4月，因需临时占用船口街道办事处代管的土地，坤腾公司向船口街道办事处递交了用地申请。按照规定，临时用地审批需经区土地行政主管部门批准，为支持企业抢抓工期，船口街道办事处负责城建工作的副主任任河同志，在未经区土地行政主管部门批准情况下，签字同意企业临时占用土地，虽属违纪行为，但考虑其为保障新区重点产业项目顺利推进，主动担当，帮助企业解难题，积极构建新型政商关系，促进新区经济发展提质增效，且未谋取个人私利，也未造成不良社会影响行为。符合实施细则第四条第三项"在推动重大项目、重点工作过程中，为如期完成工作任务，大胆履职、大力推进、积极作为，因受条件限制，出现失误错误，但没有引发严重矛盾的"规定情形，决定对任河同志容错免责，进行批评教育。

分析：首先，在新区项目立项开启之前，要对项目的社会参与主体进行有效监督。如案例中的黑龙江坤腾房地产开发有限公司就是新区发展中的社会参与主体，因此在项目开始前就应该加入社会监督，对公司进行有效的监督，包括公司的管理者及其社会关系、是否存在官商勾结等行为，这样可以有效减少重大错误的发生。事中以及事后应该保证"错"了之后，容错纠错程序的正当性、容错纠错的最终落实，以及宣传对干部的保护程序等。

---

[1] 张莉.改革创新中干部容错纠错长效机制的边界，清单和流程初探[J].中共成都市委党校学报，2019（05）：52-56.

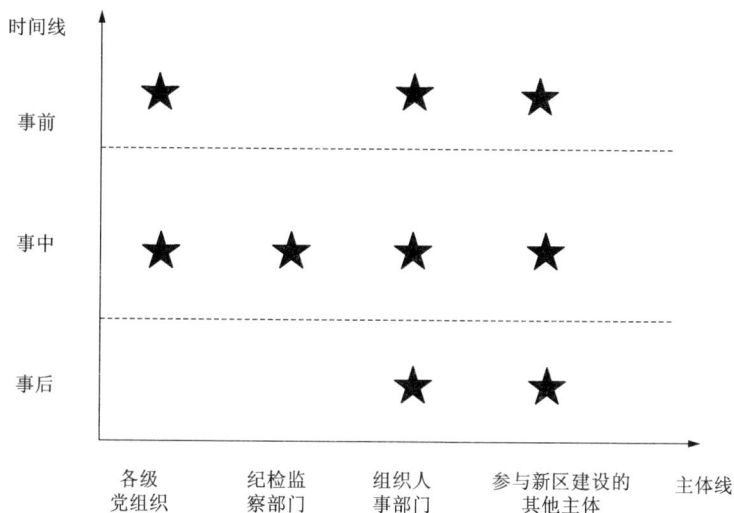

图6-3　第三方监督两线图

来源：作者自绘

（二）事中执行

1.规范容错程序，防止流程忽略

容错程序是否必须包含申请、核实、认定、报备等基本流程？"容什么错""谁来容错"的问题解决后，应该考虑"怎么容错"的问题。这就涉及容错纠错实施的具体程序。调研发现，实施容错纠错的各新区基本都具备基本的容错程序，但是每个新区的程序也略有不同。例如，西咸新区提出暂缓制度，即对一时难以做定论的事件可以暂缓决定，但是一般不得超过三个月。在实际调研过程中有部分新区提出，在容错纠错过程中存在容易忽视程序的问题(参看以下资料)。

资料：容错主要是针对需要问责的情形，而各级党委(党组)负责做出问责的决定。往往党委(党组)或有关领导在决定是否由纪检监察机关或相关机构开展调查这一问题时，便已经做出了容错与否的决定。除安全生产事故调查等有明确规定的外，认为不需要处分的就不再安排调查。这导致容错没有相应的印证材料、没有程序的合法性、没有正式的结论。同时，即便是纪检监察机关在开展调查，在提出处理建议时，也未按照容错机制完善手续，进行认定并做出结论。

严格执行保证程序，才能避免容错纠错成为"空话套话"，国家级新区的探索创新要求为各个领导干部减少束缚，使其敢作敢为，但并不等同于胡作非为①。包容改革探索过程中的失误和错误，不是无条件、无底线，而是应该设定合理的边界和尺度，容为公之失，容敢干事之误，容突破"过时"之规。容错纠错严格按照程序执行，也是党组织本身所带有的自发性和纪律性所要求的。通过新区调研总结，得出容错具体程序，参见图6-4。

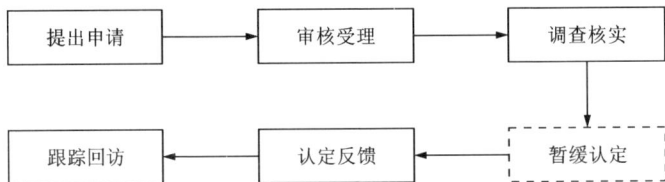

图6-4 容错实施程序

来源：作者自绘

（1）提出申请。认为单位或个人的履职行为符合相应容错情形和条件的，可向单位党组织提出书面申请。

（2）审核受理。单位党组织按照干部管理权限，对该履职行为是否符合容错情形和条件进行审核，符合相应情形和条件的，应收集相关证据资料，经集体研究后，出具相关意见报送区纪委监委。区纪委监委应当在收到申请之日起的10个工作日内决定是否受理，并书面告知相关单位或个人。

---

① 薛瑞汉.建立健全干部改革创新工作中的容错纠错机制[J].中州学刊，2017（2）：13-17.

（3）调查核实

调查内容：对申请人提出的问题进行调查，不得随意扩大调查范围。采取"一事一核"的方式。

调查方式：采取书面审查、实地检查、听取当事人意见、走访询问等多种方式开展调查。

调查时限：调查工作一般应在受理之日起 30 个工作日内完成。事项较为复杂的，可以适当延长调查时间，最长不得超过 15 个工作日。

（4）认定反馈。调查核实结束后，对符合容错情形的，纪检监察机关或组织人事部门应按照规定程序做出明确的认定结论，向申请单位党组织和个人反馈，并向上级纪检监察机关和组织人事部门备案。属于免责的，应在一定范围内公开；属于减责的，应在处理意见中明确表述。

（5）跟踪回访。对做出容错认定结论的干部，自做出决定之日起，一年内由纪检监察机关和组织人事部门进行跟踪管理，定期回访谈心、教育疏导，关心工作生活和思想状态，帮助解决实际困难，鼓励干部放下包袱、轻装上阵、干事创业。同时，跟踪回访收集的有效信息能够为之后容错纠错结果的应用尤其是干部的重新任用、提拔、晋升提供重要参考。

2. 完善纠错程序，保障结果输出

尽管并非所有被容之错都必须得以纠正，但是，容错不纠错就可能造成"纵错"，使得错误会一直持续下去。因此，纠错程序也必须严格化并且有效执行。经过调研发现，新区对于容错提得多，对纠错提得少。但是，纠错是容错纠错机制非常重要的内容。根据前文关于错的分类评价，有些错误需要执纪执法和问责机关及时纠错，分析查找问题产生的原因，制定改进措施，跟踪整改到位，加强日常管理监督，促进担当作为；并通过提醒约谈、诚勉谈话、责令纠正等方式，督促相关单位和干部及时改正错误，举一反三，健全相关制度，防止类似问题再次发生。纠错程序参见图 6-5。

（1）启动。容错结果认定后，主管机关要在第一时间启动纠错程序。针对出现的错误，提出具体方案，并列台账、定目标、设期限。

启动纠错　→　加强监督　→　评估成效

列台账	纠错过程	群众意见
定目标	思想动态	干部信服
设期限	痛点难点	程序科学

否

成效得当

是

结果应用

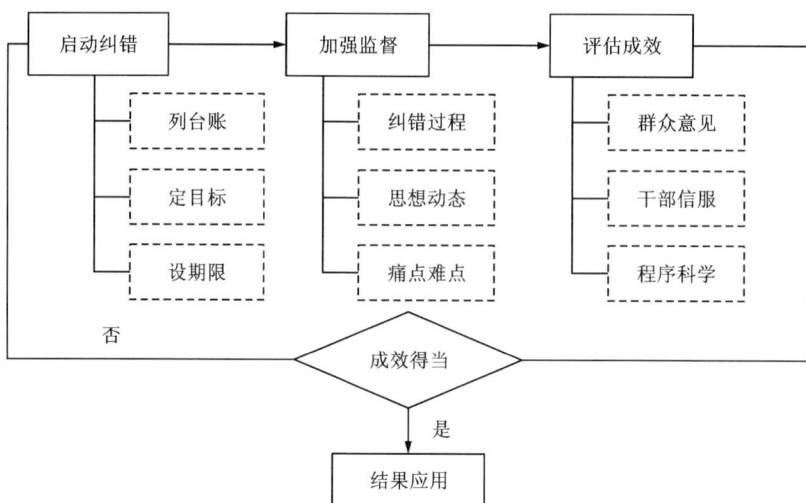

图 6-5　纠错实施程序

来源：作者自绘

（2）加强监督。主管机关要做到全过程纠错，及时了解纠错进程，了解干部思想动态，了解难点痛点，把纠错工作落到实处，真正体现对公务人员的关心和爱护。

（3）评估成效。纠错完成后，主管机关应进行全面科学的评估与总结，要搞清楚错误的源头、过程及后果，修正机制，及时引导，防止路径依赖；纠错不成功、不到位的必须重新纠错。

（三）事后巩固

1.结果运用得当，树立典型案例

容错纠错之后需要进行案例报道宣传，使得领导干部在新区创新发展实践中能够有效借鉴，并不再犯此类的"错"，这要求相关单位必须恰当地运用容错纠错的结果。结果的运用在容错纠错实施过程中担当着"承前启后"的作用，"承前"是指结果是对已有的"错"进行总结、分析、归纳；"启后"是指结果分析归纳后,能够为干部在国家级新区先行先试实践中提供有益借鉴。

对于结果的运用主要有以下两种情形:

(1)对给予容错免责的领导干部,根据一贯表现,全面、历史、辩证地进行评价,公正合理地看待和使用,除有明确规定外,在党风廉政建设考核、年度考核、绩效考评、评先评优、选拔任用、职级职称晋升以及提名推荐党代表、人大代表、政协委员等方面不受影响。

(2)对给予容错但应承担相应责任、酌情从轻处理的领导干部,在组织处理或党纪政务处分等影响期满后,按照干部管理权限,由各级党委(党组)和组织(人事)部门根据工作需要和现实表现,合理安排使用。

2.保障措施多元,筑牢保护之网

19个新区的容错纠错保障措施建设主要针对三种情形。澄清正名主要针对在容错纠错过程中被恶意诬陷的官员干部;关爱回访主要针对在"纠错"过程中受到处分的干部,对干部的状态进行监管和回访;教育关怀管理制度主要针对受处分的干部的后期再任用等问题。(参见图6-6)在已经完成实地调研的15个国家级新区中,有13个新区形成了容错纠错保障措施。其中,天府新区、贵安新区、滇中新区、哈尔滨新区、赣江新区、西海岸新区等实施澄清正名制度;舟山群岛新区、滨海新区、西海岸新区等实施关爱回访制度;长春新区实施教育关怀制度。滇中新区和福州新区尚未建立容错纠错相关保障措施。在未进行实地调研的4个新区中,我们通过线上访谈交流的形式获取了两江新区及金普新区容错纠错保障措施的相关资料,浦东新区与雄安新区尚不明确。

保障措施充分体现了容错纠错中"容"的一面,反映了新区建设过程中对人才的关爱与保护。新区尤其不能让有想法、有作为、有担当的干部"吃亏",要让踩着石头过河、勇于开拓创新的干部没有顾虑。事前的容错清单以及事后的保障措施能够有效地为领导干部"减负",既为干部改革创新营造一个良好的制度环境与政治生态,又防范"钻空子"的行为,对于打着改

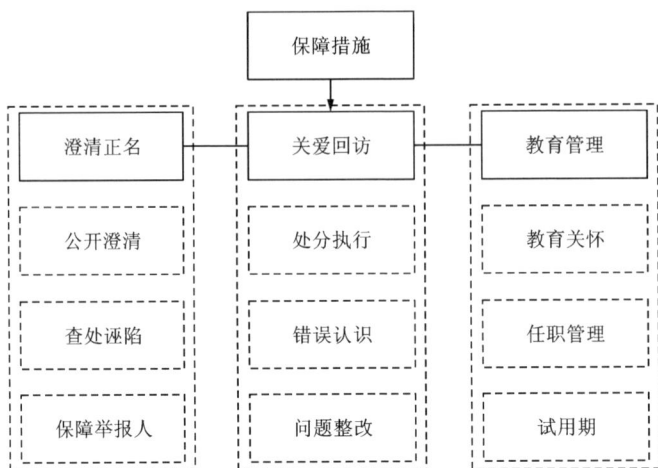

图 6-6　保障措施

来源：作者自绘

革创新旗号干违法违纪之事的要严厉查处。

第二节　国家级新区容错纠错机制的比较

不同国家级新区间容错纠错机制的发展阶段不同，本节根据政策制度文本与实践情形，将国家级新区容错纠错机制进行横向比较。首先，本节总结了国家级新区容错纠错机制具有组织性、多样性、适应性等特征；其次，本节结合容错纠错相关理论与特征，描绘容错纠错运行机制，其内部包含容错边界、组织架构、容错程序、纠错程序、结果运用、内部机制闭环、保障措施、容错氛围八个维度；最后，结合容错纠错机制运行模式，对各新区容错纠错工作进展进行评价与打分。

一、容错纠错机制的运行

(一)国家级新区容错纠错机制的特点

1. 组织性

国家级新区容错纠错的实施主体主要是各新区的纪检监察部门。纪检监察部门是国家依据有关法律，并按照相关法定程序所组建的机关部门，具有高度的组织性与纪律性，纪检监察干部具有高度的组织性、纪律性，其权利和义务都由法律授予。因此，他们实施容错纠错行为并不是某个纪检监察部门或个人意愿的反映，而是对国家级新区整体意志的反映。容错纠错并不是个体行为，而是组织的行为。容错纠错机制的组织性要求容错纠错主体有强烈的大局意识，依法维护国家级新区整体利益。

2. 多样性

容错纠错的目的在于充分调动广大干部的积极性，鼓励并激励干部改革创新与干事创业。达到容错纠错目的的手段是多样的，容错纠错也具有多样性。首先，容错纠错价值具有多样性，容错纠错不仅是宽容过失与纠正错误的过程，也是多种价值冲突与妥协的过程。这些基本的价值包括公正、民主、效率等，这些价值之间不可避免地会出现一定的冲突。容错纠错并不是自始至终贯彻单一价值的过程，而是多元价值协调与协同的过程，因此容错纠错价值具有多样性。其次，容错纠错结果具有多样性。作为激励干部的重要环节，相同的目标会通过各国家级新区不同的执行方案而产生不一样的执行结果和效果。中央通过颁布统一的"28号文"号召各省市进一步激励广大干部实现新时代新担当新作为，各新区党委通过颁布政策回应中央号召，不同的单位与部门对同一政策的执行会产生不同的结果，这将导致容错纠错结果的多样性。

3. 适应性

容错纠错机制的提出是为了推动政府人事管理水平适应社会历史的进

步,通过组织变革与发展模式创新激励广大干部奋发有为。现阶段,我国社会的主要矛盾是人民日益增长的美好生活需要和不平衡不充分的发展之间的矛盾。各级党组织与政府机关作为解决主要矛盾的主体,必须以容错纠错机制兜底,加强干部队伍建设,鼓励干部在工作中积极向上与创新创业。容错纠错机制是政府适应我国社会发展需求的产物,容错纠错机制本身必须随着社会变化而发展,表现出充分的适应性,从而才能不断激励领导干部善于根据时代发展审时度势、敢于创新。

(二)容错纠错机制运行模型

依据政策文本分析与实践举措的梳理,结合容错纠错相关理论,本报告认为容错纠错机制包含容错边界、组织架构、容错程序、纠错程序、结果运用、内部机制闭环、保障措施、容错氛围八个维度。其中,容错客体、容错程序、容错主体、结果运用、纠错程序构成容错纠错运行的内部机制;组织架构、保障措施、容错氛围构成容错纠错运行的外部机制。八个维度是判断新区容错纠错机制发展阶段的重要标准。

容错边界是启动容错纠错程序的必要条件,一旦违反基本条件,即便符合具体情形也不予受理。组织架构指组织内部的构成方式,包括容错客体——犯错误的干部,其错误符合容错免(减)责的具体情形,以及容错主体——对干部进行容错纠错工作的实施主体。容错程序指容错工作开展的形式与流程说明。纠错程序指对干部容错之后开展纠错工作的方式与流程。结果运用指容错产生的结果与影响。内部机制闭环指容错流程是否在主客体间形成闭环。保障措施指为保障容错工作顺利开展而实施的相应配套制度与措施。容错氛围指组织内部对于宽容失败的良好气氛。八个维度共同构成容错纠错机制的运行模型,参见图6-7。

第一部分,判断干部犯的错误是否属于可容情形。在容错边界之外的错误,属于不予容错免(减)责的具体情形,由问责主体对犯错干部实行问责机制(由于问责与容错关系密切,但又不属于容错机制,因此采用虚线框

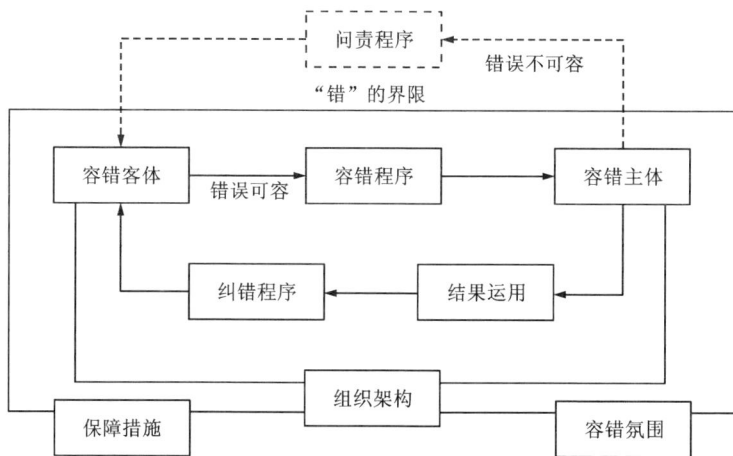

图 6-7 容错纠错机制运行图

来源：作者根据调研资料与政策文本整理绘制

表示）。

第二部分，当干部错误在容错边界之内，属于容错免（减）责具体情形时，由被调查人提出申请；容错纠错程序启动；调查组进行核实与认定，认定之后向申请单位或个人反馈，并及时向上级纪委监委、人事部门等相关部门备案，归入干部档案；对容错结果是否影响评先评优与提拔任用做出具体规定；最后对干部加强日常监督与回访教育，及时纠错改错，实现容错与纠错并重互补，形成容错纠错内部运行机制闭环。

第三部分，组织架构作为容错纠错内部机制的保障因素，容错的实施主体与容错对象是否明确，以及容错主体部门的职权与职责是否明晰将对容错内部机制能否顺利运行产生直接影响。同时，是否出台相关配套机制为容错纠错保驾护航，组织内部是否形成宽容失败的良好气氛、营造担当作为的良好氛围也影响容错纠错内部机制的运行效果。因此，组织架构、保障措施与容错氛围构成了容错纠错的外部机制。内部机制与外部机制共同构成了容错纠错运行机制。

二、国家级新区间容错纠错机制的横向比较

专家组通过深入调研，了解到了不同新区在容错纠错制度及实践方面的优势与不足，并结合容错纠错机制运行模式，对各新区容错纠错工作的进展进行了评价与打分，形成了容错纠错工作开展分布图。对于经过实地调研的 15 个国家级新区，专家组基于政策颁布与实践推行两方面进行综合考量与评价；对于因疫情原因尚未进行实地调研的 4 个国家级新区，通过线上访谈的形式获取了两江新区、金普新区容错纠错政策颁布与实施的情况，通过专家讨论的形式对其容错纠错机制发展阶段进行了评价与打分，浦东新区与雄安新区因尚未获取容错纠错相关资料而未进行评价。

(一) 判断标准

专家组以容错边界、组织架构、容错程序、结果运用、纠错程序、内部机制闭环、保障措施、容错氛围、应用案例八个维度作为标准进行判断，并分别就政策颁布与政策实施两方面设置问题，具体评价问题的清单如下。

维度一：容错边界

1. 可容与不可容的界限是否明确具有相应的政策依据？

2. 干部是否对容错边界把握到位？

维度二：组织架构

3. 容错主体与容错对象是否有明确的政策规定？

4. 容错主体部门对其职权与职责是否明晰？

维度三：容错程序

5. 政策是否包含容错的基本流程？

6. 政策是否含有对于容错方法与方式的指导？

7. 干部是否明确容错程序？

维度四：结果运用

8. 政策中是否对容错免责的结果进行了规定？

9. 容错部门是否对容错结果进行公开？

维度五：纠错程序

10. 纠错方式与纠错程序是否有具体的政策规定？

11. 容错之后是否实行纠错行为？

维度六：内部机制闭环

12. 处理结果是否告知申请个体或单位，在容错主客体间是否形成闭环？

13. 是否容错纠错并举，形成容错与纠错闭环？

维度七：保障措施

14. 对于容错纠错是否具有相应的保障措施与配套机制？

15. 容错纠错保障机制是否实施到位？

维度八：容错氛围

16. 新区"容错"的氛围是否形成？

17. 干部犯错是否会主动申请容错免责？

其他：18. 是否具有容错纠错相关案例？

对于各国家级新区容错纠错机制发展阶段的评价，由调研人员、专家组成员在综合讨论后给出，有相关资料或实践情形的标"1"，没有或未获取相关资料及实践情形的标"0"，最后对分数进行加总，得出容错纠错机制实施进展打分表（表6-3）。

表6-3 容错纠错机制实施进展打分表

	容错边界		组织架构	容错程序			结果运用		纠错程序		内部机制闭环		保障措施		容错氛围		应用案例	合计
长春新区	1	0	0	0	1	1	1	1	0	1	0	1	0	1	0	0	0	0	8
哈尔滨新区	1	0	1	1	1	1	1	1	0	1	1	1	0	1	1	0	0	1	13
滨海新区	1	0	1	1	1	1	1	1	0	1	1	1	1	1	1	1	0	1	15
赣江新区	1	0	0	1	1	1	1	1	0	0	0	1	0	0	0	0	0	1	9

续表6-3

	容错边界	组织架构	容错程序			结果运用		纠错程序		内部机制闭环			保障措施		容错氛围			应用案例	合计
江北新区	1	0	1	1	1	1	0	0	0	1	1	1	1	0	0	1	0	1	11
滇中新区	0	0	0	0	0	0	0	0	0	0	0	0	0	0	1	1	0	0	2
福州新区	1	0	0	0	0	0	0	0	0	0	0	0	0	0	0	0	0	0	1
贵安新区	1	0	1	1	1	1	1	1	1	1	1	1	0	1	0	1	0	1	14
南沙新区	1	1	1	1	1	1	1	1	0	1	1	1	1	1	1	1	0	1	16
天府新区	1	0	1	1	1	1	1	1	1	1	1	1	1	1	1	1	0	1	16
舟山群岛新区	1	0	0	1	1	1	1	1	1	1	1	0	1	1	1	1	0	0	13
西海岸新区	1	0	1	1	0	1	1	1	0	1	1	1	1	1	1	0	0	0	12
湘江新区	1	0	1	1	1	1	1	1	1	1	1	1	1	1	1	1	1	1	17
兰州新区	1	0	1	1	1	1	1	1	1	1	1	1	1	0	0	0	0	1	13
西咸新区	1	0	1	1	1	1	1	1	1	0	1	0	0	0	0	1	0	0	10
金普新区	1	0	1	1	1	1	1	0	0	0	0	0	0	0	0	1	0	0	7
两江新区	1	0	0	0	1	1	1	1	0	0	0	1	0	1	0	1	0	0	8

来源：作者根据调研资料与政策打分绘制

注："1"表示有相关资料或实践情形；"0"表示没有(或未获取)相关资料及实践情形。

(二)国家级新区容错纠错机制发展阶段横向比较

1.起步探索阶段

容错纠错工作处于探索阶段的国家级新区，其政策颁布与实践推行方面具有明显不足。就政策方面而言，大多依据省市级文件指导容错纠错相关工作，尚未因地制宜地出台符合新区实情且具有新区特色的政策文件；就实践情形而言，新区对容错纠错工作的重要性尚未引起足够重视，容错意识不浓厚，缺乏系统性的容错纠错实施机制。

（1）福州新区

福州新区容错纠错工作主要依靠福州市委办公厅印发的《关于进一步激励广大干部新时代新担当新作为的若干措施》开展，《关于进一步激励广大干部新时代新担当新作为的若干措施》当中对容错边界做出了明确规定。从实践层面来看，福州新区尚未系统性地建立容错纠错机制，具体的机制建设依然处于起步探索阶段。

（2）滇中新区

滇中新区的容错纠错工作进展相对缓慢，其原因主要是滇中新区2018年至2019年的工作重点都放在了党风廉政建设上。在此背景下，滇中新区的容错纠错制度建设处于起步探索阶段，暂无专门的容错纠错政策；容错纠错工作主要依据中共云南省委办公厅印发的《关于进一步激励广大干部新时代新担当新作为的实施意见》，对诬告澄清机制的落实情况较好。

2. 快速发展阶段

容错纠错工作处于快速发展阶段的国家级新区，根据其特征大致可分为以下类别：第一类以金普新区、两江新区为代表，它们通过颁布政策与制度形成了容错纠错指导办法，对容错免责的概念、适用范围、工作原则、容错情形、容错程序等内容做出了明确规定，但缺乏相应的配套机制。第二类以长春新区、赣江新区为代表，它们有着较为完善的容错纠错工作制度，但是容错纠错工作实践相对落后于制度建设，新区需要依据制度大力开展容错纠错工作。

（1）金普新区和两江新区

在制度方面，金普新区于2017年出台了《金普新区党政干部容错免责暂行办法》，明确规定了容错免责的概念、适用范围、工作原则、容错情形、容错程序等内容，针对纠错程序、保障措施等方面出台了相应的指导措施。两江新区于2016年印发了《两江新区支持改革创新容错纠错办法（试行）》，对实施原则、适用范围、具体情形、容错免责程序、结果运用、保障机制做出了相应规定。但是，存在容错主体客体规定比较笼统、保障机制过于简单等问题，同时缺乏纠错工作方面的程序规定。实践方面，疫情影响使得本次研究未能对金普新区和两江新区进行实地调研，只能根据线上交流和文本资料，分析其容错纠错的实际开展情况，判断难免有偏差。根据相关资料，专家多方讨论，认为金普新区和两江新区的容错纠错工作总体上处于发展阶段。强化保障措施、实现容纠并重是两江新区容错纠错工作未来发展的重点。

（3）长春新区

制度方面，长春新区出台了《长春新区鼓励担当作为激励干部创业容错纠错实施办法（试行）》（新区管委会文件一）、《关于招商引资项目和企业轻微行为首违不罚的规定》（新区管委会文件二），对于容错纠错实施原则、实施步骤与流程做出了较为详细的规定，为长春新区落实容错纠错工作指明了方向。其中，"未批先建"和"首违不罚"具有创新意义。所谓"首违不罚"是指行政执法主体按照法律法规的规定，对于行政相对人初次且轻微的违法行为，采取教育、规范为主，不予行政处罚的执法方式。实践方面，长春新区的容错纠错工作还处于起步阶段，突出表现为"市纪委先行，新区紧随其后"的状态，容错纠错工作缺乏相关的实践经验与典型案例。

（4）赣江新区

赣江新区纪工委认真贯彻落实习近平总书记关于"三个区分开来"的重要要求，积极探索容错纠错工作机制，于2018年10月21日印发了《赣江新区关于建立容错纠错机制激励干部改革创新担当作为的实施意见（试行）》，又于2019年3月22日印发《赣江新区党工委关于进一步激励广大干部新时代新担当新作为的实施办法》，明确了容错纠错的条件情形，对于容错纠错的程序以及结果运用等方面做出了较为详细的规定。工作成效方面，新区纪工委积极运用谈话函询方式处理6件问题线索，并对受到容纠的领导干部进行集中回访谈话，做好心理关怀。赣江新区在容错纠错制度方面较为完善，但是在实践方面存在不足，存在"承办单位过于单一""典型案例宣传不到位""容的思维还未形成，干部主动申请容错纠错效果不佳"等现象，如何界定容错纠错之"错"是工作的困惑与难点。

3. 瓶颈突破阶段

处于容错纠错机制发展瓶颈突破阶段的国家级新区具备以下特征：一方面，制度出台较早，对容错纠错工作的原则界限、范围对象、适用情形、适用程序、结果运用等方面的规定明确，且配套措施相对完善，同时，容错纠错工作实践取得了一定成效并具有典型案例。另一方面，处于该发展阶段的国家级新区在容错纠错实践中面临着明显的困惑与难点，制约着各个新区容错纠错工作的实践。

（1）西咸新区

西咸新区容错纠错制度出台较早，干部鼓励激励、容错纠错、能上能下三项机制协同推进，制度建设具有一定创新性。2016 年，西咸新区纪工委为进一步激发新区党员干部干事创业的激情和活力，于 2016 年 5 月出台《关于建立党员干部改革创新容错免责机制的实施办法（试行）》，于 2016 年 8 月出台《关于建立西咸新区干部激励机制的实施办法（试行）》以及《关于推进领导干部能上能下实施办法（试行）》，对容错纠错工作的原则界限、范围对象、适用情形、适用程序、结果运用、纪律要求等都做出了较为明确的规定。实践方面，西咸新区主张抓早抓小、提醒约谈、分类处置，将容错纠错日常化。但是，西咸新区对于容错依据、容错主体、容错程序的细化问题存在困惑，处于瓶颈突破的关键阶段。

（2）江北新区

为了进一步贯彻落实中央关于激励干部新担当新作为和省市"1+3"工作精神，2019 年江北新区党工委出台了鼓励激励容错纠错三项机制的实施办法。江北新区开展容错纠错工作的依据主要包括《江苏省党政干部鼓励激励办法》《江苏省进一步健全容错纠错机制的办法》《江苏省推进党政领导干部能上能下办法》《江北新区进一步健全干事创业容错纠错机制的实施办法（试行）》。这些文件对容错纠错实施原则、实施细则和保障措施做出了相应规定。实践方面，江北新区为干事创业的干部卸包袱、为干部开绿灯、为克难的同志兜住底，取得了一定成效，具备相关典型案例。江北新区未来容错纠错机制建设应该进一步细化容错纠错办法，强调容、纠并举，强化结果运用，促进制度与实践的结合。

（3）西海岸新区

西海岸新区重视容错纠错制度建设，为树立正向激励导向，2014年6月印发《关于进一步激励干部干事创业的办法》，于2015年6月出台了《干事创业容错免责、庸政懒政严肃追责暂行办法》；为实施"澄清正名"保护，西海岸新区在2017年7月出台了《关于为被错告诬告陷害党员干部澄清正名的实施办法》；为体现"教育回访"关爱，西海岸新区在2020年5月制定了《关于对受处分人员开展关爱回访工作的实施办法（试行）》。西海岸新区容错纠错工作存在的问题表现在两个方面：一是宽容失败、允许试错的氛围还不够浓厚，部分党员干部担心事后被追责，特别是担心在上级的巡视巡察过程中被追责，背上了较为沉重的思想包袱，在工作中畏首畏尾，不敢放开手脚干事创业；二是对容错程序应当遵循的方式、时限、顺序、步骤等程序方面的规定还不够明确，实践与制度有一定的脱节。

（4）舟山群岛新区

2016年3月，为有效实施国家战略，履行好中央赋予的"先行先试"使命，大力营造支持改革、鼓励创新、宽容失败、允许试错的良好环境，舟山群岛新区制定了《舟山市机关工作人员改革创新容错免责机制的实施办法（试行）》，规定了容错纠错制度的实施原则、适用范围、容错免责的情形、认定免予追责的程序、适用免予追责的范围等内容；同时发布了《关于明确新区建设改革创新容错免责启动程序流程的通知》，明确了申请启动程序流程和主动启动程序流程。2019年9月，为了深入贯彻落实习近平新时代中国特色社会主义思想，舟山群岛新区制定了《关于建立对受处分党员干部回访关爱制度的实施意见》，明确了基本原则、实施对象和主体、工作机制、结果运用、工作要求等几个方面的内容。实践方面，截至2020年1月，舟山群岛新区共对22名市管干部、41名县（区）管干部开展了集中回访，促使受处分干部变"有错"为"有为"。舟山群岛新区容错纠错工作的问题主要在于典型案例少，容错免责工作的承办部门多头推进、容错主体不明晰，容错纠错制度宣传工作较少，导致干部对容错纠错制度的知晓程度较低。加强工作宣传和制度落实是舟山群岛新区未来容错纠错工作推进的重点。

（5）兰州新区

兰州新区为鼓励广大领导干部勇于担当、奋发有为，于2016年出台了《中共兰州新区工作委员会关于支持保护和激励党员干部改革创新担当有为的意见》，2019年出台《兰州新区纪工委监工委关于查处诬告陷害类信访举报为干部澄清正名暂行办法》，对兰州新区容错纠错实施原则、实施细则和保障措施等方面做出了较为详细的规定。兰州新区容错纠错制度的出台较早，先后出台了鼓励干事创业容错纠错实施办法和干部澄清正名等配套措施，对容错纠错机制进行了积极探索。实践方面，兰州新区纠错工作和澄清正名工作颇具亮点且成效明显。兰州新区容错纠错工作存在的问题主要包括容错纠错工作敏感度高，容错纠错的事例较少，在处理过程中存在容错标准把握不准、"不会容"的情形；干部开展容错纠错的主动性不足；"纠错"内容不够完善等。进一步规范完善容错标准与机制，加强容错纠错制度宣传是兰州新区未来工作的重点。

（6）哈尔滨新区

依据习近平总书记提出的"三个区分开来"原则和《关于激励广大干部新时代新担当新作为的意见》要求，哈尔滨新区于2018年12月制定了《哈尔滨新区江北一体发展区容错纠错免（减）责实施细则（试行）》，之后起草小组多次修改，于2019年5月制定了《哈尔滨新区江北一体发展区容错纠错免（减）责实施细则（试行）》，内容主要包括制定的目的、依据、含义、容错情形、容错程序、纠错机制、相关单位分工等。依据实施细则，哈尔滨新区对涉及工程施工、用地审批、执照审验、执法监督和大棚房整治等领域的10起违纪问题中的19名责任人员实施了容错和免减责，在全区通报后反响热烈，营造了勤勉干事、担当作为的良好氛围。尽管哈尔滨新区容错纠错政策出台较晚，且尚未出台相关配套措施，但是哈尔滨新区对容错纠错制度的研究比较深入，多次集中修改与更新之后形成了符合新区特色的容错纠错实施细则。实践方面，与制度紧密结合，将纠错工作落到实处，典型案例较为丰富，容错纠错工作成效比较明显，引入第三方评估具有创新意义。对于容错标准的把握与配套机制的完善是哈尔滨新区容错纠错机制发展的主要制约因素，这也是容错纠错工作应该重点突破的地方。

(7)贵安新区

2017年9月，贵安新区出台了《贵安新区容错纠错实施办法(试行)》。为提高容错纠错办法的可操作性，2020年，新区牵头对试行办法进行修订，并起草了《贵安新区改革试点容错纠错实施办法》，强调容错、纠错同步进行，容错程序启动增加了调查组主动启动的情形。贵安新区根据实践情况增加调查组主动启动程序的做法具有创新意义。贵安新区容错纠错工作存在的问题主要包括把握容错标准时有困难，干部对于容错存在顾虑，缺乏主动容错机制，容错和纠错缺乏衔接等。

4.相对成熟阶段

步入相对成熟阶段的国家级新区容错纠错机制具备以下特征。首先，新区容错纠错实施办法与工作细则制定出台较早，对容错纠错的主体、原则、适用情形和操作规程等方面的规定较为详细，任用选拔、绩效考核、澄清保护、关心关爱等方面的保障措施相对完善。其次，容错纠错工作在实践方面的成效明显，起到了引领示范作用。最后，新区具备典型与创新性特征，如天府新区的"1+3"文件体系与"清单制+责任制+项目化"工作体系；南沙新区将容错纠错与正负面清单相结合；湘江新区容错纠错的"原则三同步""五位一体"保障机制、会商裁决争议、上下联动纠错等工作经验颇具亮点与创新性，具有典型性与推广性。这类新区未来工作的共同重点是加强容错纠错工作与新区自身特色定位的紧密结合，使容错纠错机制真正成为各新区创新发展的有效驱动力。

（1）滨海新区

2016 年，滨海新区制定出台了《滨海新区激励干部改革开放创新勇于担当容错免责实施办法（试行）》和《滨海新区干部容错免责评审工作细则》，在全市率先启动容错免责工作。政策明确了容错免责的主体、原则、适用情形和操作规程等 27 项具体内容。区纪委监委于 2019 年制定印发了《滨海新区纪检监察组织处置恶意举报行为暂行办法》，为 1014 名干部及时澄清问题，解除干部的后顾之忧。区纪委监委认真贯彻落实市委《关于受到处理或者处分党员帮扶回访工作办法》和市纪委有关部署要求，采取"疫情防控监督+干部回访教育"方式，对受到处分的 313 名干部开展回访教育，将其在疫情防控中的实际表现作为受处分人员思想工作状况的现实检验情况。滨海新区容错纠错实施办法与工作细则的出台时间早，在全市具有引领示范作用。滨海新区区委统筹推动，坚持制度先行，确保精准免责，同时出台了澄清正名的保障机制，做好回访教育等纠错工作，在实践方面形成了容纠闭环，容错纠错工作取得了明显成效。加强宣传教育、形成贯通融合态势、进一步提高容错免责机制运用率，是滨海新区未来的工作重点。

（2）天府新区

天府新区纪工委围绕习近平总书记"三个区分开来"重要思想，制定出台了"1+3"文件体系(《关于建立容错纠错机制进一步激励干部改革创新干事创业的实施办法（试行）》和《分层分类谈心谈话制度》《党内问责事项工作规范（试行）》《执纪执法过错责任追究暂行规定》)，形成了"清单制+责任制+项目化"的工作机制。其中，《关于建立容错纠错机制进一步激励干部改革创新干事创业的实施办法（试行）》对容错的具体情形、容错实施程序、容错结果运用、纠错改正和澄清保护、组织保障等方面做出了明确规定。天府新区容错纠错工作聚焦于"四个紧密结合"：一是与主体责任落实紧密结合，二是与实践运用相结合，三是与推进中心工作紧密结合，四是与严管厚爱紧密结合，具有较强的创新性。天府新区通过线下线上相结合的方式进行容错纠错政策宣讲，形成了良好的舆论态势与社会氛围，容错工作取得了良好成效，具有典型意义。

（3）南沙新区

中共广州市南沙区委于 2016 年 7 月下发《中共广州南沙开发区（自贸区南沙片区）工委中共广州市南沙区委关于落实"三个区分开来"大力支持先行先试探索创新的若干意见（试行）》，为南沙新区容错纠错机制的建立确定了基本原则。2019 年 4 月，中共广州市南沙区委办公室下发《关于贯彻"三个区分开来"治理为官不为建立容错纠错机制激励担当作为的实施意见》，明确了建立容错纠错机制激励担当作为的总体要求，为容错纠错机制的具体落实提供了制度保障。同时，广州市南沙区党风廉政建设领导小组办公室下发《关于贯彻落实"三个区分开来"治理为官不为建立容错纠错机制激励担当作为的实施方案（试行）》，明确了容错纠错机制的适用对象、行为清单、启动程序、结果运用、防错纠错等内容，并确定了南沙新区 2019 年治理为官不作为负面清单中的 6 大方面 22 条行为清单以及容错纠错正面清单中的 10 大方面 61 条行为清单，为容错纠错机制的具体落实提供了方法步骤。2020 年 5 月，广州市南沙区党风廉政建设领导小组办公室下发《2020 年南沙区关于贯彻落实"3 个区分开来"治理为官不为健全容错纠错机制激励担当作为的实施方案》，进一步明确了容错纠错机制的指导思想、着力治理为官不为的具体问题、3 个方面 15 种容错情形以及职责分工，并更新了 2020 年治理为官不为负面清单和容错纠错正面清单，进一步深化了容错纠错机制的建设。南沙新区容错纠错政策出台较早，容错纠错程序明确，保障措施完备，主要表现在以下三方面：一是引入"正负面清单"机制，明晰界限，激励担当；二是"原则定范围+清单划重点"，压实责任，有的放矢；三是容错纠错程序完整，注重结果运用。南沙新区将容错纠错与正负面清单相结合，负面清单倒逼责任落实，正面清单解除干部顾虑、激发创新活力，同时规范容错受理申诉渠道，加强关爱回访，共同推动容错纠错工作的落实与发展，容错纠错工作成效显著，制度创新性强，经验推广性高。

（4）湘江新区

湘江新区的容错纠错机制经历了三个发展阶段：初步探索阶段（2016年）、拓展延伸阶段（2017—2018年）和发展创新阶段（2019年以来）。尤其是2019年4月，湘江新区党工委和管委会开始讨论容错纠错实施办法，自主探索适合湘江新区发展需求的容错纠错机制。湘江新区容错纠错机制建设的亮点显著，主要表现在以下方面：一是容错纠错坚持"三同步"原则；二是容错纠错的启动强调对线索的四种处理办法；三是容错纠错的"五位一体"保障体系；四是对于容错结果的运用走在前列；五是对争议的处置采取会商裁决机制；六是容错纠错采取上下联动机制；七是对容错纠错的主体加强监督。湘江新区先后出台了12项相关政策文件，加强容错纠错机制建设。同时，非常注重容错纠错实践工作，并从实践中不断积累经验，完善制度建设。湘江新区提出的"五位一体"容错纠错机制综合保障体系具有突出的理论创新性和实践指导价值。

5. 成熟创新阶段

成熟的容错纠错机制的突出特征主要有两个：完备的政策依据，与新区定位和特色紧密融合。在政策上，国家级新区对于容错纠错的适用范围、容错情形、形式、程序、结果运用等维度具有详细的操作规程，同时出台完善的任用选拔、绩效考核、澄清保护、关心关爱等保障措施。在实践上，政策与国家级新区定位和特色紧密融合，容错纠错工作确实成为新区创新发展的驱动力，促进新区在社会发展中起到引领示范作用。因此，如何推动容错纠错工作进入成熟阶段，使容错纠错机制与各新区定位深度融合，推动容错纠错实践成为新区创新发展的驱动力，是各新区需努力的方向与目标。

各国家级新区容错纠错机制发展阶段的横向比较如图6-8所示。

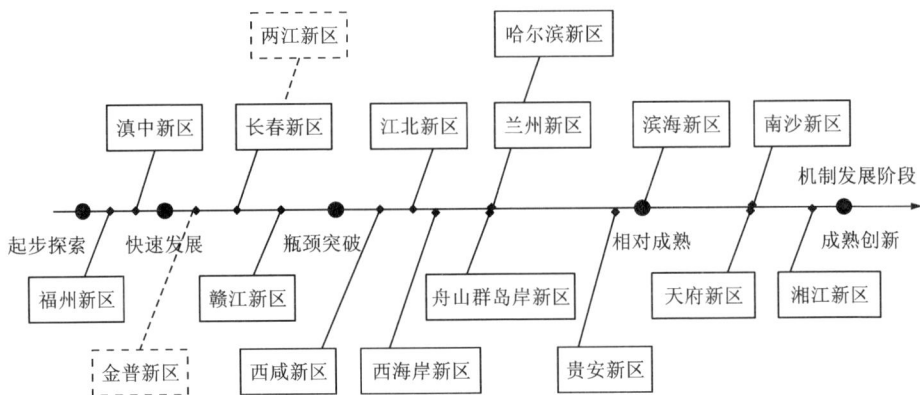

图 6-8　国家级新区容错纠错机制发展阶段横向比较图

来源：作者根据调研资料与政策打分排列

第三节　国家级新区容错纠错机制的成效

国家级新区是有效防范经济社会转型和改革攻坚带来的风险，探索多样化发展路径和改革措施的先行者，其探索建立容错纠错机制具有十分重要的实践意义。经过几年的发展，国家级新区在容错纠错本身的发展和影响两大方面成效显著。一方面，容错纠错制度日益完善、实施氛围更加浓厚、组织设计趋渐合理；另一方面，容错纠错的实施也有力推动了国家级新区其他工作的开展。

一、容错纠错本身的成效

(一) 容错纠错制度不断完善

从国务院总理李克强在十二届人大四次会议上第一次提出"容错纠错"以来，我国容错纠错制度的发展经历了一个从"前期探索"到"初有成效"的过程。截至目前，全国各省、市及国家级新区大多数都出台了容错纠错文本。目前共有 16 个国家级新区出台了有关容错纠错的明确政策。2015 年，青岛西海岸新区颁布《青岛西海岸新区干事创业容错免责庸政懒政严肃追责暂行办法》，开启了国家级新区容错纠错制度建设工作。2016 年，西咸新区、浦东新区、滨海新区、舟山群岛新区、南沙新区、兰州新区、两江新区相继提出各自的容错纠错政策。在随后的四年中，各国家级新区在实践基础上不断修改与完善政策，使得国家级新区容错纠错政策建设体现出标杆性、创新性、差异化趋势，容错纠错制度在容错纠错目的、标准、实施程序、配套措施等方面逐渐完备，制度与实践之间的融合性、适切性不断提高。

(二) 容错纠错实施的氛围更加浓厚

近年来，国家级新区容错纠错意识增强、纪检监察人员素质提高、干部法治观念不断提升，使得各新区容错纠错实施氛围更加浓厚，容错容错思想日益融入监督执纪问责的各项工作中，成为推动国家级新区各项工作高质量发展的重要助力。容错纠错实施氛围改善的重要表现包括干部干事创业积极性增强、主动申请容错纠错干部人数增加、激励干部干事创业的典型案例增加，不仅包括澄清证明，还有不少关爱干部、激励创新的事例。国家级新区容错纠错的有关数据能够充分反映容错纠错的实施氛围。

2019 年至今，滨海新区纪委监委营造了容错纠错的浓厚氛围，为 1014 名干部及时澄清了问题，解除了干部后顾之忧。2020 年 3 月，滨海新区纪委监委采取"疫情防控监督+干部回访教育"方式，对受到处分的 313 名干部开展回访教育，将其在疫情防控中的实际表现作为受处分人员思想工作状况的现实检验。哈尔滨新区对涉及工程施工、用地审批、执照审验、执法监督和大棚房整治等领域的 10 起违纪问题中的 19 名责任人员实施了容错减免责，在全区通报后反响热烈，营造了勤勉干事、担当作为的良好氛围，进一步激发了党员干部干事创业的热情与活力。兰州新区纪工委、监工委通过下发检查建议书等形式纠正了 4 起错误。兰州新区对恶意诬告陷害行为"零容忍"，及时为受到不实举报的党员领导干部澄清正名，2019年以来，兰州新区已为30名党员领导干部在一定范围内澄清正名，并严肃查处了赵某、王某等4件诬告陷害案件，旗帜鲜明地为担当者担当、为干事者撑腰，保护了广大党员干部的合法权益和干事创业的积极性、主动性。赣江新区以会议方式对受到不实举报的5名同志以及三角乡的2名同志，进行了澄清正名。2020年，赣江新区纪检监察工委积极运用谈话函询方式处置了6个问题，取得了较好的监督效果。此外，赣江新区永修县已对3个单位做出不影响评优评先决定，对4名领导干部做出不影响评优评先和处分期满提拔使用的决定。

此外，为响应国家号召，2016年西咸新区率先推行党政干部鼓励激励、容错纠错以及能上能下三项机制，并取得了一定的成效。容错纠错作为三项机制中具有创新和突破意义的机制，贯穿于西咸新区纪检监察执纪问责的全过程。2020年上半年，西咸新区共审理容错纠错案例171起，处理处分96人次。无独有偶，天府新区一方面通过廉政党课、中心组学习等方式加强容错纠错政策宣讲，有效引导天府新区干部提高思想认识、打消改革创新的思想顾虑；另一方面，通过网站、微信、廉情院坝会等方式，增加群众的知晓度，初步形成了党委造势、纪委护航、干部自律、群众监督的良好社会氛围。2018年至今，各部门、街道及国有公司共梳理容错清单344项，做到了容错纠错有据可依。近两年来，包括滨海新区、赣江新区、湘江新区在内的9个国家级新区的纪工委就推进容错纠错机制做法与天府新区进行了交流学习。并且，天府新区统筹运用各类媒体资源，宣传容错纠错相关工作，加强正面引导，对探索创新过程中的过失进行了客观理性的报道，引导公众理解支持改革创新，营造容错纠错的浓厚氛围。

(三)容错纠错组织设计渐趋合理

国家级新区容错纠错组织设计渐趋合理。目前，组织机构设置较为完善和成熟的有湘江新区、赣江新区、贵安新区等，他们的突出经验是主导机关与辅助部门勠力同心，有序推进容错纠错工作的进展。经过几年的发展，国家级新区对容错纠错工作理解更加深刻，并逐步形成了由党工委和管委会主导，纪工委和监察室为主干，其他部门和企事业单位辅助的组织机构与责任分工格局，尤其是越来越明确辅助性机构在容错纠错工作中的作用。例如，天府新区组织人事部门、宣传部门开始重视和配合新区的价值引领、干部选拔、绩效考核、干事创业防错制度建设、关心关爱干部等工作。国家级新区的实践经验表明，容错纠错是一项系统性工作，需要多部门的充分协作，完善的容错纠错机制离不开健全的组织架构设计，需要划分出清晰的领导责任、主管责任和直接责任，明细容错纠错各主体的责任分工，确立容错纠错各主体的协调机制。

二、容错纠错衍生的成效

（一）责任担当与创新精神激发，能力素质不断提升

通过对全国各国家级新区的实地走访、集体座谈等，我们了解到新区实行容错纠错制度以来，领导干部"不敢为、慢作为、不会为"的现象有了明显的改善。在全面从严治党的氛围下，不少领导干部将"明哲保身"作为准则，宣扬"多一事不如少一事，不做就没事、做事就出事"的做法，缺乏担当精神。容错纠错机制是在法律规定范围之内为广大改革创新者织起的一张安全网，一定程度上明确了责任边界，提升了体制内成员的责任担当。容错纠错机制是一种工作原则，各项政策明确规定了何为可容、何为可免、何为可纠，在问责机制中注入了灵活性。国家级新区实施容错纠错制度以来，不少领导干部从工作上不敢坚持原则、不敢主持正义、奉行无原则的一团和气的状态转变为积极反映矛盾问题的状态。此外，容错纠错机制也是一种工作动力。长期以来，不少干部在工作中看似原原本本地贯彻上级政策，实则缺乏创意和新意，不能与当地实际情况很好地结合起来，甚至贻误发展时机。新区将容错纠错与奖惩机制结合起来，激发了干部正面工作的

动机；将容错纠错与创新激励结合起来，有力营造了创新创业的氛围；将容错纠错与发展性考核结合起来，真正做到了"以人为本"。通过实地走访全国各国家级新区，我们发现容错纠错机制所带来的干部改革创新、担当作为的激励作用日益明显。越来越多的国家级新区不满足于一般化，而是追求卓越；不再一味地做横向比较，而是敢于和自己较劲。这种良性转变很大程度上归功于容错纠错机制的落实。

改革创新要有成效，发展进步要落到实处，这些光靠领导干部的一腔热情还是不够的，还需要提升他们的知识、技能和经验。构建容错纠错机制的前提之一是明确人是不断发展的，关注并相信领导干部的未来作为。容错纠错给那些有想法、敢创新的干部以制度保障，通过吸取试错实践中的经验和技能培养，使干部"能为"。湘江新区在这方面的成效值得关注。他们有意识地从容错纠错工作中归纳出可以推动干部学习和成长的内容，从而形成了新流程和新课程，并进行了推广。这一方面增加了新区领导干部的专业知识储备，无畏工作岗位的轮换、调动；另一方面提升了新区领导干部应对风险的能力，用创新意识解决遇到的新问题、新矛盾。人的能力素质提高了，新区的实力也增强了。

(二)选人更看实绩，用人更重实干

容错纠错机制建设引导干部踏实干事、积极作为。正是由于国家级新区扎实推进容错纠错制度，越来越多的干部更坚定了为党和人民奋斗的信念。在容错纠错机制保障和激励作用下，领导干部的能力素质提升日益显著，"选人看实绩，用人重实干"成为政府部门干部任用的趋势。一方面，国家级新区全力为遭受污名控告的干部澄清正名，保证领导干部能够有尊严地工作，让干部体会到付出可以得到回报，不再自怨自艾。这一部分干部对组织更有认同感和归属感，在干事创业的过程中更加积极主动。另一方面，在容错纠错的良好氛围下，一部分内心有想法、能力有保证的干部会在改革创新的路上大刀阔斧。不同单位、岗位之间不求"安分守己"，不搞

"平均主义"，鲜明树立起了重实干重实绩的用人导向，优化了干部职务晋升渠道。在这方面，天府新区、西咸新区、湘江新区、南沙新区等都有显著成效，抓住了容错纠错、激励创新的有利时机，合理引导人员流动，淘汰掉"混吃等死"的，筛选出"踏实能干"的，进一步改善了政府人员的素质水平，提升了干部队伍的整体活力。

(三) 创新项目增加，经济发展加快

容错纠错机制为国家级新区管辖范围内的大中小企业提供了改革创新的良好环境，创新创业项目数量增加，经济发展加快。特别是在新型冠状病毒肺炎疫情期间，不少新区本着扶持企业、刺激经济的目的扎实落实容错纠错有关规定，更有新区设计出极具特色的容错纠错新形式。比如，哈尔滨新区对在疫情期间因坚守一线而疏于日常会议工作的领导干部给予免责，鼓励他们深入抗击疫情、重振经济的"战役"之中。此外，长春新区创新实行"未批先建"和"首违不罚"的容错纠错形式，允准企业以及项目团队在一定程度内优先建设，帮助企业渡过难关、复工复产。

而从容错纠错制度的整个实施过程来看，国家级新区的经济发展势头更加迅猛。根据在政府官网以及实地调研所收集到的新区 2016 年至今的 GDP 以及新区所在城市的 GDP 数据，我们发现实行容错纠错机制以来，国家级新区的经济发展速度明显加快，不仅是新区 GDP 总量增加，新区当年的 GDP 占比(GDP 占比是指新区该年 GDP 占其所在城市 GDP 的比例)也有所提升。毫无疑问，新区当年 GDP 占比情况与新区成立早晚以及实行容错纠错的时间有着密切的联系。例如，滨海新区从 2016 年开始，新区 GDP 占比就在 30% 以上，这是一方面是因为滨海新区早在 2006 年便已正式成立，另一方面则是因为 2016 年颁布的《滨海新区激励干部改革开放创新勇于担当容错免责实施办法(试行)》以及《滨海新区干部容错免责评审工作细则》宣告着滨海新区容错纠错工作步入了正轨。一般认为，从 2016 年起，全国掀起了容错纠错制度改革的浪潮。因此本报告侧重于分析 2016—2018

年的相关数据，以求能从更高的程度上反映出新区实行容错纠错机制以来的经济发展情况。从这一层面来看，2014 年成立的西海岸新区和天府新区、2015 年成立的湘江新区和滇中新区近几年良好的经济发展情况在一定程度上是得益于激励干部干事创业的容错纠错机制的实施的。

究其原因，国家级新区容错纠错机制能带来明显的聚集效应，推动地方产业结构的调整和创新能力的提升，进而带动地方经济的发展。新区特有的这种制度优势吸引了企业的聚集。地方在改革创新上的容错优惠，结合企业聚集带来的竞争效应和信息溢出，推动了地区创新能力的提高。集聚效应达到一定的强度、企业数量达到一定的规模时，就业岗位增加，最终会实现劳动力的集中。举例来说，从经济发展情况来看，自 2016 年湘江新区开展激励干事创业推进容错纠错机制建设以来，湘江新区的 GDP 保持逐年增长趋势，从 2016 年的 1801.12 亿元增长到 2019 年的 2467.96 亿元，年均 GDP 增速高达 9.26%。

容错纠错机制正式提出至今尚不足十年，却在制度文件、改革氛围、组织设计、干部干事、选人用人以及经济发展等方面有明显的成效，这足以说明构建和完善适合当地情况的容错纠错机制势在必行。

第四节 国家级新区容错纠错机制的经验

自实施容错纠错以激励干部担当作为以来，国家级新区根据上级文件精神，结合各地实际情况，扎实探索和构建容错纠错机制，在容错纠错方面发挥着引领作用。国家级新区在容错目的、容错主体、容错依据、容错形式、容错程序、纠错规定、事前防控以及事后保障八个方面积累了好的工作经验。

本报告将新区容错纠错经验总结为六个方面：第一，容错纠错机制不可或缺；第二，因地制宜地开展容错纠错工作；第三，环环相扣地设计容错纠错程序；第四，重视容错更要强化纠错；第五，注重事前防控和预警；第六，完善事后保障配套制度。

一、容错纠错机制不可或缺

在经济发展新常态背景下，在中央政策引导下，容错纠错机制日益成为政府干部队伍建设的重要内容，成为新区创新发展的重要机制保障。经过为期一个多月的实地调研，团队反复研讨这些宝贵的经验化样本，提出国家级新区容错纠错经验的第一条应当是厘清容纠内涵、明确政策价值，构建容错纠错机制势在必行。在容错目的认知问题上，贵安新区"容错与反腐"、长春新区"容错与问责"以及西海岸新区"护航政治新生态"的有关论述值得学习。

(一) 容错纠错处理"软腐败"，反腐打击"硬腐败"

一方面，党的十八届六中全会指出要建立容错纠错机制，宽容干部在工作中，特别是改革创新中的失误；另一方面，"保持惩治腐败高压态势，强化不敢腐的震慑"，腐败治理进入新常态。如何协调容错纠错与腐败治理之间的关系呢？以贵安新区为代表的国家级新区在容错纠错机制建设过程中逐渐积累了理解与协调二者关系的实践经验。容错工作的难点之一就是对于干部之错该不该容的主观判断缺乏统一标准。根据贵安新区的实践经验，干部积极作为过程中由于疏忽等导致的轻微违纪违程序问题属于"软腐败"，干部较为严重、恶劣的违法、乱纪，甚至是犯罪行为则是"硬腐败"；容错纠错处理"软腐败"，反腐打击"硬腐败"。容错纠错在推进改革创新、调整重大利益关系等方面扮演着"站岗者"的角色。在错误的萌发期采取适当包容、科学纠正的方式避免问题恶化，这种防微杜渐的事前温和处理方式既有效解决了问题，节省人力物力，又不挫伤领导干部创新试错的积极性，确保了干部队伍始终保持战斗力。反腐着眼于问题的事后处理，是"善后者"。对严重违法乱纪的行为进行严厉打击、严格惩处是从严治党的要求，也是进行容错纠错的兜底机制。容错与反腐一柔一刚、相互配合，才能为革除庸政、懒政、怠政和改革创新保驾护航。

(二)容错纠错使问责更精准,问责让容错纠错不偏航

在容错目的上,长春新区有独特见解:第一,容错纠错应当服务企业,扶持企业项目,着眼于新区经济发展;第二,容错纠错应当服务民生,解决历史遗留问题;第三,容错纠错应当解决重点行业、重大项目"问责泛化"的问题,为受诬告的干部澄清正名。在干部问责逐渐呈现制度化机制化背景下,如何提高干部问责的精准度,避免干部问责泛化、简单化是各国家级新区实现创新发展的客观要求。容错纠错机制建设通过实践检验不断明晰错的性质,有效区分什么错可容,什么错不可容,什么错容而不纠,帮助领导干部科学认识错与责的关系,避免出现"失责必问,问责必严"的极端情况,激励广大领导干部敢于作为、勇于担当。问责机制也有助于容错纠错实践不偏航。国家级新区构建容错纠错机制并非为了容错而容错。只有对那些犯了不可容不可纠之错的领导干部果断问责、及时问责,才能不断强化领导干部的责任意识,才能避免容错纠错机制纵容干部犯错。总之,问责是容错纠错机制健康发展的重要保障,可以促进容错纠错工作各环节扎实落地,避免"容错变纵错,保护成庇护"。国家级新区的经验表明,既不能过分强调容忍,唯恐因问责而打击了干部干事创业的积极性而竭力寻求容错借口,也不能一味问责,不顾情况深究错误,忽视或者剥夺领导干部的试错权。

(三)容错纠错护航政务新生态

政务新生态是指在我国经济发展新常态下,政党、社团等政治组织开展政务活动的氛围与环境,良好的政务生态表现为干部队伍在公共服务供给过程中的工作主动性、创新性、协作性等积极状态。干部队伍中"多一事不如少一事"和"中规中矩、消极怠工"等不良工作作风阻碍着政务新生态的建设。国家级新区经验表明,容错纠错机制建设有助于激发干部队伍日

常工作的积极性，打造健康向上的政务环境。西海岸新区的经验最为典型。为充分保障打造精简高效政务新生态的各项改革措施的落地落实，让企业和群众真正分享改革红利，西海岸新区提出"护航政务新生态"概念，在实践中将容错纠错工作与"护航政务新生态"工作结合，容错纠错工作成为打造良好政治环境与提高政务效率的推动力之一，并提出"给舞台、靠边站"的工作激励机制，让部分不作为、乱作为的干部跟随敢作为、好作为的干部学习。

二、因地制宜地开展容错纠错工作

容错依据对容错纠错机制的具体实施是十分关键的，厘清"错"的定义有利于我们明确容错纠错的内容与边界。国家级新区容错纠错机制建设的实践经验表明，容错纠错工作必须因地制宜地确定容错纠错依据，哪些错误属于容错免责的范畴需要各地结合自身实际不断探索，不结合工作实际明确界定"错"的内容会大大降低容错纠错机制的公信力。

(一) 依据"三个区分开来"因地制宜地确定容错标准

国家级新区实行容错纠错的原则和标准必须与习近平总书记的"三个区分开来"标准一脉相承，坚持以"三个区分开来"作为容错纠错机制建设的宏观方向，结合地区发展定位和发展任务因地制宜地确定自己的容错纠错标准。如江北新区确定的容错纠错"六看"原则是分别从问题性质、工作依据、主观动机、决策过程、履职取向以及纠错态度六大方面进行判定的；湘江新区容错纠错坚持"五看"标准：看问题性质、看工作依据、看主观动机、看决策过程和看纠错态度。这都是对"三个区分开来"的操作层面的尝试。

(二) 确定容错边界必须坚守法律底线

从实践中看，多数新区在容错纠错机制建设过程中重视划定清晰的容错边界,强调容错应当在法律底线之上进行,注重避免把容错搞成纪律"松绑"。在容错纠错机制建设中,法律底线不可触碰、违法之错不可容逐渐成为各新区的基本共识。凡是给出容错边界清单的新区,其规定基本上都很好地协调了容错边界与法律底线之间的关系,既尊重法律的权威性,又体现了容错的灵活性。

(三)容错纠错形式多样化

国家级新区在开展容错纠错的具体实践中,注重采取多样化的容错纠错形式,提升容错纠错的针对性、感染力和实际效果,避免容错纠错成为空洞的口号。长春新区、西咸新区的实践经验颇具代表性。长春新区提出了"未批先建"以及"首违不罚"两种容错纠错形式,采取教育、行政指导和行政告诫等多种方式,实现了容错纠错的有机结合。而西咸新区作为一个要履行行政功能的新区,相比于其他单纯肩负经济发展任务的国家级新区面临着更多复杂的历史遗留难题、重大问题和改革新题。针对这一特殊情况,西咸新区提出"以整改的方式容错纠错",整改的程序主要包括函询、调取资料、统计信访案件数据等。容错纠错形式多样化的本质是容错纠错紧密契合新区创新发展需求和特殊任务需要。

三、环环相扣设计容错纠错程序

程序设置是实施容错纠错机制建设的关键环节,新区容错纠错机制建设呈现出了容错纠错实施程序环环相扣的特征。一是程序设计要求各环节不可或缺,一旦缺少某个甚至某几个环节,那么容错纠错工作实质上很难到位;二是工作中各环节之间不能脱节,逻辑要始终保持一致。通过对各省份、省会城市、新区有关容错纠错政策文件的梳理,课题组研究发现各国家级新区容错纠错的程序都包括启动、审查、认定、反馈四个程序。

第一,启动。对于符合容错纠错情形的错误,既可以由相关单位和个人主动申请启动程序,也可以由主管部门申请启动程序。兰州新区坚持

"谁发现谁启动，谁问责谁容错"的原则，将包括纪检干部和当事人在内的所有发现容错纠错情形者都确定为启动者，在很大程度上激发了体制内容错纠错的积极性。湘江新区坚持"同步启动"方式，调查核查组或相关问责机关启动相关调查或问责程序时，统筹考虑、同步调查有无容错情形、是否具备容错条件，同步启动容错调查核实工作。上述做法虽有不同，但都充分体现了纪检监察干部主动担当作为的精神。

第二，审查。启动容错纠错后，容错纠错主体需要开展严谨的审查工作。不同新区的审查方式各有不同。其中，哈尔滨新区强调必要时可进行"第三方评估"；赣江新区提出"第三方参与核实"；兰州新区采用"会商制"；西咸新区采用"听证制"；湘江新区采用"会商裁决制"；滇中新区采用"协调机制"；福州新区采用"容错会商机制"。西海岸新区的"倒查制"很具创新性。在审查后期，纪检监察机关、组织人事部门要与公检法等职能部门单位加强沟通协调，密切配合，通过查源头、查渠道、查人员、查目的，把当事人行为查清查透，以"倒查制"进行梳理和补充。新区容错纠错审查环节的共同点是邀请相关部门、服务对象、利害关系人、相关业务领域专家等代表参加多主体共同决策，在一定程度上约束认定主体的自由裁量权，减少庇护犯错者及"寻租"等情况出现。

第三，认定。新区纪委监委集体研究后做出具体的调查决定，并将容错登记相关表格送达有关部门存档，作为领导干部问责、廉政评价、提拔交流、绩效考核的重要依据。

第四，反馈。新区实践经验表明，要提高容错纠错的实际效果，反馈程序是不可缺少的一环。反馈应当是双向的，一方面相关纪检部门应当及时将认定结果反馈给当事人及所在单位，体现公开透明。另一方面，当事人及所在单位也应当就处理结果的相关认识和改正方式以书面的形式反馈给纪检部门或人事部门；或者，被调查对象认为审查结论有误的，可以根据相关规定提出申诉。在这一点上，南沙新区做到了将反馈意见与申诉程序的有效结合。

四、重视容错，更要强化纠错

容错不等于纵错，同样的错误一而再而三地发生意味着纠错出了问题。构建容错纠错机制的出发点不仅仅在于宽容错误，让领导干部放心大胆地积极作为，还在于通过改正错误，提升干部思想水平和履职能力。从国家级新区容错纠错相关政策文件和实施现状来看，大部分国家级新区现有容错纠错制度都对纠错机制有所涉及，都强调把容错纠错统一起来，尤其是江北新区和贵安新区等对纠错机制提出了操作层面的意见。

（一）增加纠错机制规定

在容错纠错机制建设中，容错与纠错都非常重要，尤其是要在容错基础上进一步阐明哪些错容而不纠、哪些错容后必纠，并明确纠错原则、程序与方法。这能够帮助领导干部更加深刻地领会容错纠错政策精神，促进领导干部在工作实践中真正发现具有创新价值的新思路新举措。江北新区和贵安新区的纠错政策与实践具有代表性。江北新区坚持容错与纠错相结合，提倡在容错基础上坚持有错必纠、有过必改，充分吸取教训，提高自我纠错、自我提高、自我完善的能力。其具体规定如下：第一，坚持立行立改。对履职担当、改革创新过程中出现的失误错误，所在单位党委（党组）要及时研究整改纠错，并向上级党委进行汇报，迅速采取补救措施，尽量消除负面影响，最大限度地减少或挽回损失。第二，注重完善制度。深入分析问题原因，对普遍存在的共性问题，举一反三、堵塞漏洞，健全相关机制，从源头上杜绝失误和错误重复发生。贵安新区在实践中发现，部分可以容错的干部仍然缺乏容错之后需要纠错的思想认识。为此，贵安新区在纠错层面进行了两方面的规定：对苗头性、倾向性问题，早发现早纠正；对小失误或小错误，及时采取补救措施消除影响、挽回损失。

(二)界定纠错对象范围

容错纠错机制建设缺乏纠错对象的相关说明容易导致纠错程序难启动、少启动甚至是不启动的情况。通过整理分析各国家级新区调研报告中有关纠错对象的政策规定，本报告总结了界定纠错对象的"1+5"模式，即一个原则+五种情形。一个原则是指经认定，工作失误或者错误易于或者已经造成损失的，无论是否予以容错、减责，相关部门(单位)都应当及时启动纠错程序。对于问题复杂、存在较大风险的改革创新项目，有关部门(单位)应当在事前充分论证，同时将预备纠错工作方案报上一级主管机关或者部门审查。启动纠错的五种情形：第一，项目或方案在实施中明显偏离预期目标、方向的；第二，违反法定程序做出决策的；第三，按照法定程序做出决策，但造成不良后果的；第四，决策实施过程中群众意见较大，经评估难以继续进行的；第五，其他应当纠正或者停止的情形。其中，第五种为开放型情形，需要各国家级新区根据自身情况，在容错纠错实践中不断总结和完善。

(三)形成纠错操作程序

规范有效的实施程序是一项工作顺利执行的有力前提和基本保障。相反，缺乏有效的实施程序可能导致纠错难以真正地落地实施。以各新区实际操作情况为主，辅以贵安新区、江北新区以及湘江新区的政策与经验，总结国家级新区纠错操作程序如下。

第一，发送通知。纪检监察机关或上级部门在确定有关主体或项目存在失误或错误时，在三个工作日内向纠错客体发布纠错通知。通知中应明确"错在哪里""为何纠错"以及"怎么去做"等三大方面的问题。第二，谈话教育。纪检检察机关或上级部门在纠错客体收悉纠错通知后组织三方谈话教育，纠错主体、纠错客体以及纠错客体所在单位代表共同参与分析纠错方案。第三，督促整改。国家级新区根据具体情况采取"一对一整改"或

"单位监督整改，纪检机关抽查"的方式实施纠错。其中，"一对一整改"是指将纠错客体委派给作风优秀的领导干部进行一对一的短期教育培训，类似于哈尔滨新区、西海岸新区提出的"给舞台，靠边站"。

容错和纠错在国家级新区容错纠错机制建设中都具有重要的意义。虽然容错与纠错在工作实践中并非总是接续发生，有的错误重在容错，有的错误重在纠错，但是，只有构建完整的容错纠错机制，形成从识错到容错，或识错到纠错，或识错到容错纠错的有效闭环，坚持激励与约束并重，才能真正在有效激励干部担当作为的过程中实现新区的创新发展。

五、注重事前防控和预警

事前进行有效防范是容错纠错机制中非常重要的一环。要在改革创新进程中提前发现、提早干预干部作为中的苗头性、倾向性问题，避免小失误变成大问题，最大限度地避免或者减少损失。调研发现，西咸新区、湘江新区、福州新区、江北新区以及天府新区都有极具特色的事前防控制度，为其他地区容错纠错机制建设提供了有益的经验借鉴。

（一）领导班子研讨

西咸新区每两年进行一次领导班子研判，对所有领导干部进行绩效排序，并对末位人员进行约谈。这不仅将干部绩效考核与工资档次挂钩，以此提升干部队伍素质，促进团队发展，优化政治生态，而且是把干部绩效考核作为促进干部未来发展的有效手段。通过领导班子研讨会实现干部绩效考核的评估性目的与发展性目的的有效结合，是事前防范领导干部犯错失职的重要经验。

（二）廉政风险防控

湘江新区在事前防错方面做了充分探讨和实践，出台了廉政风险防控制度，具体包括三大方面的内容：第一，重大事项决策程序、请示报告与公示公开，减少决策失误。第二，廉政风险防控。湘江新区注重抓早抓小抓平时，加强对于高风险岗位人员的监督，对在思想、作风、纪律等方面出现倾向性或苗头性问题的干部，及时运用谈心谈话、组织调整等措施进行提醒和处理。2017 年，湘江新区制定了《湖南湘江新区机关事业单位岗位廉政风险等级》。随后，湘江新区还制定了《高廉政风险岗位履职检查若干规定（试行）》，对相关情形进行了认定。2020 年，湘江新区制定了《关于常态化推进廉政风险防控工作的通知》，将廉政风险防控体系作为事前防错的重要组成部分。第三，依纪依法问责追责。湘江新区注重运用巡视巡察、经济责任审计、专项督查等方式，以事实为依据、以法规为准绳，进行精准定责。

（三）风险清单备案

湘江新区的"风险报备制度"、天府新区"事前容错清单申报"以及福州新区的"风险评估备案制度"都属于风险清单备案，能够对工作中有较大突破性、风险性的事项进行风险评估论证，建立完备的资料台账。对多次出现的同一类问题或同一行业、领域中的集中易发问题，执纪机关牵头进行有针对性的风险分析，及时发布警示提醒，防止类似问题的重复发生。天府新区规定在年初制定事前容错清单，经单位领导班子集体研究，报纪检监察机关和组织人事部门备案，清单内容实行动态管理，原则上每年修订一次。2018 年至今，天府新区各部门、街道及国有公司共梳理容错清单项目 344 项。

（四）用好"四种形态"

做好事前防控和预警需要用好监督执纪的"四种形态"，尤其是要用好第一种形态。在这一方面，江北新区提出常态化运用监督执纪"第一种形态"，通过咬耳扯袖、红脸出汗，在民主生活会上开展批评和自我批评，帮助干部及时纠正错误，防止小隐患发展为大问题。

六、完善事后保障配套制度

容错纠错机制建设的根本目的是提升领导干部改革创新的主动性、积极性和创造性,通过促进创新实现新区的创新发展。为了更充分地实现创新激励与创新发展,容错纠错工作还需要发挥保护、关爱等鼓励激励机制的引导作用和教育、纠错等问责制度的支撑作用。因此,加强容错纠错机制建设还应建立系统性的配套制度。

(一)澄清保护机制

容错纠错政策不仅要最大限度地宽容干部在履职尽责特别是改革创新中的失误,而且要坚决反对恶意诬告与侮辱诽谤,保护广大领导干部,为创新实干者撑腰。建立澄清保护机制便是要在第一时间为受到不实不公举报反映的领导干部消除负面影响,减少他们干事创业的后顾之忧。澄清便是最好的保护,这不仅有利于树立为担当者担当、为负责者负责的鲜明导向,而且有利于激励广大干部勇于担当履职,调动大胆干事创业的党员干部的热情。澄清保护机制既是对一心想干事的领导干部的必要保护,又是对恣意诬告陷害者的警示与防范。兰州新区、西海岸新区、湘江新区、滇中新区、福州新区、贵安新区、天府新区以及两江新区等都建立了领导干部澄清保护机制,积极主动地通过召开澄清说明会、发布说明公告等形式向当事人所在单位甚至是社会公众公布容错纠错的最终处理结果,消除案件可能带来的负面影响,同时对诬告陷害者严肃处理,把涉及犯罪者及时移送司法机关处理。

(二)关心关爱机制

国家级新区开展容错纠错工作时都在不同程度上设计了具有人道主义精神的关心关爱环节。其中,湘江新区容错纠错的关心关爱配套机制比较完善。湘江新区制定了《湘江新区纪工委(监察室)对受处分人员关爱回访工作办法(试行)》,分别从关爱回访的对象、关爱回访的方式以及关爱回访的内容三个方面做出了规定,进一步加强对受处分人员的教育引导和关爱激励,促进其思想转变,帮助其卸下思想包袱,轻装再出发。此外,舟山群岛新区的关心关爱机制侧重于谈心谈话,规定在处分决定送达一个月内对受处分人员开展首次谈心谈话,引导其树立良好的心态和信心,强化政治理论和业务知识学习,增强法纪意识和业务水平,帮助解决工作及生活上的实际问题。

(三)教育回访机制

教育回访机制是指纪检监察机关应认真督促落实处分决定,通过实地回访教育、书面回访教育、委托回访教育等形式及时了解受处分人员改正错误、转变思想和工作表现等情况。它是介于关心关爱机制和纠错改正机制之间的"中庸之道"。国家级新区的教育回访方式呈现出了多样化特征。西海岸新区主张实地回访,其相关文件于2020年5月刚颁布时便取得了不错的成效,中央纪委国家监委网站以"村书记的'心病'好了"为题,报道了其相关做法和成效。福州新区则采用函询采信方式进行教育,分析研判干部个人就组织函询问题做出的解释说明,对组织忠诚者予以采信认可并向本人反馈,使其放下包袱、轻装前进;对文过饰非、欺瞒组织者,一经发现,加重处理。天府新区提倡跟踪回访,对做出容错认定结论的干部,自做出决定之日起,在一年内由纪检监察机关和组织人事部门进行跟踪管理,定期回访谈心、教育疏导。国家级新区应该根据自身实际情况选择契合实际的教育回访方式。

(四)纠错改正机制

如果说关心关爱机制是柔性安抚,那么纠错改正机制便是硬性规定。纠错既是容错中的关键一环,也是必要的事后保障。纠错改正的目标应当是立行立改,杜绝一错再错。首先要明确纠错的范围。其次要明确纠错的程序。上级组织或主管部门需快速发现问题，在容错或问责的同时启动纠错。纠错这部分内容前文已有详述，这里我们重点关注新区极具效力的纠错方式。在实地的调研座谈会上，西海岸新区、哈尔滨新区都提出了"给舞台、靠边站"一词，指给工作优秀者以"舞台"，让他们在更大的平台或更多的实践中发挥出更大的能量；让工作不佳者"靠边站"，由单位领导干部一对一地教育受处分者，类似于"师徒制"的教育方式。这种纠错方式的落实情况较好，既能激发干部的劲头，又便于交流想法，形成激励与纠错改错双管齐下的制度合力。

（五）绩效考核与选拔任用

绩效考核和选拔任用与容错纠错激励目标一致，也是容错纠错机制建设的重要配套保障措施。只有增强绩效考核的科学性、针对性、可操作性，才能切实解决干与不干、干多干少、干好干坏一个样的问题，充分发挥绩效考核指挥棒作用，使绩效考核真正成为调动干部开拓创新、担当作为积极性的强劲动力。天府新区在容错纠错机制建设中关于绩效考核和选拔任用方面的规定具有代表性：第一，经认定予以容错被免责的，党风廉政建设责任制考核免于扣分；在评先选优、表彰奖励、提拔任用、职级职称晋升中不做负面评价；党代表、人大代表、政协委员和后备干部资格评定不受影响；单位工作绩效目标考核、个人年度考核不做负面评价。第二，经认定予以容错但仍需给予党纪政纪处分或组织处理的，根据有关规定和程序，可酌情从轻、减轻纪律处分或组织处理，影响期按照有关规定执行。

第七章　国家级新区容错纠错机制建设

在国家级新区容错纠错工作机制设计和政策建设上取得显著成果之余，我们也应充分认识当前的不足之处并积极改正。本章将从国家级新区容错纠错政策的不足与完善、容错纠错机制的不足与对于容错纠错机制设计的建议三大方面展开论述，总结梳理新区容错纠错机制和政策中的不足及改进方式。这对于完善容错纠错工作具有重大意义，不仅可以进一步推动改革创新，还能够指引国家级新区的其他各项工作。

第一节　国家级新区容错纠错政策的不足与完善

一、国家级新区容错纠错政策的不足之处

（一）各新区政策在制定上的进展不一、宽严不齐

通过对各新区的详细分析可以看出，由于自身功能定位与发展状况不同，不同新区对容错纠错制度的探索进程也不尽相同。因此，本报告把19个国家级新区的容错纠错政策建设进程分为开始时间早且不断完善型、开始时间早完善进程慢、开始时间晚完善进程快、开始时间晚完善进程慢等

四种类型。不同新区的容错纠错政策工作进展存在差异的原因涉及不同新区的现实要素与主观条件，如新区领导对容错纠错工作的理解与重视程度不同；纪工委开展容错纠错工作的力度与频率、日常宣传教育的水平不同；新区对容错纠错工作建设思路的差异；新区内部的容错纠错氛围不同等。这些是各新区政策建设进程存在差异的内在原因。

另一方面，各国家级新区已经出台的容错纠错政策文本也存在较多的分歧点，在前置条件、容错边界、配套机制与容错程序等方面存在较大分歧，同时还有很多细微的差别。关于现行政策文本中存在的分歧，我们首先要认识到国家级新区的容错纠错机制建设工作目前还处于摸索试行的初步阶段，其效果如何需要更长时间的实践进行检验，因此各新区政策文本中存在分歧是正常现象，不同的试行效果也可以为更大范围的推广提供多样化的参考样本。其次，不同国家级新区在功能定位与承担职能上的差异，导致容错纠错工作存在区别是必然的，我们需要更加多样化与特色化的容错纠错建设样本。但是，我们也要注意到，在宽严尺度、法理侧重、粗细表述上的分歧，实质上反映的是容错纠错机制建构中必须认识和处理好的一些深层次的现实问题，如容错免责与监督问责的关系、法律与效率的关系以及政策文本的可操作性问题等。因此，为进一步建构和完善容错纠错机制，我们必须厘清这些分歧和问题①。

最后，各新区的容错纠错配套制度建设也不同。对于事前防错、事中监督以及事后关爱等制度，各新区的完善状况也存在差异。要保证容错纠错机制最终的落地实效，除了进一步建构和完善容错纠错机制自身政策之外，我们还要做好与容错纠错机制相关的一系列配套制度建设。

(二)国家级新区内部政策完善的进展缓慢

除了各新区之间的横向对比之外，从每个新区的纵向维度来看，我们

---

① 李蕊.容错机制的建构及完善——基于政策文本的分析[J].社会主义研究,2017(2):89-96.

发现容错纠错政策的完善速度较慢。这一现象体现在两方面,一方面是部分新区在出台容错纠错政策后再无完善与更新;另一方面是容错纠错配套政策建设不成熟,缺乏事后的纠错政策、关心关爱政策或回访反馈政策等。我们把19个新区的政策出台时间和完善进程进行了分类,发现有部分新区在开始容错纠错政策建设后缺乏后续的完善与跟进。这或许是由于容错纠错工作并未在实践层次较多地开展,新区还未积累足够经验。容错纠错政策完善应该与实践进程相辅相成,两者达到相互促进的状态,如果政策文本的完善进程停滞不前,会影响其对实践的指导意义。我们在实地调研中发现,西咸新区虽然对2016年出台的容错纠错政策文本进行了修订,但修订速度较为缓慢;兰州新区也存在容错纠错政策更新不够及时的问题。

(三)重容错政策,轻纠错政策

在已获取的国家级新区容错纠错政策文本中,目前仅有8个新区的政策里有对于纠错机制的规定。在这8份包含纠错机制的政策文本中,还有部分政策中的纠错规定仅为一段概括的话,没有具体详细的操作程序。从总体上来看,相较于更加完善规范的容错机制建设,国家级新区对于纠错机制的政策探讨相对较弱。纠错机制就是容错纠错机制的下半篇内容,与澄清正名、关心关爱等配套措施相比,纠错机制的重要性更强。但是,目前重容错、轻纠错的现状可能造成许多进入容错纠错程序的事件仅做容错处理,难以做到及时止损,同时可能造成干部犯错成本降低,导致容错纠错机制方向的偏离。因此在容错纠错建设中,我们应坚持容纠并举,在宽容错误的基础上进一步判定纠错的程度和方式,并依据纠错机制对错误开展有效的纠错工作,做好容错纠错的下半篇文章。

(四)三项机制之间缺乏政策配合

容错纠错作为三项机制中的一环,应该与鼓励激励、干部能上能下形成更加紧密的政策配合。但目前三项机制的建设之间仍缺乏互补性,一是三项机制的相关政策不全面，有部分国家级新区缺少其中一项或两项政策；二是三项机制之间没有形成联动。容错纠错、能上能下、鼓励激励应该是相互配合、协同作用的。对于干部良好的表现，我们应该做到鼓励激励、打通他们的向上通道，对于干部的失误要有条件地进行容错纠错，并畅通向下的通道。三者配合才能达到"鼓励干事、包容失误、能上能下"的效果。无论是三项政策中某一项的缺失，还是政策之间缺乏配合性，都会影响政策的实施，造成容错纠错的结果运用难以达到预期效果。目前，各新区出台的容错纠错相关政策文本与另外两项机制之间的联系较弱，在政策内容上缺乏关联性。例如，对于干部在改革创新中产生了积极影响但存在程序或行为上错误的大胆作为，可以在对其容错纠错的基础上进一步鼓励激励并开通晋升通道，形成三项机制之间的积极联动。只有这样，容错纠错机制才能充分发挥既宽容失误，又鼓励干事的作用。

(五) 政策与实践脱节、流于形式

政策文本构建的目的在于执行并收到实效。通过对国家级新区的实地调研，我们得知，虽然目前多数新区都已经制定了容错纠错政策文本，但在实际工作中能够严格按照政策执行的新区仍属少数。第一，容错纠错实施步骤与流程过于笼统，部分新区尚未形成纠错改正程序，对于调查团队、调查依据、调查形式尚未细化，认定反馈之后没有相关的申诉受理机制，担忧包庇或错案风险。如何对容错纠错程序进行明确的细化是该类新区未来需要思考的；第二，程序规范不完备，部分新区在具体操作细节、绘制具体的工作流程图、细化容错情形、程序、步骤等环节存在不足，对于容错程序应当遵循的方式、时限、顺序、步骤等程序方面的规定不够明确。然而，不可否认的是我国容错纠错工作目前尚处于起步阶段，部分新区自身的建设也仍在探索，政策与实践存在脱节也无可厚非。未来推进容错纠错工作的关键在于在不断完善政策机制的同时，在实践中运用政策，促进彼此的融合与发展。

二、国家级新区容错纠错政策的完善思路

虽然国家级新区的容错纠错政策仍存在以上的不足，但从容错纠错制度的探索进度来看，新区容错纠错政策在全国已经具有一定的示范意义。在未来的发展过程中，国家级新区可以从以下方面进一步完善容错纠错政策。

(一) 加强顶层设计

目前，除了 2018 年中共中央办公厅出台的《关于进一步激励广大干部新时代新担当新作为的意见》中对容错纠错有相关阐述之外，《国务院办公厅关于支持国家级新区深化改革创新加快推动高质量发展的指导意见》中也提到了国家级新区的容错纠错工作建设，但没有更为详细的法律或政策文本对国家级新区或地方性的容错纠错政策建设进行指导。基层的不同探索要不要上升为统一的顶层设计，由中央统一容错纠错机制的标准，出台一个全国性的容错机制文本呢？"理论方案需要通过实际经验的大量积累才臻于完善。"目前各地的容错纠错机制尚处于摸索试行的阶段，出台全国性政策文本可能为时尚早。但随着各地文本建设中分歧的逐步厘清、共识的不断扩大以及实施效果的显现，可以出台全国性的容错纠错机制文本，从而形成对党员干部既严格要求又关爱保护的整体顶层设计，以更好地指导各地的文本建设与实施。

同时，我国也应加快关于容错免责的立法工作。虽然各国家级新区与各地方政府积极响应党中央的号召，陆续出台了有关容错免责的政策文件，但是这些文件存在地域多样化、认定标准不一、核心概念模糊等问题。我国应该推进容错纠错立法工作，制定一部关于容错免责的全国性的法律规范。在完善立法工作的基础上，各新区与各地方政府可以以国家制定的容错免责法律规范为依据和蓝本，结合地方实际情况和工作要求，制定出合

法合规、认定标准统一的容错免责政策①。

(二)"因区置宜"地制定容错纠错政策

不同的国家级新区有不同的功能定位与管理职责,且国家级新区与省市级党政单位也有差别,因此各新区应在统一框架与指导原则的基础上探索与各自新区匹配的容错纠错政策。各国家级新区在制定容错纠错政策时应该厘清的问题包括国家级新区的功能定位与战略要求、组织架构和人员构成等,并在保证对纪律底线以及原则方向等问题一致的基础上,结合新区特色与创新点制定具体的容错情形、容错程序、配套机制、任务清单等内容。此外,各国家级新区也应该依托自身实践,加快容错纠错政策文本的完善进程,为全国范围内的容错纠错制度探索提供政策借鉴。

(三)制定发展型容错纠错政策

国家级新区应该转变思路,在容错纠错工作上树立发展型政策导向,不仅着眼于干部当下的所作所为,更要让政策推动干部敢为愿为,促进干部的成长与发展。在发展型思路的指向下,三项机制能够更紧密地结合在一起,不仅能够鼓励干部干事创业,更能让干部在干事创业的过程中获得成长并更加积极地进行创新,最终形成良性循环。这要求新区将容错纠错政策、鼓励激励政策和干部能上能下政策结合运用,尤其要做好容错纠错的下半篇文章,不仅要对产生的结果进行纠偏处理,对于一些在工作中大胆创新并善做善成的干部进行大胆的激励和提拔。如此一来,干部能够在干事创业中获得成长,从而更好地创新创业,组织也能够获得新的工作思路,形成发展型政治生态。因此,我们应当转变"只重眼前"的观念,树立发展型的政策导向,将三项机制更加紧密地结合起来,鼓励干部在干事创

---

① 邓锐、储著斌.新时期我国领导干部容错免责政策文本分析和机制构建[J].领导科学,2018(5):39-41.

业的过程中得到成长。

第二节　国家级新区容错纠错机制实践中暴露的问题

容错纠错机制伴随着新时代改革创新的需要而产生，国家级新区在实践层面取得了重要进展与显著成效。但梳理政策制度文本与实践举措后发现，现有容错纠错机制存在容错边界把握不到位、组织架构不清晰、容错纠错实施步骤与流程过于笼统、容错免责机制运用率低、只"容错"不"纠错"等问题，这些都急需改进。

一、容错边界把握不到位

大多数新区的容错纠错政策文件中对于可容与不可容的情形有明确规定。可容的情况具体表现为法律法规和政策规定没有明令禁止，符合中央大政方针和省委决策部署，有利于改革发展稳定大局，且未谋取不正当利益的行为。但干部在具体实施过程中对于"错误"的边界把握不到位，在实施容错纠错机制时，对当时的历史环境、现实条件、主观心理、事后补救、造成影响等多种因素的把握还不够精准，从而导致容错纠错的类型、尺度难以把握。此外，在具体应用时，有些问责部门对政策的把握不准，在判断是真实情况还是故意为之时存在困难。对于具体问题是否可容的困惑情绪普遍存在于各个新区之中，而且明确错误的边界范围也是建立健全容错纠错机制的关键与难点。

二、组织架构不明晰

多数新区对于容错主体部门的权力与职责有明确规定，容错主体部门的组织架构也较为明晰。但还有一些国家级新区在容错纠错实施主体方面存在困惑，集中表现为不同主体之间的责任认定不清。有的新区在对某干部进行容错处理后，上级纪委仍然要求对该干部进行问责处理，这造成了两级纪委之间的工作出现冲突，从而导致容错纠错工作难以进行。这反映出的深层次问题是国家级新区的干部队伍建设与管理架构有问题。国家级新区的干部建制与管理工作是否独立，或受当地市级、省级政府管理，这是我们首先应该厘清的问题，否则容错纠错工作的责任主体就会划分不清、相互干扰。有的新区容错免责工作的承办部门在推进过程中发生了变化，之前由纪委负责，现在加入了组织部，多头推进让纪委在工作中经常处于尴尬的局面。有的新区在进行容错纠错时往往面临的是历史难题、重大问题和改革新题，只有基层经验丰富、真正了解群众诉求的领导干部才能把问题解决并落实到位。如何培养纪检监察干部在实行容错纠错制度中的整体能力与素质是需要解决的重点与难点问题。有的新区的容错免责条件和情形不清晰，缺乏明确统一的容错标准，只有少数领导干部承担容错纠错的具体责任。这容易给容错纠错主体带来潜在的"权力寻租""庸官护身符""腐败分子挡箭牌"等不良的思想影响。因此，如何因地制宜地对容错纠错组织架构进行设计，是推进容错纠错工作进一步发展的重点。

三、容错纠错的实践程序不完备

部分新区的纪检监察机关在开展调查时，未按照容错纠错机制完善手续，导致容错纠错没有相应的印证材料、没有合法的程序、没有正式的结论。即便是纪检监察机关在提出处理建议时，也未按照容错纠错机制的完善手续进行认定并做出结论。这些都制约了容错纠错工作的开展。功能定位不同导致部分国家级新区的经济职能与社会管理职能交织，加上新区建设过程中的征地拆迁等遗留问题，致使部分新区的行政工作难点突出、矛盾深重。实践的复杂性使得部分问题难以进入容错纠错程序，或根本无法处理。这些工作中的难点普遍存在，导致容错纠错的实践与政策难以完全贴合。我们在未来的探索中要达到"政策指导实践，实践促进政策"的状态还需要很长的完善过程。

四、容错纠错结果运用不充分

大多数新区对容错结果是否影响评先评优与提拔任用做出了具体的规定，但仍有少数新区并未开展相关的工作。另外，一些新区虽然出台了相应的政策规定，却尚未对容错结果进行实际操作；个别新区的容错免责实施办法出台近半年来的有效运用仍不充分，有些基层单位没有及时组织广大干部进行认真的学习，没有宣传实施办法的精神实质；也有新区虽然在审查调查工作中将容错纠错情节考虑了进去，给予了减轻甚至免于处分的处理，但是也担心宣传出去后不仅不会产生积极的效果，反而会适得其反。典型案例的宣传不到位会对容错纠错工作产生负面的影响，从而使容错免责机制的运用效率降低。

五、容纠并举、申请反馈尚未形成闭环

"容纠并举""容纠并重"，实现二者的统一与平衡，方能发挥容错纠错机制的积极效用。然而一些新区在容错与纠错方面并未实现很好的衔接。如贵安新区反映，有的干部确实存在可以容错的理由，但却并未对该类问题进行纠错，干部仍然会大打"擦边球"，继续顶风违规。另一方面，只有对做出容错认定结论的干部进行认定反馈与跟踪回访，形成主客体间的闭环，方能发挥容错纠错机制的激励作用。然而一些新区的纪检监察机关或组织人事部门按照规定程序在调查核实结束后，对符合容错情形的干部做出明确的认定结论后，并未向申请的单位党组织和个人进行反馈，而是直接向上级纪检监察机关和组织人事部门进行了备案，导致免责或减责情形的案例公开不足。同时，对做出容错认定结论的干部，纪检监察机关和组织人事部门的跟踪管理与定期回访谈心、教育疏导工作也存在一定的不足。因此，为鼓励干部放下包袱、轻装上阵，实现容纠并举、申请反馈闭环是关键。

六、重视容错纠错机制建设但缺乏主动实践

容错纠错机制的建设和不断完善离不开从容错纠错实践中积累的经验，但是部分新区重视容错纠错机制的建设，却存在容错纠错主体的实践主动性不足的问题。一方面，容错主体在容错纠错工作中有"怕"的思想，怕因容错而"犯错"，怕容错带来的"后遗症"，所以在工作实践上存在不敢容和不会容的问题，部分领导干部担心事后被追责，特别是担心在上级巡视巡察的过程中被追责，背上了较为沉重的思想包袱，在容错纠错工作中畏首畏尾。另一方面，容错纠错机制的启动环节过于单一。当前新区容错纠错机制的启动主要依赖组织调查，领导干部主动申请容错纠错的较少。这反映出对于容错纠错机制存在认知上的短板。虽然大部分新区都制定了容错纠错政策，建立了容错纠错工作机制，但是相比较而言，容错纠错工作的实践比较落后，呈现出思想上重视而行动上迟缓的特征。

七、容错纠错工作机制与新区需求的结合不紧密

国家级新区是重大发展和改革开放战略任务的综合功能区，承担着不同于传统行政区和其他经济开发区的职责与功能。每个国家级新区的设立，都有着特殊的时代背景与意义。它们都在扮演着不同的角色、承担着不同的责任，因而具备不同的区情与特色。容错纠错工作在干部监管、维护稳定、促进新区发展与创新方面发挥了重要作用，而各新区在实际开展的过程中却并未结合其本身情况，因地制宜地开展具备新区特色的容错纠错工作。目前，以下新区的容错纠错机制较为成熟：如天府新区的"1+3"文件体系与"清单制+责任制+项目化"工作体系；南沙新区将容错纠错与正负面清单相结合；湘江新区容错纠错"原则三同步""五位一体"的保障机制、会商裁决争议、上下联动纠错等工作经验。这些都与新区的自身发展情形紧密结合，颇具特色。而其他新区大多依据甚至照搬中央或上级单位的文件开展容错纠错工作，未结合其自身发展情况形成相应的政策文件，

实践上也并未充分发挥容错纠错在区域发展中的作用。突出表现就是对错的边界界定没有直接与各新区的功能定位、现实需求结合起来。错的边界划分还停留在一般意义层面，不同新区对错的情形的划分过于雷同，容错纠错机制建设未能充分满足各新区创新发展的特色需求。

第三节　国家级新区容错纠错机制建设的建议

推进国家级新区容错纠错机制建设，要从宏观层面、中观层面和微观层面思考和设计具体策略。宏观层面的关键是加强容错纠错的立法工作，用法律界定容错纠错的政策底线与责任主体；中观层面要完善容错纠错机制的运转，加强相关制度的衔接，形成容错纠错机制的闭环；微观层面要加强容错纠错的结果运用，完善容错纠错机制的配套制度，营造促进干部改革创新的容错纠错氛围。

一、宏观层次加快容错纠错制度的立法工作

(一)依托新区定位进行容错纠错，完善相关法律法规

首先，从宏观层次来看，要依托新区定位进行容错纠错工作，完善法律法规和相关程序；明确政策界限，提升容错纠错机制的科学化水平；明确容错纠错的决定主体，合理配置容错纠错的权限。虽然中央到地方高度重视容错纠错机制的建立，但相关依据多是政策性文件，缺乏统一规范的法律法规，各地容错纠错实践存在较大的随机性。因此，我们要加快容错纠错制度的立法工作，从新区发展的战略定位出发对容错事项的范围、标准加以界定，并上升到法律层次进行完善，保证每项标准和条件都遵循相应法律，真正做到有法可依[①]。

---

① 高宇航.试论新时代下干部容错纠错机制的构建[J].党史博采(下)，2020(7)：57-58.

其次，国务院在批复中赋予了国家级新区在不同领域的重要战略任务，如浦东新区是"综合改革的试验区"，两江新区是"统筹城乡综合配套改革试验区的先行区"，南沙新区是"具有世界先进水平的综合服务枢纽和社会管理服务创新试验区"，西咸新区是"中国特色新型城镇化的范例"等。不同的新区战略定位不同，所要进行的攻坚克难改革创新的侧重点也不尽相同，因此我们要依据新区各自特殊的战略定位进行容错纠错建设，避免全国"一刀切"式的治理。

最后，国家级新区在容错纠错机制的建设过程中，一定要对错误进行分类，分析错误的本质属性，界定错误的根本原因，厘清是领导干部个体行为的问题，还是制度建设存在不合理之处。在分析普遍性与特殊性之后，如果是制度建设亟待修改，我们就要拿出"抓铁有痕"的魄力与勇气，进行容错纠错法律法规和相关程序的建立和完善工作；如果是党员干部个体行为造成了恶劣性后果，我们就要坚决进行行政问责，绝不允许乱作为、乱容错的情况出现。例如，在容错纠错实践中，新区如果发现频繁出现虽然结果理想但是违程序甚至违法律的错误，那么要敢于根据这类错误提出对于既定程序甚至既定法律的修改与完善的建议。

(二)进一步明确政策界限，提升容错纠错机制的科学化水平

一是要确保容错纠错机制的责任化，要在政策执行过程中树立"容错是为了改革、纠错是为了进步"的观念，形成正向激励和负面惩罚双向并行的制度合力。在施行容错纠错机制的同时，要坚决反对官员消极腐败问题，把握好容错和纵容之间的界限，谨防激励变纵容、保护变庇护的现象出现。容错纠错一定要从实际出发，对于那些问题复杂、存在较大风险的改革创新项目，相关责任人要提前预判估计存在的风险，提前介入，及时纠偏，并不间断地开展全流程的廉政警示教育工作，让党员干部队伍尤其是领导干部少犯错、不犯错，减少直至杜绝"错容"现象，确保容错纠错机制不流于形式。

二是落实压紧两个责任，推动容错免责机制的落地。各级党委（党组）要切实履行好主体责任，把落实"三个区分开来"作为激励干部新时代新担当新作为的重要举措，对于党员干部在工作中特别是那些在改革攻坚克难中出现的因公失误的错误进行大胆包容、主动保护，调动广大干部履职尽责、干事创业的积极性和主动性。各级纪检监察组织、组织人事等问责部门要带头落实压紧容错纠错机制，实事求是，对该容错的应容尽容，对该纠错的应纠尽纠。要坚持严管与厚爱结合、激励和约束并重，对受过问责但表现优秀的党员干部大胆鼓励运用，切实做到上级为下级担当、组织为干部担当、干部为事业担当，形成激励担当作为、崇尚真抓实干的良好风尚。

三是要明确容错纠错标准，为担当创新者解除后顾之忧。容错纠错主体要形成科学规范的工作流程，容错认定程序要与失职问责程序同时进行，准确判断界定责任归属，确定相关问题是否违法违纪。涉及违法违纪的问题要按照问责程序和相关规定办理，不涉及的要综合考虑错误问题发生的客观实际、问题性质、影响程度和后果波及范围等情况，由集体讨论，并决定是否符合容错条件或纠错情况。对进行容错的干部，要帮助他们分析错误原因、找出改进工作方法，引导他们减轻心理包袱、整装再出发。在实施纠错方面，要以保护干部不重复犯错、少犯二次错误为鲜明导向，把谈话提醒、函询诫勉等管理监督手段用在前面，做到抓早抓小、防微杜渐。对苗头性、倾向性问题早发现早纠正，对已经发生的失误错误及时采取补救措施。要加强对工作失误错误的反思和研究，认真分析错误成因，最大限度地避免干部犯重复性的错误。需要强调的是，担当作为的干部更易受到外界的关注和非议，有关职能部门要善于帮助干部挡住一些"无事生非"的告状骚扰，严肃查处诬告陷害行为，以实际行动为受到不实反映的干部担当，防止干部因被"告黑状"而受耽搁、遭误解。

(三) 明确容错纠错决策主体，合理配置容错纠错权限

基层党员干部认为，容错纠错说得多，做得少，雷声大，雨点小，这反映出全体干部对容错纠错尚未达成共识。譬如，纪委监察部门与组织部门多侧重于分管领域，容错纠错动力不足，对执纪问责与容错纠错的系统思维与整体谋划甚是缺乏，因此要合理配置容错纠错权限、明确容错纠错主体关系，促进多层级跨部门多元主体的有效协同，为干部容错纠错提供有效合理的判定逻辑。

一是要明确各级党委(组)书记是容错纠错的第一责任人。领导能力的参差不齐必然影响干部处理容错纠错问题。因此，当前各级领导干部必须将能否敢于容错纠错作为一项重要指标纳入领导能力综合考察。各级党委(组)书记应从组织事业发展与干部队伍整体发展的战略高度出发对容错纠错进行深度思考，正确运用辩证思维看待工作过程中所犯的问题，妥善有效地解决基层干部在执行公务过程中的行政问责与容错纠错的关系问题，提高组织和个人的容错纠错能力。领导者要宽严相济，以正确的目光看待、科学的手段处理党员干部在改革创新中所犯的错误，妥善把握容错纠错的边界，依法依规地坚持容错纠错原则，实事求是地考量错误的实际情况，从事件的本质出发，灵活调整客观情况下执纪问责与容错纠错的边界，既要注意防范容错纠错矫枉过正，又要警惕纠错不及的偏差风险①。

二是容错纠错离不开纪检监察、组织人事等部门的跨部门高效协同，尤其是纪检监察部门的有力推进。行政刚性下的责罚只是执纪问责与容错纠错所要关注的一个方面，它们更要关注行为主体之间的横向沟通，加强问责者、被问责者与容错者之间的有效互动，允许被问责处分者进行充分合理的解释与问题说明，推动执纪问责与容错纠错的健康关系常态化。党委(党组)要加强对执纪问责与容错纠错的全面领导，系统谋划问责处分与容错纠错全局，形成以纪委监察和组织部门为核心，审计财政等有序参与的"差序化格局"，明确党委(党组)、纪委监察与组织部门的容错纠错职责、流程与会商机制，建立党委(党组)、纪委监察机关、组织部门的联席会

---

① 何丽君.基层干部容错纠错的价值意义及其实践路径[J].治理研究，2019，35(4)：82-8.

议制，围绕干部容错纠错的疑难问题与处置方案平等对话、上下联动，以达到鼓励探索、宽容失误、纠正偏差、警示违纪的作用。

三是引入第三方评价机制进行监督。容错纠错的决定主体在其推行过程中具有至关重要的作用。当前，各地关于容错纠错机制的相关规定大多是由问责部门承担领导干部免责与否的鉴定职责，有的由纪委监委牵头，组织、司法、检察、审计等部门共同参与，它们共同对领导干部容错纠错事项进行协商认定。有的是由所在单位党委牵头，依据本单位干部管理办法向组织人事部门或者纪检检查部门提出书面报告，二者会同受理开展事项调查，做出科学认定。然而，此种模式对上级党组织和上级政府的权力规制较弱，普通党员和一般公众的参与度较低①。为此，根据利益相关性的原则，若要容错纠错机制落地生根、开花结果，我们应当提高容错纠错机制的参与度，让公众参与其认定及运行，同时引入第三方评价机制进行监督，既提高容错纠错机制的科学性，又为容错纠错机制的运行程序提供保障。

二、中观层次规范容错纠错机制运转，提升公信力

每一项机制的正常运行要有一套清晰明确的程序设置，程序规范才能更好地保障机制运行。干部要按照规定申请容错纠错，机制主管部门受理、审核并及时启动认定程序，广泛开展调查确认是否符合相关条件，做出认定结论并及时反馈。只有程序合乎规范、符合法律依据、有说服力，才能确保整体机制正常运行、有公信力。

（一）进一步强化容错纠错机制运转的规范性

一是建立健全风险预判机制。新区强化容错纠错机制运转的规范性必须对实施容错纠错后可能出现的风险进行预判评估，制定出精准科学的防范措施，真正构建起全方位多层次的风险防控体系。制定防控体系时要坚

---

① 马昌永.健全容错纠错机制的逻辑指向及实现之道[J].攀登(汉文版)，2020，39(2)：20-24.

第七章 国家级新区容错纠错机制建设

持科学决策、依法决策、民主决策三个标准,建立健全重大改革创新政策措施评估制度,通过专家论证、公众听证等方式加强事前评估,最大限度地避免决策失误、工作失职等情况的发生。对干部改革创新、履职担当过程中出现的失误现象及原因,新区党委(党组)要及时有效地采取干部约谈等方式,指出当事人的问题所在,帮助其深入分析原因、举一反三地思考问题、限期完成整改,共同做好容错纠错工作。

二是强化执纪从严,落实容错纠错。纪检监察部门要将执纪从严与容错纠错结合起来,要精准把握小错误与大违纪之间的界限问题,要辩证科学地分析党员干部在创业进取过程中的失误与偏差,认真辨别、准确研判、妥善处理,切实做到五个区分①。首先是区分公与私,应容为公之失,不赦为私之罪,把干部在推进改革中因客观原因出现的失误同主观故意的违纪违法行为区分开来,把为推动发展的无意过失同为谋取私利的违纪违法行为区分开来。其次是区分敢作为与乱作为,把敢作为却因改革发展过程中受客观条件限制而造成的工作失误,与不作为、乱作为、失职渎职等区别开来。

三是区分科学决策与暗箱操作。任何一位党员干部、任何一项公共事务的决策过程都必须遵守规范,因此我们要关注决策过程是经过了科学论证、集体研究、民主决策等规范性程序,还是利用职权进行的暗箱操作。如果是后者,我们应当不予容错,严格实施行政问责。

四是区分政策允许与明文禁止,是未有明确规定时积极实施,还是明令禁止后有禁不止。我们要坚持把创造性地执行党的路线方针政策与搞"上有政策、下有对策"区别开来,对于有禁令但是熟视无睹、失职渎职、搞"形象工程"等情况,不启动容错纠错机制。

五是区分轻微影响与严重危害,主要看当事人的行为是否造成了不可

---

① 叶丛. 正确把握从严执纪与容错纠错的关系[J]. 政策, 2017(10): 67-69.

挽回的严重危害。对于给国家、社会、群众造成了重大损失的行为不予容错①。

(二)坚持容错与纠错并举,双管齐下解决问题

推动问责与容错同步前进,明晰科学的甄选原则。虽然问责与容错根本上一致,但二者还是各有侧重。因此,我们要建立科学规范的甄选机制,弄清楚哪些错可以容、哪些错要追责。这主要看四点:一看原因,是因客观条件还是主观故意造成的错误;二看程序,是否有严格规范的论证流程、风险评估和民主决策程序;三看依据,是否符合国家政策和地方法规;四看后果,有无造成不可挽回的重大损失,是否触犯道德底线、法律红线、党纪高压线这三条"线"。也就是说,容错应当有三个基本原则:容错不容偏、容错不容贪、容错不容罪。

要坚持容错纠错并举。无论问题的性质与大小,都要在容错流程之后进一步分析是否存在纠错的必要。对于那些造成损害或潜在损害的错误,必须大力开展纠错工作。因为对于这类错误而言,容错不是工作的终点,纠错才是工作的直接目的所在,只容错而不纠错会造成容错纠错制度流于形式。如果干部对所犯的错误不及时进行总结反思,经验方法论沉淀总结不及时,对下一次的工作优化提不出任何借鉴性作用,那么容错纠错制度的本质目的也就无从实现。

(三)加强制度衔接,事前事中事后形成闭环

从系统的角度来看,相对完备的容错纠错机制应当包含机制制定主体、机制约束客体、机制运行渠道、机制运行保障四个相对独立却又相互联结的部分。容错纠错机制的有效运行不仅依赖于完善的制度设计,还需要依

---

① 邵景均. 正确把握容错纠错方法论原则[J]. 中国行政管理, 2017, 380(2): 7.

靠基层在实践中的效果反馈闭环①。因此在容错纠错的过程中，要注重制度之间的衔接配套，充分考虑地方的实践经验。事前预控重在未雨绸缪，防患于未然，强调推进科学民主、依法决策、注重事前分析研判、加强日常教育管理；事中控制重在执行监督，反馈修正，要求严格依法依规执行落实、健全完善监督体系、建立反馈工作机制；事后评估重在正视失误，引以为戒，突出加强评估分析、注重持续改进、强化制度建设。努力实现"防错、容错、纠错"各关键环节和流程的无缝对接，从而建立起完善的制度"闭环"，让干事者"定心"，进一步规范施政施策行为，激励和保护干部敢于担当、锐意改革、奋发有为的积极性。

三、微观层次强化结果运用力度，营造容错纠错制度氛围

机制良好运转不仅需要加强制度建设，完善制度程序，更应该强化结果运用的力度，在落实层面提高组织执行力。我们要以制度为平台做好氛围营造和制度宣传工作，营造良好的容错纠错制度氛围，要积极宣传容错纠错机制，完善配套措施和保障制度，形成党员干部敢于试错创新，组织与领导勇于容错纠错的良好氛围，最大限度地调动党员干部队伍的创造性和积极性。

(一)强化结果运用力度，提高容错纠错机制的执行力

在容错纠错体系搭建的过程中，要强化结果的运用力度，做好容错纠错的后半篇文章。经认定予以容错纠错的领导干部在班子和本人的年度综合评价中减轻或避免对评定考核的影响，在年终目标管理考核中减少或免于降低等次，在落实党风建设责任制中免于扣分，不影响其评先评优、提拔任用。我们应对容错的干部进行持续一年的跟踪管理，所在部门每半年对其进行一次谈心谈话，引导帮助其放下思想包袱、勇于干事。在结果运用

---

① 毕宏音.从各地试水看"容错纠错机制"的系统建构[J].人民论坛，2016(11)：15-17.

上要优化绩效考核体系、强化常态化的管理监督，清除"尸位素餐"现象。要解决党员干部"为官不为"的问题，仅仅依靠正面引导和激发干部自觉远远不够，我们必须从官员干部的考核监督层次入手，用科学合理的制度设计对官员干部的相关行为进行引导和约束。对于干部的绩效工作进行科学合理的评价，把干与不干、干多干少、干好干坏切实区分开来，不断创新考核评价的思路与实施路径，根据新时代新干部的新要求选用科学合理且行之有效的考核体系和评价方法。

在考核指标选择上要立足实际、着眼长远，遏制住某些干部急功近利、好大喜功的"短视"行为，鼓励广大党员干部扎根实际、固本强基、奋发进取的务实担当。在考核方法的实施上要增强针对性、体现差异化，除了以往进行的党员群众评价打分之外，还要根据不同的岗位职责、层级权限、事项类别、创新形式等要素进行综合考量。强化考评结果的运用，不仅要坚持赏罚分明、正向激励与负向惩罚相结合，让担当有为的干部得到实在有效的褒奖，让不担当不作为的干部根据具体情节受到不同程度的惩戒，还要对党员干部进行常态化的全流程监督，充分发挥我们的党内监督和群众监督的制度优势。健全实施常态化的巡视监督机制，搭建党员群众广泛参与的监督平台，形成具有强大震慑力的全方位多角度的监督网，让干部不作为、乱作为的现象消失殆尽，通过建立健全高效科学的考核监督体系，监督引导每一名党员干部养成积极主动、锐意进取、担当作为的为人民服务意识与习惯。

(二)完善容错纠错机制的配套程序与保障制度

进一步建构和完善容错机制，还要做好与容错纠错机制相关的一系列配套政策建设。着眼于"减少失误"，完善防错政策。容错纠错不仅仅是简单地宽容错误，它还隐含着帮助干部少犯错误、纠正错误的功能，因此在建立容错纠错政策的同时，还必须建立相应的防错政策。如果说容错纠错机制包含对错误的预警识别、动态评估、及时反应、纠偏矫正的事中和事后机制,那么防错机制则是一种事前机制,其关键是通过科学化、民主化、法治化的程序来避免决策失误,通过决策前的风险评估、专家论证、民主听证、合法审查、局部试点等尽可能地减少失误。容错纠错政策与防错政策相互补充配合,才能充分发挥容错纠错机制设立的初衷。

着眼于"鼓励做事",完善激励机制与能上能下的机制。容错纠错机制表面上看是宽容错误,但其核心价值则是鼓励干部改革创新、担当作为,因此应该把保护性的容错纠错机制与更为积极的激励机制结合起来。激励机制侧重通过评优评先、考核奖励和选拔重用等激励手段激发干部干事创业的积极性,而能上能下机制则侧重通过对不作为行为的问责处理、建立干部能上能下通道等压力手段来督促干部干事创业,两者共同的目的都是鼓励做事,与容错纠错机制一起可以形成"既鼓励创新、表扬先进,也允许试错、宽容失败"的制度配合。我们要推动建立和完善干部能上能下、鼓励激励、容错纠错三项机制的结合。

着眼于"落地执行",完善引导保障政策。加强对容错纠错机制及其配套政策的宣传和研究,加强在干部队伍中对容错纠错机制的教育,促使全社会形成改革创新、开放包容的社会心态和舆论氛围,为容错纠错机制发挥作用营造良好的社会环境。

要着眼于"事后关爱",完善容错纠错之后的关爱政策。对于给出容错免责或纠错问责的干部,我们要按时进行关心关爱,处置期后要大胆复用有才能的干部,减少干部队伍的心理负担和后顾之忧。

(三)加强政策宣传,营造容错纠错的环境氛围

一是坚持正确的容错纠错导向和容错纠错的原则。构建容错纠错机制,必须明确坚持鼓励创新、支持实干、严明纪律等基本原则,树立和强化为创新者容、为担当者容、为实干者容的鲜明导向。在容错纠错氛围中一定要明确鼓励什么、保护什么,把例外情况和容错纠错的边界,以法律化和制度化的方式确定下来,使之与行政问责制度相互补充、并行不悖。这既

要体现出鼓励党员干部改革创业、锐意创新的精神气，又要体现出实事求是、可容可纠、容错纠错并行不悖的主题。

二是各级党委和政府要进行引导与支持。必须鼓励主动创新、容许大胆试错、强调及时纠错，以此营造出干事创业、敢于担当、勇于改正的创新氛围，不断激发创新活力。我们可以通过层层传达、专家宣讲、媒体宣传等多种形式，将构建容错纠错机制的目的、政策依据、容错免责的含义、免责情形、认定程序和结果运用等详细内容公开发布，使广大党员干部和社会公众认识到容错纠错机制是推进全面深化改革、激发干部队伍活力的创新性举措和制度性安排。落实好容错纠错机制则是保障改革发展大局、营造良好政治生态的使命所在，最终可以营造出宽松包容干部创新的舆论支持和社会氛围。

三是各部门要加大对容错纠错制度的宣传力度，通过传达学习文件、政策学习解读等多种方式，广泛开展容错纠错宣传。我们要贯通运用容错纠错、澄清正名和回访教育等多种激励方式，建立健全常态化工作机制，积极探索案例指引制度，广泛收集、深入挖掘典型事例，帮助和指导基层大胆容错、正确纠错，鼓励支持澄清正名，对于在日常帮扶和集中回访教育期间发现的先进个人，提出评优评先、选拔使用的建议，加大正面宣传表扬的力度。

结　语

　　在全面开启社会主义现代化建设的新时期，领导干部容错纠错机制是为促进各级干部大胆创新、积极作为而出台的一项保障性措施。国家级新区作为体制机制创新的试验田，被赋予了多项国家战略任务，更要在容错纠错机制创新建设与落实方面站立潮头，为其他地区的容错纠错建设提供样本和经验借鉴。本报告站在宏观机制建设的视角，就国家级新区领导干部容错纠错机制进行研究，在已有的理论研究基础上，以 19 个国家级新区的容错纠错实践为研究对象，总结了容错纠错机制的政策现状与实际建设情况，寻求完善容错机制和纠错机制的治理思路与方案，为容错纠错机制建设提供了理论架构与经验蓝本。本报告的亮点主要体现在以下三个方面。

　　对已有文献进行梳理，在理论研究的基础上，结合国家级新区的调研实践，提出了 MOAP 理论框架，得出"错"的四大评价维度。该理论框架从行为与结果两个层面加强了对容错纠错机制中"错"的分类评价，可以帮助各新区更加行之有效地认真落实习近平总书记提出的"三个区分开来"，不断找准容错纠错机制中"错"的边界，进一步明晰新区内法纪与创新的界限，着力解决干部干事不愿为、不敢为、不能为等问题，推动干部的担当作为、履职尽责，形成激浊扬清、干事创业的良好政治生态。

在对 19 个国家级新区进行深入调研的基础上，梳理总结出国家级新区容错纠错的典型机制，借助 I-P-O（input-process-outcome）模型分析在容错纠错机制建设上走在前端的湘江新区、南沙新区、天府新区与滨海新区，以及实践出色的哈尔滨新区与江北新区的典型模式。通过对典型机制的分析归纳，提炼出容错纠错的实践意义，并以样板的形式进行推广，为其他地区各部门及单位容错纠错提供借鉴性经验。

提出容错纠错机制的运行模型，对整个容错纠错机制进行系统化的构建。容错纠错机制包含容错边界、组织架构、容错程序、纠错程序、结果运用、内部机制闭环、保障措施、容错氛围等八个维度；从识别、评估、处理三个环节构建容错机制模型，从事前、事中、事后三个环节构建纠错机制模型，梳理出容错纠错政策制定的层级特征和演进逻辑。

需要指出的是，鉴于能力有限和时间紧迫，本报告的研究还存在很多不足，有待不断地改进与完善。比如，受疫情影响，调研方式及深度有限，对部分新区的调研不充分，在总结一些新区的建设经验时不够详细、不够到位；本报告以宏观视角和理论架构对容错纠错进行了分析，虽然提出了新区容错纠错建设的建议，但尚未给出具体的操作指南等。我们将继续开展容错纠错机制领域的科学研究，真诚欢迎各位学界专家、实践部门的管理者和读者批评指正。

参考文献

［1］关于新形势下党内政治生活的若干准则［M］.北京：人民出版社，2016.

［2］习近平在省部级主要领导干部学习贯彻党的十八届五中全会精神专题研讨班上的讲话［R/OL］.（2016 - 05 - 10）［2021 - 01 - 24］http：//jhsjk. people. cn/article/28337020.

［3］2018 年习近平总书记在全国组织工作会议上的讲话.［R/OL］.（2018 - 07 - 03）［2021 - 03 - 9］http：//cpc. people. com. cn/n1/2018/0709/c419242 - 30135534. html

［4］牛振华，光照宇，干志平，等.国有企业改革发展容错纠错机制研究［C］.中国企业改革发展优秀成果(首届)发布会暨《中国经济发展阶段性转换》专题报告会，2017：19.

［5］陈鹏飞.容错纠错的法哲学分析［J］.河南司法警官职业学院学报，2019，17(2)：54-59.

［6］胡杰.容错纠错机制的法理意蕴［J］.法学，2017(3)：165-172.

［7］郎佩娟.容错机制法治化要立法先行［J］.中国党政干部论坛，2016(8)：17-19.

［8］毕金玲.浅谈全面从严治党背景下昆明市建立健全容错纠错机制的现实意义及路径［J］.实践与跨越，2017(2)：84-90.

［9］薛瑞汉.建立健全干部改革创新工作中的容错纠错机制［J］.中州学刊，
2017（2）：13-17.

［10］何璐.容错纠错机制的创设及构建［J］.太原城市职业技术学院学报，2018
（4）：168-170.

［11］邓晓辉.容错纠错需划清"可容"与"不可容"界限［J］.人民论坛，2017
（13）：40-41.

［12］朱明，梁伯雍，徐晓凯.构建科学的容错纠错机制［J］.政工导刊，2017
（4）：7-8.

［13］王金柱.容错纠错机制决非权宜之计［J］.人民论坛，2017（26）：50-51.

［14］闫辰.全面从严治党视域下党员领导干部正向激励与容错纠错机制建设：
逻辑与路径［J］.中共珠海市委党校珠海市行政学院学报，2018（3）：
29-37.

［15］戴立兴."错"与"非错"的标准如何厘清［J］.人民论坛，2017（26）：37.

［16］郑舒婷，董海涛.基于法治与制度视域的容错与纠错探析［J］.党政干部学
刊，2018（10）：21-27.

［17］林占发，许艳明.容错纠错制度的法律分析——以"容错"之剖析为切入
点［J］.理论观察，2018（10）：114-116.

［18］杜黎明.容错的正面清单与纠错的对策清单［J］.人民论坛，2017（26）：
40-41.

［19］毕金玲.浅谈全面从严治党背景下昆明市建立健全容错纠错机制的现实
意义及路径［J］.实践与跨越，2017（2）：84-90.

［20］李荣梅.党员干部干事创业容错免责机制研究［J］.山东行政学院学报，
2017（1）：27-30+19.

［21］叶中华.容错纠错机制的运行机理［J］.人民论坛，2017（26）：42-44.

［22］毕宏音.从各地试水看"容错纠错机制"的系统建构［J］.人民论坛，2016
（11）：15-17.

［23］崔晓雷.在国有企业干部管理中建立容错纠错机制的思考［J］.现代营销

（创富信息版），2018（8）：75.

［24］段斌.法治视野下构建容错纠错机制的思考［J］.长春师范大学学报，2018，37（1）：26-28.

［25］胡燕，董伟，杜艳莉，等.容错纠错机制的潜在实施障碍及对策——以《关于进一步激励广大干部新时代新担当新作为的意见》为视角［J］.晋中学院学报，2018，35（4）：9-12.

［26］邸晓星.在求实创新中推进干部容错机制建构［J］.理论探索，2017（06）：22-26，32.

［27］郎佩娟.容错纠错机制的可能风险与管控路径［J］.人民论坛，2016（11）：21-23.

［28］李蕊.容错机制的建构及完善——基于政策文本的分析［J］.社会主义研究，2017（2）：89-96.

［29］邓锐，储著斌.新时期我国领导干部容错免责政策文本分析和机制构建［J］.领导科学，2018（5）：39-41.

［30］义夫，徐成芳.容错纠错机制在改革创新中的功能、建构及其完善——以内蒙古地区政策文本为例［J］.沈阳大学学报（社会科学版），2018，20（5）：570-574.

［31］罗燕.建立干部改革创新的容错纠错机制——以黔西南州为例［J］.中共太原市委党校学报，2018（2）：27-32.

［32］邱旺根.对完善干部容错纠错机制的思考——以福建省三明市清流县的探索为例［J］.世纪桥，2018（9）：35-37.

［33］杨垠红，陈小康.健全福建省容错纠错机制的对策建议［J］.发展研究，2018（5）：95-99.

［34］陈朋发.试论改革创新中容错纠错机制的构建［J］.行政与法，2017（3）：7-13.

［35］万庄.关于完善干部激励约束和容错纠错机制的几点探讨［J］.中国行政管理，2018（10）：86-89.

[36] 王重鸣, 洪自强. 差错管理气氛和组织效能关系研究[J]. 浙江大学学报
(人文社会科学版), 2000(5): 111-116.

[37] 国家发展和改革委员会. 国家级新区发展报告2015[M]. 北京: 中国计划
出版社, 2015.

[38] 魏中胤, 沈山, 沈正平. 我国国家级新区的类型划分与政策导向[J]. 经济
师, 2020(2): 20-22.

[39] 郝寿义, 曹清峰. 论国家级新区[J]. 贵州社会科学, 2016(2): 26-33.

[40] 吴昊天, 杨郑鑫. 从国家级新区战略看国家战略空间演进[J]. 城市发展研
究, 2015, 22(3): 1-10, 38.

[41] 谢广靖, 石郁萌. 国家级新区发展的再认识[J]. 城市规划, 2016, 40(5):
9-20.

[42] 叶姮, 李贵才. 国家级新区功能定位及发展建议——基于GRNN潜力评价
方法[J]. 经济地理, 2015(2).

[43] 魏中胤, 沈山, 沈正平. 我国国家级新区的类型划分与政策导向[J]. 经济
师, 2020(2): 20-22.

[44] 赵吉. 支点型战略功能区: 政策链视角下的国家级新区功能定位[J]. 地方
治理研究, 2019(3): 40-54, 79-80.

[45] 鲁雯雪, 卢向虎. 国家级新区金融业扶持政策比较分析[J]. 西部金融,
2017(10): 71-74.

[46] 李云新, 贾东霖. 国家级新区的时空分布、战略定位与政策特征——基于
新区总体方案的政策文本分析[J]. 北京行政学院学报, 2016(3):
22-31.

[47] 王学栋, 张定安. 我国区域协同治理的现实困局与实现途径[J]. 中国行政
管理, 2019(6): 12-15.

[48] 燕翔, 刘彦平. 新型城镇化背景下国家级新区的发展与面临的挑战[J]. 经
济论坛, 2020(1): 130-135.

[49] 刘雅静. 容错纠错机制: 概念厘定、价值意蕴与实践路径[J]. 知行铜仁,

2017(2)：39-43.

[50] 习近平.充分调动广大党员干部的积极性、主动性、创造性[M]//习近平总书记系列重要讲话读本.北京：学习出版社，人民出版社，2016：126

[51] 中共中央办公厅.关于进一步激励广大干部新时代新担当新作为的意见[N].人民日报，2018-05-21(3).

[52] MacInnis D, Jaworski B. Information Processing from Advertisements：Toward an Integrative Framework[J]. Journal of Marketing，1989 (53)：1-23.

[53] 杜兴洋，陈孝，丁敬.容错与问责的边界：基于对两类政策文本的比较分析[J].学习与实践，2017(5)：53-62.

[54] 陈朋.容错机制发挥激励作用的影响因素分析[J].江淮论坛，2019(4)：70-76.

[55] 陈朋.容错与问责的逻辑理路及其合理均衡[J].求实，2019(1)：48-62，110.

[56] 鲁丽莎.行政问责制之困境及对策探究[J].辽宁行政学院学报，2008(8)：11-12.

[57] 葛蕾蕾，保津.新时代地方政府激励干部担当作为的探索与思考[J].行政管理改革，2019(4)：84-88.

[58] 王炳权.各地容错纠错机制的优点与不足[J].人民论坛，2017(26)：45-47.

[59] 丰存斌.建立容错机制，推动形成良好的用人导向[J].中国党政干部论坛，2016(8)：20-23.

[60] 刘宁宁，郝桂荣.新常态下如何科学构建容错机制[J].党政视野，2017(2)：57-58.

[61] 洪自强，王重鸣.工作情景中差错概念与差错取向因素分析[J].心理科学，2000(5)：542-546，637.

[62] Ajzen I. Perceived behavioral control, self-efficacy, locus of control and the theory of planned behavior . Journal of Applied Social Psychology，2002，32

（4）：665-668.

[63] 段文婷，江光荣.计划行为理论述评[J].心理科学进展，2008（2）：315-320.

[64] 张宁俊，袁梦莎，付春香，等.差错管理氛围与员工创新行为的关系研究[J].科研管理，2015，36（S1）：94-101.

[65] 黄丽.政府创新的影响因素与容错机制的构建[J].中共云南省委党校学报，2014，16（5）：152-154.

[66] Blau P M. Exchange and power in social life. [M]. New York：John Wiley and Sons，1964.

[67] Gouldner, A. W. The norm of reciprocity：A preliminary statement[J]. American Sociological Review，1960（25）：161-178.

[68] 赵霞.组织容错氛围、工作嵌入对员工创新行为的影响[J].生产力研究，2018（4）：136-139+160.

[69] 张佳.差错管理氛围对主动变革行为的影响研究[D].华东师范大学，2019.

[70] 姜兆萍，张海滨.试论班杜拉的社会学习理论与人的发展[J].烟台教育学院学报，2003（2）：52-55，90.

[71] 朱颖俊，裴宇.差错管理文化、心理授权对员工创新行为的影响：创新效能感的调节效应[J].中国人力资源开发，2014（17）：23-29.

[72] 顾远东，彭纪生.组织创新氛围对员工创新行为的影响：创新自我效能感的中介作用[J].南开管理评论，2010，13（1）：30-41.

[73] 李如海，门路.公务人员容错纠错的实施机制[J].中共石家庄市委党校学报，2019，21（10）：32-36.

[74] 薄文广，殷广卫.国家级新区发展困境分析与可持续发展思考[J].南京社会科学，2017（11）：9-16.

[75] 张莉.改革创新中干部容错纠错长效机制的边界、清单和流程初探[J].中共成都市委党校学报，2019（5）：52-56.

[76] 薛瑞汉.建立健全干部改革创新工作中的容错纠错机制[J].中州学刊，2017(2)：13-17.

[77] 中华人民共和国监察法[J].中华人民共和国最高人民检察院公报，2018(4)：1-8.

[78] 李蕊.容错机制的建构及完善——基于政策文本的分析[J].社会主义研究，2017(2)：89-96.

[79] 高宇航.试论新时代下干部容错纠错机制的构建[J].党史博采(下)，2020(7)：57-58.

[80] 习近平.决胜全面建成小康社会夺取新时代中国特色社会主义伟大胜利——在中国共产党第十九次全国代表大会上的报告[N].人民日报，2017-10-28(1).

[81] 何丽君.基层干部容错纠错的价值意义及其实践路径[J].治理研究，2019，35(4)：82-8.

[82] 马昌永.健全容错纠错机制的逻辑指向及实现之道[J].攀登(汉文版)，2020，39(2)：20-24.

[83] 叶丛.正确把握从严执纪与容错纠错的关系[J].政策，2017(10)：67-69.

[84] 邵景均.正确把握容错纠错方法论原则[J].中国行政管理，2017，380(2)：7.

[85] 陈朋.推动容错与问责合力并举[J].红旗文稿，2017(14)：29-30.

[86] 毕宏音.从各地试水看"容错纠错机制"的系统建构[J].人民论坛，2016(11)：15-17.

丛书后记

当前，我国改革已进入攻坚期和深水区，广大干部是改革先锋和制度创新先驱，"惟改革者进，惟创新者强，惟改革创新者胜"已成为落实全国两会精神、实现决战决胜目标的关键共识。在改革风险与改革红利并存的前提下，习近平总书记在省部级主要领导干部学习贯彻党的十八届五中全会精神专题研讨班的公开讲话中，就"为官不为"这一问题提出了"三个区分开来"，以最大限度调动广大干部的积极性、主动性和创造性，推动全社会形成想改革、敢改革、善改革的良好风尚。在"三个区分开来"的基础上，为破除"为官不为"的沉疴痼疾，提振干部干事创业的积极心态，党的十九大报告进而提出建立激励机制和容错纠错机制，科学、合理地宽容干部在改革创新中的失误和错误，强调切实为敢于涉险、敢于担当的干部撑腰鼓劲。

容错纠错机制是中国特色干部管理体制的一项创新性制度安排，对于中国共产党宽严相济干部管理理念的传承与发展，对于实现国家治理体系和治理能力的增量改革、推动地方政府为创新而竞争、打破高压问责情境下党员干部动力缺力缺失的困境，具有重要意义。加强容错纠错机制建设、不断提升容错机制运作的适应性和可行性、营造容错文化并培育创新风气、实现容错与问责机制精准衔接，是促进容错机制从"新制"向"善制"转变的关键，也是党和国家探索具有中国特色宽严相济的新型干部管理体制的必由之路。

湖南湘江新区作为国家级新区，承载着服务国家战略、协调区域发展和政策先行先试的重要功能。贯彻落实"容错纠错机制"不仅是领会党的十九届四中、五中全会精神的重要举措，更是国家级新区先行先试使命的内在要求和高质量发展的现实需要。在示范引领排头兵的角色定位下，湖南湘江新区根据中央和国家政策，积极探索容错纠错工作规律，做了大量卓有成效的工作。

为进一步落实"旗帜鲜明为敢于担当的干部担当，为敢于负责的干部负责"要求，加快国家级新区容错纠错机制研究和制度建设，助推湖南湘江新区打造一支锐意进取、勇于创新、敢于担当的干部队伍，加快新区高质量发展，推进国家级新区治理体系和治理能力现代化，2020年5月，湖南湘江新区初步确定，由新区纪工委联合中南大学地方治理研究院，协同开展容错纠错机制建设的研究。2020年6月，湖南湘江新区设立专项，委托中南大学地方治理研究院对容错纠错机制开展专题研究，并得到了国家发展改革委的立项支持。2020年7—9月，课题组先后调研15个国家级新区，召开了20多场专题调研会，掌握了一手材料。2020年9—12月，课题组先后6次专题讨论成果，并邀请国内知名专家周志忍、徐晓林、丁煌、李军鹏、贠杰、倪星、吴戈、韩志明、朱旭峰、李瑞昌、田凯等教授对成果进行评议和研讨。最终形成了湖南湘江新区容错纠错机制建设项目研究成果丛书：《国家级新区容错纠错机制发展报告》、《国家级新区容错纠错案例分析报告》、《湖南湘江新区容错纠错机制建设：理论探索与实践创新》和《国家级新区容错纠错机制建设研究论文集》。

本丛书是国内首套全面系统探讨国家级新区容错纠错机制建设的书籍，对落实习近平总书记"三个区分开来"，全面推进国家级新区容错纠错机制建设，为新区建立担当实干、开拓创新激励机制，进一步激励广大党员、公职人员新时代新担当新作为具有重要的理论指导和现实指引作用。

本丛书的出版得益于湘江新区纪工委文山虎书记、孟谏君副书记等同志的大力支持，更要感谢课题组成员赵书松教授、张桂蓉教授、胡春艳教授、刘媛副教授、伍如昕副教授、孙立明博士和参与项目研究工作的博士生郭少军、张建、周付军、张磊、王帅、雷雨，硕士生王子婧、赵旭宏、罗文华、梅园园、王韵茹、张旭、罗丹、蒙诗哲、曹子璇、赵维、石红艳、夏霆、杨曦、胡新玲、张栩侨、顾妮、张莲明、叶露莹、王彩莲、王晟、李昊徐、戴嘉、朱雅筠、王晗，我的科研助理杨碧峰的辛勤付出。还要感谢为丛书出版付出汗水和努力的中南大学出版社杨贝编辑。

感谢中共中央党校(国家行政学院)李军鹏教授和中国社会科学院贠杰教授百忙之中为本丛书作序。

2020 年，我们见证了历史也参与了历史、创造了历史，以此为记，愿国家繁荣昌盛，人民幸福安康。

彭忠益

2020 年 12 月 20 日，于麓山脚下

图书在版编目(CIP)数据

国家级新区容错纠错机制发展报告 / 赵书松,文山虎,陈明应著. —长沙:中南大学出版社,2021.6

(国家级新区容错纠错机制研究丛书)

ISBN 978-7-5487-4389-7

Ⅰ. ①国… Ⅱ. ①赵… ②文… ③陈… Ⅲ. ①行政管理—研究报告—中国 Ⅳ. ①D630.1

中国版本图书馆 CIP 数据核字(2021)第 064495 号

国家级新区容错纠错机制发展报告
GUOJIAJI XINQU RONGCUO JIUCUO JIZHI FAZHAN BAOGAO

赵书松　文山虎　陈明应　著

□责任编辑	郑　伟	
□责任印制	易红卫	
□出版发行	中南大学出版社	
	社址:长沙市麓山南路	邮编:410083
	发行科电话:0731-88876770	传真:0731-88710482
□印　　装	湖南省汇昌印务有限公司	

□开　　本	710 mm×1000 mm 1/16	□印张 18	□字数 256 千字
□版　　次	2021 年 6 月第 1 版	□2021 年 6 月第 1 次印刷	
□书　　号	ISBN 978-7-5487-4389-7		
□定　　价	76.00 元		